ドイツ観念論との対決

――カント擁護のために――

黒積俊夫 著

九州大学出版会

序　言

著者は前著『カント解釈の問題』(渓水社、平成十二年)において、カントの理論哲学および実践哲学の夫々に関する新解釈を提唱した。それは即ち、理論哲学(経験理論)に関しては、カントの経験理論を〈超越論〉(経験超越論。経験超越的なものを原理とする経験理論)と解する従来の諸解釈とは反対に、それを〈内在論〉(経験内在論。経験内在的なものを原理とする経験理論)と解する解釈であり、実践哲学(道徳理論)に関しては、カントの倫理学を〈形式的規範倫理学〉と解する従来の諸解釈とは反対に、それを〈実質的価値倫理学〉と解する解釈である。

近世哲学はデカルトが「我思う、故に我在り」という哲学の第一原理を発見・確立したことによって始まったが、精神(思惟するもの)は自らに超越する物体(延長せるもの)の根拠ではあり得ないから、精神による物体認識即ち経験の可能性の根拠としては、神を要請・前提せざるを得ない。それ故、精神は哲学の原理ではあっても、経験の原理ではあり得ないことになる。かくしてデカルトは未だに、古代・中世以来の神中心の真理観・世界観の中に留まっていた。そのことの原因は、デカルトが〈超越論〉の立場を採ったことにあると看做して、〈内在論〉の立場を採用し、それによって神不要の観念論・認識論を構築し、人間中心の真理観・世界観を確立したのがカントである。その結果、カントでは経験の原理は人間(それの感性・悟性・理性の純粋形式としての空時・範疇・理念)に帰せられることとなった(勿論カントは形而上学を否定したわけでは毛頭ないが)。

しかしこの点が、カントに続くドイツ観念論の哲学者達によっては全く理解されず、カントもまたデカルト(そして彼ら自身)と同様に〈超越論〉であると彼らによって一様に誤解され、そしてドイツ観念論以後の哲学者達も例外なしに彼らの見解を継承・踏襲した結果、今日に至っても尚、デカルトの〈物心二元論〉は依然として克服されるべき最大の課題として、しかしそれの解決の方途は発見されない儘に、空しく放置され、哲学は衰退の道を歩みつつあるように見えるのが現状である。そして他方では、倫理学の衰退化もまた、それに連動していると見られる。それ故、前著の提唱した新解釈が学界で注目されなかったことは遺憾と言うしかないが、それは著者の如何ともなし得ないことである。著者としては、同じ道を更に前進するしかない。

本書はかかる前著とは反対に、カントではなくドイツ観念論の方に焦点を合わせ、表題の示すようにそれとの批判的対決を試みることによって、上述の著者の解釈の正当性を新たに確証しようとするものである。本書はそれ故以下の諸点において、前著とは異なる、そして従来の内外の類書とは全く異なる特色ないし独自性を有すると著者は信じる。

第一に、本書はフィヒテ、シェリング、ヘーゲルというドイツ観念論の代表的哲学者達の、しかも『全知識学の基礎』、『人間的自由の本質』、『哲学的経験論の叙述』、『精神現象学』、『法哲学綱要』等の、夫々の主著とも見られる主要著作をカント的視点から考察して、彼らの体系的思索がいずれも結局は行詰まり、失敗あるいは挫折に終らざるを得なかったことをその原因とともに解明したことである。従来はドイツ観念論の視点からカントを理解・批判するのが研究者達の一般的傾向であり、それを逆にしてカントの視点からドイツ観念論を理解・反批判する思考それ自体が既に殆ど先例を見ない。かかる視点からのドイツ観念論の研究はそれ故、内外に未曾有と思われる。第二に、西田哲学をドイツ観念論の系譜の中に位置づけ、〈内在論〉対〈超越論〉という本書に固有の問題意識の下で、それの内在的検討を試みたことである。西田幾多郎氏は当初、主客未分以前の「純粋経験」からの一元論的展開によって経験一般を基礎づけようとする、カントと同様の構想を抱いておられたが、結局はヘーゲルのカント解釈(というよりも誤解)によって誤導されて、「純粋経験説」の形而上学という矛盾的思考へと転落されたと見られる。かかるカント的視点からの西田哲学の理解および批判もまた、本書の固有かつ新たな試みと言えよう。

第三に、カントの経験理論および道徳理論において欠如している、夫々の〈第三層〉部分に対応する理論の構築を(カントに代って)試みたことである。そのために、大森荘蔵氏の「立ち現われ一元論」および聖徳太子「憲法十七条」が援用され、その結果として、〈立ち現われ二元論〉(という名の日常経験の理論)および「良心」倫理学(という名の具体的倫理学の理論)が提示されることとなったが、それは著者の確信するところでは、カントの経験理論および道徳理論についての著者の解釈の完結であるとともに、カントの経験理論および道徳理論それ自身の完成でもある。そして第四に、本書の全考察を著者が「真理探求者」の立場から遂行すべく努めたことである。それは何を意味するのか。

「哲学」という日本語は「真理探求」というほどの意味を有つ西洋語の訳語であるが、この原語に特定の時代・地域・宗教・民族・言語・イデオロギー、その他一切の限定性が含まれていないのは、そこで「探求」されるべき「真理」がかかる一切の限定性を超えた普遍的存在であるからであろう。それ故、哲学にかかる特殊的限定性が加えられるとき、哲学は忽ち自らの本質である普遍性を喪失して、もはや哲学ではなくなってしまう。例えば、カントの理論哲学はニュートン物理学の基礎づけを行っただけで、現代物理学(量子論や相対性理論)の基礎づけはその範囲外であったと言われるならば、「十七世紀」限定のかかる理論哲学(経験理論)は自然科学「一般」の基礎づけという、自らの普遍性を否定されて、哲学ではなくなってしまうであろう。カント倫理学が「西洋」限定の倫理学と看做されるならば、カントの「良心」(「道徳性」と相関的な)はヘーゲルやハイデガーの「良心」よりも反って、王陽明の「良知」や日本語の「良心」によりよく合致する即ち妥当性をもつという事態が説明できないことになろう。それは「西洋」限定ではない限りで、その普遍性が保たれているのだからである。宗教・民族・言語、その他に関しても、事情は同じであろう。「西洋哲学」とは、「真理」ではなく、それの「探求者」が西洋にいることを意味するだけである。「西洋」という限定は、「真理」ではなく、「探求者」の側の事情に過ぎない。

かかる自明なことを殊更に言わざるを得ないのは、近年のわが国の哲学界の一部において、哲学とは元来西洋における、西洋人による、西洋語を用いての、キリスト教的な思想学説、要するに〈西洋思想〉のことであるという前提を予め立てた上で、それは従って西洋が本場であり、我々日本人は日本語においてそれを輸入・受容し、模倣によって本物としてのそれに接近することができるだけで、本場の域を超えることは愚か、それに到達することさえ至難の業である、という、一種の鎖国化あるいは植民地化とも呼ぶべき風潮が見受けられることを憂えてのことである。「真理探求」が確かに西洋において初めて明確な自覚に到達し、以後二千五百年の長きに亙って西洋の地で営々とかつ連綿とその歴史を刻み、育んで来たことは疑いを容れない歴史的事実であり、今日では「西洋哲学」を「真理探求」の同義語と看做しても誰も怪しまないのが現状であろう。それ故、「真理探求」を志す者は誰であれ、過去のその歴史即ち「西洋哲学」の歴史を謙虚かつ正確に研究し、それに学ばねばならないことは言うまでもない。しかしそれにも拘らず、西洋がだからと言って「真理」の在り処であるわけではないことには依然として変りがない筈である。哲学即ち「真理探求」の現場は昔も今も、西洋人であれ日本人であれ、「真理探求者」の魂の中に在って、それ以外のどこにも在り得ず、そしてこの現場は常にまた本場であって、そこには本物と模倣の区別などあるべくもないのである。

ドイツ観念論の哲学がその後の哲学界に及ぼした影響は計り知れず大きく、十九世紀以後の哲学者でその影響を免れ得た者は一人もいないと思われるほどであるが、その結果として、ドイツ観念論に対して殆ど誰ひとり真正面から批判的に対決しなかったことが、現代哲学の衰退・停滞の最大原因であるというのは著者年来の主張である。しかし、本書の問題意識は更に一層広くかつ深くに及んでおり、カントやドイツ観念論だけでなく、近世以降の「西洋哲学」、ひいては「哲学」というそのことに対する従来の考え方を全体的、根本的に見直さない限り、哲学の更なる発展は望めないのではないかという危機感によって、本書は支えられているのである。

小・中・高校、大学と学んだ故郷福岡の地から、しかも厳しく温かな研究指導によって著者の哲学研究への目を開いて頂いた九州大学と縁の深い九州大学出版会によって本書が上梓されるのは、著者にとってこの上ない喜びである。この機会を与えて頂いた九州大学出版会と、出版に際してかけがえのないご援助を賜った九州大学大学院人文科学研究院教授菅豊彦、名古屋大学大学院文学研究科教授山田弘明、九州大学出版会藤木雅幸の御三方に対して、衷心よりの謝意と敬意を表したい。

平成十五年十月

著　者

各章の初出および内容概要

第一章：未発表。著者の名古屋大学文学部における停年退官最終講義の全文。ドイツ観念論によるカント誤解に現代哲学の衰退の原因を求め、それからの脱却を訴える。

第二章：九州大学哲学会『哲学論文集』第三十七輯（二〇〇一）所収。カントの経験理論には日常経験の理論が欠けているが、大森荘蔵氏の「立ち現われ一元論」の補完・接合によって、それは壮大で揺るぎのない体系として完成され得ると主張する。

第三章：未発表。聖徳太子「憲法十七条」の分析的考察を通じて、飛鳥時代から現代に至るまで「良知」（良心）が国民一般のエートス（倫理的特性）として貫流し、言わば「良心」倫理学が存立していることを指摘し、カントの道徳理論に欠けている具体的倫理学をそこに看取することを試みる。

第四章：『名古屋大学文学部研究論集』哲学30（一九八四）所収。カントの批判哲学と自らの知識学との相等性を主張するフィヒテの議論は、カントの「統覚」と彼自身の「絶対我」との同一視という誤解に基づいており、批判哲学と知識学は実際は相互背反的であることを指摘する。

第五章：『名古屋大学文学部研究論集』哲学34（一九八八）所収。前期フィヒテの絶対我は、スピノザの神のカントの自我による読み換えであるが、行為の哲学としての彼の知識学は存在を与え得ないという限界を有しており、

〈絶対者(神)の叙述〉というドイツ観念論の課題を解決できなかったと論じる。

第六章：『名古屋大学文学部研究論集』哲学46（二〇〇〇）所収。シェリングは自らの「哲学的経験論」によって、ロックに代表される「経験論哲学」の基礎づけを企図したが、カントの〈内在論〉ではなく、それとは正反対の〈超越論〉の根本体制に従ったために、それに失敗したと説く。

第七章：未発表。シェリングはスピノザの決定論とカントの自由論の双方を批判的に超克する、独自の自由論（「実在的自由」論）の構築を意図したが、〈擬神法〉的とも言うべき、無理な問題設定と解決方法のために、不成功を余儀なくされたと論じる。

第八章：『名古屋大学文学部研究論集』哲学45（一九九九）、拙著『カント解釈の問題』（二〇〇〇）所収。ヘーゲルは『精神現象学』において「意識経験学」と称する、絶対者(精神)の認識へと導く高次な経験理論の構築を企図したが、カントの〈内在論〉を誤解して、〈超越論〉という(ドイツ観念論に共通の)思弁哲学的な根本体制に従ったために、挫折せざるを得なかったと論じる。

第九章：未発表。ヘーゲルは自らの「人倫性の哲学」による、カントの〈道徳性の哲学〉の克服・超克を企てたが、「道徳性」から「人倫性」への意識の移行の叙述が彼のどの著作にも見出されないことは、それが達成されなかったことを示していると説く。

第十章：未発表。西田哲学は主客未分以前の「純粋経験」からの一元論的展開による、デカルトの「物心二元論」の克服を意図したが、ヘーゲルのカント誤解によって誤導されて、「純粋経験説」の形而上学(実在としての「純粋経験」)という矛盾的思考への転落を強いられたと主張する。

目次

凡例

本書が取扱う五人の主要な哲学者からの引用は、以下の方法によって行う。

カントについては、『純粋理性批判』は慣例に従い、原版によって引用し、第一版(一七八一)はA、第二版(一七八七)はBと表記する。その他からの引用は、アカデミー版・カント全集による。

フィヒテについては、バイエルン科学アカデミー版・フィヒテ全集による。

シェリングについては、シュレーター編・シェリング著作集による。

ヘーゲルについては、『精神現象学』のみは〈哲学叢書〉版(マイナー)を使用し、その他はズーアカンプ版・ヘーゲル著作集によって引用する。

西田については、『哲學概論』のみは単行本(岩波書店)を使用(「概」と表記)し、その他は岩波版・西田幾多郎全集による。

いずれも特記せず、全集または著作集の巻数および頁数のみを表示する。

ドイツ観念論との対決

――カント擁護のために――

I　カント

第一章　哲学再興の途

（1）　停年という、研究生活の一つの区切りとなる今年が偶ま二十世紀の最後の年、そしておまけに新たなミレニアムの最初の年ということで、哲学研究の歴史即ち哲学史における区切り、あるいは時代区分ということを意識させられますが、しかし哲学史における時代区分は、それ以前と判然と時代を画す、つまり画期的な、哲学研究の新しい原理や方法や立場の発見ないし確立によって行われていると言えます。例えば、デカルトはその典型でしょう。

デカルト哲学の出発点は確実性の探究ということによって動機づけられていますが、彼は方法的懐疑、即ち疑うことさえできないほど確実な真理を探究するために、少しでも疑われ得るものは敢えて明白な虚偽と看做して斥け、最終的に何か疑われ得ないものが残らないか否かを見極めようとする方法を考案し、それによって身の回りの物体や、自分自身の身体や、総じて物体世界の全体を夢かも知れないとして疑い、更に普通は極めて確実と看做されている数学の真理さえも、全能の神が悪意を以て私を騙しているかも知れないとして疑う、という仕方で遂には一切を疑いの網にかけてしまいますが、しかしそのように疑っている私だけは、それが何かを疑っている、あるいは考えている限りは、何ものかとして存在しており、たとい全能の神を以てしてもそれを何ものでもないものにすることはできないということを発見し、「我思う、故に我在り」という絶対確実なこの真理を哲学の第一原理と看做します。そしてこの「思惟するもの」としての「我」を「精神」と名づけますが、このような、「人間精神」あるいはその存在を第一原理となすデカルト哲学を、十三世紀に頂点に達した、古代ギリシアのアリストテレス哲学とキリスト教神学の融合としての、神を第一原理となす中世・スコラ哲学と比較するならば、それがいかに画期的であったかは明らかであります。

こうしてデカルト哲学は、近世哲学の出発点と呼ばれるに相応しいものですが、従って現代哲学が哲学史の中で果していかなる位置に在るのかは、このデカルト哲学との関係を見定めることによって測ることができるでしょう。デカルト哲学と二十世紀末の現代哲学との間には約三五〇年の時間が横たわっていますが、この間に果して、デカルトのそれに匹敵するような画期的あるいは革命的な出来事が哲学史において起こったでしょうか、デカルトの提起した問題がその間に解決され、それによってデカルト哲学は果して乗り越えられたでしょうか。もしそうなら、私達はデカルトの切り拓いた時代よりも更に新しい、別の時代の中に居ることになるでしょう。しかし実際のところは、その間にそのような画期的な出来事は何も起こらず、デカルトの問題は依然として未解決であり、デカルト哲学は今日、乗り越えられるべき最大の目標として常にそれとの対決が試みられつつも、依然として乗り越えられない儘である、というのが偽りのない現実であります。それどころか、それを乗り越えるべき方途が見つからない儘に、二十世紀の哲学は次第に衰退の道を辿りつつあるようにさえ見えます。そこで、そのような衰退の原因とは何であり、哲学を再興するためには何が為されるべきなのか、というのが、本日のこの講義の主題であります。

さて、デカルトは「思惟するもの」としての「精神」とは別に、「延長せるもの」としての「物体」を立てます。「精神」とは、〈思惟するのみで、延長せざるもの〉であり、「物体」とは、〈専ら延長せるもので、思惟せざるもの〉であるので、「精神」と「物体」という両者は、互いに本性を異にし、互いに何の共通性も依存性も持たない、二つの別の〈もの〉であり、ここで「物心二元論」が成立することになります。そして、私達が先に、デカルト哲学の提起した問題と呼んだものは、この「物心二元論」によって惹起され、そして彼以後の哲学史の全体を巻き込んだ根本的問題なのであります。

（2）　では、その問題とは何か。それを私達は経験論のロックに即して取り出すことができます。とはいえ、デカルトの問題をロックにおいて見出すというのは、別に不思議なことではなく、両者は心の中の観念の起源の問題というような若干の点では対立していますが、「物心二元論」や、観念の道による探究という、哲学的思索の根本体制に関しては全くと言ってよいほど同じであり、殆ど同じ原理・方法・立場を共有しています。従って先に「デカルト哲学の提起した問題」と述べたことも、より正確には、そこにロックも含める必要があり、むしろより広く、「意識(自我・主観性)の哲学の提起する問題」とでも言い直すべきものと考えられます。ところで、「経験」というのは、「主観」による「客観」の「認識」であり、それは、「主観」と「客観」と「認識」というこの三つの契機から成り立っています。従って、「経験」を基礎づける、あるいは「経験」に確実な保証を与えるためには、これら三者に確実性を保証することが必要です。つまり、いまは議論の分かり易さのために順序を稍変えて言えば、①「客観」の現存在、②「認識」の実在性、③「主観」(多数の他の「主観」、他我)の現存在、という夫々に対して確実性を以て保証を与えることが必要となります。そしてしかしこれらの三つの課題あるいは問題に対して、ロック並びにデカルトはその「物心二元論」あるいは意識の哲学に付随する或る制限のために、解決を与えることができないでいる、と思われます。そしてそれは、意識の哲学という基本的立場を彼らと共有する、十七世紀以後今日に至るまでの大半の哲学にとっても、同様と考えられます。これが先に、上の問題を「哲学史における根本的問題」と述べた所以であります。

そこで先ず、第一の問題、即ち「客観」の現存在の問題から見て行きますと、「客観」というのは、経験のこの場面では「物体」であり、「物体」の現存在は果してそしていかにしてその確実性が保証され得るか、という問題であります。外的個別的事物即ち物体の現存在についてロックは、「この存在について用いられる知覚(感覚)は単なる蓋然性を越えており、……知識の名で通る」と述べて、確かに一応は、それについての知識即ち感覚的知識を承認していますが、しかしそれは厳密な意味の知識ではない、とされます。「この知識はしかし、我々の感官を触発する個別的事物について用いられる感官の現在の証言の及ぶ限りであって、それ以上ではない。……もし私が、或る人間が一分前に一緒に存在しているのを見たが、今は私一人だとすると、私は同じ人間が今も存在していることを確実とはなし得ない。……幾百万の人間が今存在していることは大へん確からしいとはいえ、私が一人でこれを書いている間は、私はそのことについて、我々が厳密に知識と呼ぶところの確実性を有たない。……それは蓋然性に過ぎず、知識ではない」。このように、物体の現存在の知覚はロックによれば、確実な知識ではなく、単に蓋然的な信念に過ぎないのであります。次に第二の問題、即ち物体に関する「認識」の実在性についてもロックの態度は否定的であります。ロックによれば、確実性だけでなく、実在性もまた本来の知識の有つべき性格ですが、物体に関する個別的感覚的知識は本来「実在的知識」即ち知識の名に値せず、火は人間を温め、鉛を流体化し、木材や炭の色や堅さを変える、とか、鉄は水中では沈み、水銀中では浮かぶといった、全ての時代の全ての人々の一般的同意と、我々自身の恒常的経験とが合致しているような、物体の確定的性質に関する知見でさえ、(それは蓋然性の第一かつ最高の程度である、とか、確実性に極めて近い、と言われるにせよ)、確実性ではなく、蓋然性に過ぎないのであります。「自然的諸物体についての完全な学に関しては、……我々がそれを探し求めるのは徒労であると私は断言する」。そして第三の、「他の『主観』(他我)の現存在」の問題についても、「他我の現存在」の認識とは、感官の知覚によってそれの現存在が知られる他の人間に対して、私と同様の〈自我性〉を類推によって推論する以外に術がなく、そしてしかし、それの土台となる、他の人間の現存在の知覚それ自身が、第一の問題に関して見られたように、蓋然性であって確実性即ち知識ではないと言われている以上、他我の現存在の認識がそれを越えて確実性を有つことは原理的に不可能でしょう。このように、物心二元論の立場に立つロックにおいて、認識主観である精神(自我)は認識客観である、自らの外なる物体を常に個別的偶然的に感覚を介してその都度把握するしかなく、従ってその知覚は常に個別性・偶然性を免れず、それを越えて、確実性即ち知識に達することは原理的に不可能なのであります。

いま見られたのは、ロックにおける場合ですが、その議論をそれ以後の現代に至る哲学史の全体へと一挙に拡大するのは余りにも乱暴ではないか、そもそも、「物心二元論」ということについても、デカルトやロックはそうであるかも知れないが、彼ら以外の合理論や経験論の哲学者達でさえ、そうではないではないか、という異論が出ることが予想されます。確かに、スピノザは精神および物体の実体性、即ち独立自存性を否定して、唯一の実体である神の一元論の立場ですし、ライプニッツは物体の実体性を否定して、精神(モナド)における表象に過ぎぬと看做しましたし、バークリも物体の実体性を否定して、精神における観念に過ぎぬと看做したのですし、ヒュームにおいては物体ばかりか精神の実体性さえ否定されているのだからです。しかし、そうであるとしても、否定し難いのは、これらの諸哲学がデカルトやロックの「物心二元論」の哲学を母胎として誕生し、それの延長上にある限り、デカルトやロックの根柢に横たわっていた制限性を不可避的に受け継いでおり、それがどこかで夫々の哲学を内部から困難ならしめているということです。そしてこのような、言わば〈制限性の系譜〉はドイツ観念論や、更にそれを越えてその後の現代哲学に至るまで、辿ることができると思われます。つまり、デカルト哲学の提起した問題が現代に至るまで解決されていない、あるいはデカルト哲学は未だに乗り越えられていない、と先に述べられたのは、それの解決や乗り越えを困難ならしめる、デカルト哲学の根柢に横たわる〈制限性〉が未だに発見されても自覚されてもいない、ということに外ならないでしょう。そこで次に、その〈制限性〉とは何であったのかを考えてみたいと思います。

（3） デカルトやロックの「物心二元論」においては、認識主観である精神あるいは自我は、自らと本性を異にし、自らの外に独立に存在する認識客観である物体の現存在についても、物体についての認識の実在性についても、あるいは他の主観(他我)の現存在についても確実な認識を持つことができず、従ってそれらを確実に保証するものとして、精神および物体の夫々に現存在を与え、両者間に成立する認識の実在性についても保証を与えるものとしての「神」という超越的存在者を要求せざるを得ない、という宿命を彼ら(デカルトやロック)は有します。注目すべきは、(「主観」と「客観」と「認識」という)三契機から成る「経験」を基礎づけるために、ここでは、三契機には含まれない、つまり「経験」には内在しない、「神」という経験超越的存在に「経験」の基礎・根拠・原理を頼らざるを得ない、ということであります。このような経験理論は、経験超越的なものに基づく理論、という意味で〈経験超越論〉、あるいは簡潔に〈超越論〉と呼ぶことができるでしょう。そしてこの〈超越論〉こそは、デカルト以後現代に至るまで、哲学史において一貫して維持・継承されて来た、と思われます。

これに対して、物体を実体としてではなく、精神の内なる観念あるいは表象と看做すバークリやライプニッツの観念論的哲学においては、精神にとって、自らの外なる独立存在としての物体についての認識という問題は消滅しますが、しかし、単なる主観的表象としての夢や想像とは異なり、客観的背景を有つ経験を経験として保証するためには、神の存在が必要とされます。

以上のような、デカルトやロックやバークリやライプニッツとは違って、スピノザでは経験の根拠あるいは原理としての神がキリスト教的伝統における神、即ち超越神(世界の超越的原因としての神)ではなく、内在神(即ち、神即自然というスピノザのテーゼに示されているような、世界あるいは自然の内在的原因である神)であることによって、神と世界の中の個物つまり個々の精神や物体との関係は〈全体と部分〉という言わば等質的連続的関係と解されることによって、かかる原理からの経験の基礎づけはより一層容易になると考えられるかも知れません。しかし、実際のところはむしろその反対で、内在神と言ってもその実質は超越神と変わらず、「無限に多くの属性から成る実体」というのがスピノザの「神」の定義ですが、無限に多くの属性のうちの、「思惟」と「延長」という唯二つだけしか我々には知られ得ないとされている「神」の認識あるいは理解に到達することは我々には不可能であります。スピノザは神の認識を哲学の出発点とすべきことを命じているのですが、その出発点に到る道を示す筈の『知性改善論』という書物が未完の儘中断してしまっていることは、我々が神の認識に到達すること、そしてそれによって経験を基礎づけることが実際には殆ど不可能に等しいことを示す象徴的事実と言えましょう。

一方、ドイツ観念論もまた、スピノザの精神を汲んで、内在神的な超経験的存在者を哲学の原理とし、これによって全体系を論理的に、あるいは弁証法的に演繹しようとしました。但し彼らはそれを表向きは神とは呼ばず、絶対者と呼んだのですが。しかし、ドイツ観念論の哲学者達のかかる思弁哲学的企て、即ちフィヒテは「絶対的自我」、シェリングは「絶対的同一性」、ヘーゲルは「絶対的精神」という絶対者を哲学の唯一の原理として掲げて、それから全体系を演繹的に展開しようとする企てが、恐らくはスピノザの場合と同じ困難によって、破綻を来たし、結局は絶対者を原理とする、〈超越論〉による経験の基礎づけという課題も果たされない儘に終わったことは、フィヒテやシェリングがいずれも、中期以後は自らの前期におけるそのような企てを放棄してしまっているという事実の示すところでしょう。ヘーゲルもまた、普通の自然的意識が己れ自身の諸形態を隈なく遍歴する経験の道程において、知的に段階的に上昇し、遂には本来の自己である精神即ち絶対者の認識、即ち絶対知へと到達する、意識の弁証法的運動の叙述としての「意識の経験の学」という経験理論を構想したのですが、それが挫折していることは、『意識経験学』という最初に予定されていた書名が、印刷の段階で急遽『精神現象学』という書名に変更されざるを得なかった出来事の中にも示されています。つまり、スピノザの神にせよ、ドイツ観念論の絶対者にせよ、デカルトやロックの神と同様に、彼らが経験の基礎づけを企てる限り、このような超経験的存在者を経験の原理ないし根拠として立てざるを得ませんが、これらの超経験的存在者それ自身をそれとして確実に認識あるいは理解すべき術が我々にはなく、従って、それらを原理とする、〈超越論〉的な経験の基礎づけも失敗せざるを得ない、という事態は、デカルト以後も改善されることなく、ドイツ観念論の時代まで一貫して続いている、ということになります。

では、ドイツ観念論以後の十九世紀後半や、二十世紀の時代においてはどうか、と言えば、この時期においても、経験の基礎づけというこの問題をめぐって、格別の見るべき進展はなかった、と言う外はないでしょう。今世紀においては、単純にデカルト的立場に立ってというよりも、デカルトをカントと結び付ける、あるいは、デカルトにカント的な変容を加える、あるいは、デカルトを否定してカント的立場に立つ、というような仕方での探究が行われた、と見られます。即ち、フッサールはデカルトの方法的懐疑によって確保された純粋意識を、新カント派を通して受容したカントの超越論的主観性と結び付けることによって、現象学という新たな研究分野を開拓し、ヴィトゲンシュタインは物心二元論的に相対峙する、「世界」と、「言語」あるいは「思想」という両者を、カント的な「形式」の概念によって相互に関係づける「写像理論」という独自の経験理論を構築しましたし、ハイデガーは、デカルトの意識の立場や、認識論的問題関心や、機械論的自然観を判然と拒否して、むしろカントの『判断力批判』におけるような、人間中心の目的論的世界観の立場に立ち、人間存在の存在論的分析に基づく基礎的存在論を構築することによって存在一般の意味を解明しようとしました。しかし興味深いことに、これらの三人の哲学者はいずれも、後期に至って、自らの前期あるいは初期のかかる理論を断念・批判・放棄して、それとはむしろ正反対の立場に転換してしまうのであります。そして、後期のフッサール、ヴィトゲンシュタイン、ハイデガー以後は、更めて経験理論の新たな構築を試みる者も現れない儘に、現代哲学は衰退の道を辿りつつあるように見えます。

（4）　しかしそれにしても、このような困難な事態はいかにして生じたのか。それを理解するために、シェリングの次の言葉はその手掛かりになるでしょう。彼は、「認識主観は認識客観を必然的に自らの前提として有する」と言います。この一見さりげない言葉は、意識の哲学の本質とそれの陥らざるを得ない困難を的確に表現していると思われます。シェリング自身はこの言明を、認識主観から出発する(と彼の看做す)カントを批判するために用いていて、それ故哲学は認識客観から出発せねばならない、という彼の自然哲学の立場を正当化するためのものでありますが、しかしこの言葉はデカルト以来の意識の哲学の全体を射程内に収めていると見られます。というのは、認識主観が認識客観を必然的に前提せざるを得ないとすれば、意識の哲学が認識主観から出発するとき、認識客観を前提せざるを得ませんが、哲学的な経験理論において、それを安易に無造作に「前提」することが許される筈はなく、何らかの仕方でそれを必然的なものとして演繹せねばならず、そのためには、何らかの超経験的な原理を立てて、それから認識客観を必然的に演繹するという形をとらざるを得ない。こうして、超経験的存在者を原理とする〈超越論〉あるいは〈超越論〉的な経験理論は意識の哲学にとって不可避的となる、と考えられるからです。

かくて、デカルト以来の意識の哲学は不可避的に〈超越論〉へと導かれ、しかし超経験的存在者を原理とすることの〈超越論〉は先の三つの問題を解決する確実な経験理論を提示することができない、即ち経験を確実性を以て基礎づけることができない、という本質的欠陥を有しており、従って今日に至っても尚、経験の十分な基礎付けは未だに成就されてはいない、と思われます。いま、デカルト以来の意識の哲学は不可避的に〈超越論〉へと導かれたと申しましたが、しかしそれがもしも人間理性にとって本当に不可避であったのなら、経験理論の不成立ということも、哲学の衰退ということも、全ては不可避となり、我々には確固不動の経験理論の形成ということは本性上拒まれている、ということになるでしょう。しかし、それはあり得ず、意識の哲学は偶ま或る前提に立ったために、不可避的に〈超越論〉へと導かれたに過ぎず、実はこの道は避けられ得た筈である、と思われます。デカルト以来の意識の哲学の〈制限〉あるいは〈制限性〉と先に呼んだのはそのためでした。従って、この〈制限〉を発見することによって、デカルト以来の意識の哲学の制限を乗り越えるべき方途を探索しなくてはならない、ということになります。それが哲学を衰退から再興へと反転せしめる途となるでしょう。

さて、では意識の哲学が言わば無自覚に採用した前提とは何かと言えば、経験を説明するというのは、経験がいかにして生じるかというそれの〈生成〉を説明することである、という考え方のことであります。確かに、この考え方に従う限り、経験を生ぜしめるもの即ち経験の生成の原理であり得るものは超経験的存在者を措いて他にはなく、従ってそれを経験の原理とする〈超越論〉的経験理論は不可避的となるでしょう。しかし、経験はいかにして生成するのか、というそれの〈生成〉による説明の他に、経験は何によって存立しているのか、というそれの〈存立〉による説明があり得ます。そしてこの道を採るならば、〈超越論〉ではなく、それとは反対の〈内在論〉による経験理論が可能となるでしょう。即ち、経験を内的に構成している諸契機を、経験の内的分析によって取り出し、それらによる経験の内的構成の仕組みや構造を明らかにするという仕方で、経験の成立を説明することができるでしょう。そしてその場合最も注目に値するのは、経験の原理もまたここでは、経験に内在するものであり、即ち〈内在論〉として経験を説明ないし基礎づけることが可能となるということであります。〈超越論〉は原理的に経験を基礎づけ得ないことが明らかである現在、残された唯一の可能性としての〈内在論〉を哲学は選ぶしかないと考えられます。そのように考えて、〈内在論〉による経験理論を確立した哲学者がカントでした。

（5）　カントは、「問題は経験の生成ではなく、経験の内に何が在るかである。経験の生成を問うのは、経験心理学に過ぎない」と言います。既に見ましたように、経験の生成を問題にすれば、それの生成の第一の原因として超経験的存在者を立てて、それを原理として経験の生成を基礎づける、〈超越論〉的説明にならざるを得ませんが、この説明方式によって私達に本当に確かに把握できるのは、超経験的原理による因果的説明が経験の圏内に入って来ての、経験的対象である物体とそれを知覚する経験的主観との間の認識関係だけですが、これは単なる経験心理学的場面に過ぎないでしょう。従って、経験に確実な基礎を与える説明方式とは、このような〈超越論〉ではなく、反対に、経験の内に在って経験を内側から可能にしている、経験内在的諸契機を経験の内的分析によって取り出して、その中に経験を可能にしている原理を求めるという〈内在論〉の説明方式でなければならないでしょう。このようなカントの〈内在論〉的経験理論においては、従来の意識の哲学の〈超越論〉とは違って、「経験」は説明の最後に、生成過程の結果として初めて現れるあるいは形成されるというのではなく、むしろそれとは逆に、説明の最初に、説明の前提あるいは出発点として予め、既に成立し、存立しているものとして与えられていなければならない、という著しい特徴があります。そこでは、説明の出発点は、従来のように「主観」でも、あるいはシェリングのように「客観」でもなく(というのは、これらの両者であれば、結局は〈超越論〉へと導かれることになりますから)、主観と客観、精神と物体、意識と世界、をともに自らの内に含み、それらから構成されて成り立っている「経験」であります。「主観」や「客観」や「超経験的存在者」のいずれでもなく、「経験」それ自身が出発点であればこそ、〈超越論〉ではなく〈内在論〉であることが可能なのです。何故なら、経験の内部には、経験内在的なものしかなく、経験超越的なものは経験の原理としても対象としても、ここには存在しないからです。しかしこのような〈内在論〉的説明が成り立つために解決されるべき最大の問題は、経験の客観即ち物体は勿論、主観である精神ないし自我の産み出したものではなく、従って主観から独立の存在である筈なのに、それの存在の原因としての、例えば神のような、超経験的存在者を立てないで済ますことはいかにして可能か、という問題でしょう。何故なら、このような超経験的存在者を経験の説明のために一旦立てるならば、その途端に説明は〈内在論〉ではなく、〈超越論〉に戻ってしまうからです。

カントが最大の苦心を払ったのもこの問題であり、彼がこの問題を解決できたのは、「コペルニクス的転回」と称される、彼独特の発想の転換によってでした。つまり、物体は確かに経験の対象(客観)として主観である精神から独立な存在ですが、しかし物体がその中に位置を占めている空間と時間それ自身は決して主観から独立に一種のもののようにして実在しているのではなく、むしろ主観が対象を受け取る(これを「直観」と呼びますが)ための形式的条件として、予め主観の直観能力としての感性の根柢に横たわっており、主観がこのような直観形式を対象に適用するからこそ初めて、物体のような対象が対象として我々に与えられる、あるいは現れる(これを「現象」と呼びますが）ことができる、という考え方であります。空間および時間は、ニュートンの絶対空間や絶対時間のように、世界全体を包み込む言わば空虚な容器のような一種のものとしてそれ自体として実在する存在者なのではなく、むしろ人間主観の直観能力即ち感性の働きの根柢に存する直観形式に過ぎず、人間を離れては無である、とするのがカントの空間・時間についての考え方であります。即ち、空間と時間は、一切の対象が我々に与えられるに先立って、予め直観形式として感性の根柢に横たわっていて、対象の受容即ち直観を、そして従って対象の現象を可能ならしめる形式的条件であり、この条件に合致しなければ対象は直観されること、即ち現象することができないのであります。対象の直観形式は即ち現象形式であり、対象が対象として我々に与えられることの条件は従って、我々主観の側にあり、従って我々に与えられる対象は、空間・時間というその形式性に関しては決して主観から独立ではあり得ず、むしろ主観に依存的な存在であることになります。ここで、人間主観の感性に依存的な対象、つまり、直観形式即ち現象形式に合致する限りでのみ与えられる対象である「現象」と、感性によっては直観され得ず、従って現象することのできない、感性から全く独立な対象である「物自体」という、二種類の対象の区別が生じます。そして認識客観である物体は「現象」としての対象であって、「物自体」としての対象ではないことによって、〈内在論〉が可能となります。何故なら、「現象」は経験内在的対象ですが、「物自体」とは経験超越的対象に外ならないからです。

ところで、対象の受容、即ち我々に与えられ、現象する対象の直観というだけでは未だ経験あるいは認識は成立せず、それの成立のためには、対象の直観の上に更に対象の思惟が加わることが必要とされます。というのは、経験あるいは認識とは主観による客観の規定ですが、この規定とは、与えられた、即ち直観された対象、即ち現象としての対象に対して、悟性による思惟の働きを加えることによって、それを客観的に規定することを意味するからです。そしてこの、対象の思惟のレヴェルにおいても、先の直観のレヴェルと同様に、あらゆる思惟の働きに先立って、悟性の純粋な思惟形式というものが悟性の思惟能力の根柢に形式的条件として横たわっていて、それが対象についての一切の思惟を可能ならしめる、とされます。それがカテゴリー（範疇）と呼ばれるもので、実体性や因果性や現実性等、12個があるとされますが、これが、直観によって与えられた対象即ち現象としての対象に対して適用されることによって初めて、経験あるいは認識が成立します。そして、このカテゴリーもまた、先の直観形式である空間・時間と同様に、現象としての対象に対してのみ適用可能で、物自体としての対象に対しては適用不可能とされます。こうして、〈内在論〉としての経験理論は完成された、と言えるでしょう。即ち、経験の対象は経験内在的対象である現象であって、経験超越的対象である物自体ではなく、そして経験あるいは認識の能力である感性も悟性も、あるいはそれらの働きである直観も思惟も、現象に対してのみ適用可能で、物自体に対しては適用不可能であるため、経験内在的対象である現象については完全な認識の成立が保証され、一方の経験超越的対象である物自体は認識不可能として、経験あるいは認識の範囲から排除され、〈内在論〉的経験理論は完成されているからです。つまり、ここでは、経験を可能ならしめるための形式的条件としての、経験の原理である空間・時間とカテゴリーは悉く、経験の内的構成契機に属するものとして経験内在的であり、一切の超経験的存在は、経験の原理からも対象からも排除されており、経験の成立には全く関与しない、全く不必要なものだからです。

カントはこのような、空間・時間やカテゴリーの経験内在的対象即ち現象に対する適用のみを認め、従って現象のみが認識可能で、物自体は認識不可能と看做す考え方を「内在的思惟」と呼び、これに対して、空間・時間やカテゴリーの経験超越的対象即ち物自体に対する適用も認め、従って物自体も認識可能と看做す考え方を「超越的思惟」と呼び、「内在的思惟」のみが経験の可能性を理解せしめるものである、と言います。確かに、このような

〈内在論〉のみが経験を確実に基礎づけ得るもの、換言すれば、先の三つの問題に解決を与え得るものであるでしょう。即ち、第一および第二の問題に関して、従来の意識の哲学即ち〈超越論〉が解決を与え得なかったのは、客観である物体が主観である精神ないし自我とは独立の存在と考えられたためでした。即ち、自らとは独立に存在する対象の現存在や、それについての認識の実在性をかかる主観は自ら保証することはできない、と考えられたのでした。しかし、主観や客観からではなく、それらを内に含んで既に成立している経験から出発するカントの〈内在論〉においては、客観即ち物体は、主観の感性の直観形式である空間・時間に合致する限りで初めて与えられ得る現象として、主観に依存的な存在であり、それの現存在やそれについての認識の実在性を疑うべき理由は既に消滅しているのであります。というのは、主観の感性は現象としての物体の所与形式を自ら供給することによって、それが与えられるという情況を自ら作り出しているのであり、それが果して現に与えられているのかどうか、という問題はここにはあり得ないのであり、他方、認識の実在性の問題についても、空間・時間が現象としての対象の所与形式であるというそのことが、空間・時間という表象の、現象として与えられる対象に対する客観的実在性の証明に外ならないからであります。

更に第三の、他我の現存在の問題については、カントは「唯一の空間・唯一の時間・唯一の経験」ということを言います。それは即ち、空間も時間も経験も一つしかなく、多くの様々な空間というのは、唯一の全体としての空間の限定としての諸部分に過ぎず、そのことは時間や経験についても同様である、ということであります。そして全体は部分に先行して、部分を初めて可能ならしめる、と考えられており、従って、経験の場合、多くの個別的経験というのは、先行する全体としての唯一の普遍的経験における部分であり、それの限定によってのみ可能と言われます。そこでいま、〈内在論〉が出発点とする経験は個別的経験ですが（というのは、全体としての経験は与えられ得ない、とされていますから）、それの主観としての精神は自らの経験について意識するとき、それが全体としての唯一の普遍的経験の限定としての部分的経験であることを意識していなければならず、ということは、自らのこの個別的経験の他に無数の個別的経験が存在し、そしてその各々において自らと同等・同格の経験主観としての精神あるいは自我が存在していることを直知している筈であり、つまり、他の多くの主観即ち自我の現存在を必然的に知っていなくてはならない、ということになります。このようにして、他我の現存在は、類推という間接的蓋然的な推論によってではなく、己れの経験を理解する全ての主観あるいは自我によって、必然的なものとして予め直知されていなくてはならないでしょう。それは恰も、多くの空間が唯一の全体としての空間の部分であることが必然性を伴って万人に直知されているのと同様な仕方で。

（6）ここまでの話からすれば、経験の基礎づけということの問題はカントの〈内在論〉によってめでたく一件落着とお考えになるかも知れませんが、実は仲々そうは問屋が卸さないのであります。というのは、二百年を越えるカント研究の歴史において、カントの哲学は〈内在論〉であるという解釈が下されたことは未だ曾て唯の一度もなく、むしろそれとは反対に、カントはデカルトからドイツ観念論へと流れる、意識の哲学の同じ潮流に属する哲学者である、即ち私達の表現で言えば、〈超越論〉の哲学者である、との見方こそが研究史においては定着してしまっているからであります。カント研究の口火を切ったのはヤコービの有名な、「物自体の前提を認めなければ、カント哲学の体系中に入ることはできず、しかるにこの前提を認めれば、体系中に留まることができない」という、カントに対する批判でしたが、このヤコービの言葉の中に既に、その後の研究者が一様に陥ったカント哲学に対する或る根本的な誤解が現れています。つまり、ヤコービは、体系の出発点において、物自体という不可知な対象による、感性の触発によって、現象としての対象が与えられると言うのは、後に体系の内部で、物自体は不可知であることが論じられるのだから、そういう不可知の対象である物自体を経験の成立の説明の中に持ち込むのは矛盾している、という批評をカントに対して行っているわけですが、ヤコービのこのカント理解そのものが実は、物自体の触発によって、現象としての対象が我々に先ず与えられ、次いでこの現象としての対象の働きによって……云々というような仕方で、経験の〈生成〉を語ることが経験を説明することであり、カントの経験理論はこのような経験の生成理論である、という先入見に基づいており、経験の生成が問題ではない、とカント自身が明言していたことがここでは忘れられているのであります。カントにとっては、経験の生成も、それに到るための一段階としての、現象としての対象の生成も、一切問題ではなく、物自体はヤコービの解するように、経験の生成を説明するためのものとしてではなく、ただ単に、物自体は現象とは全く異なる対象であり、我々には与えられず、従って経験されることもできない、という、両対象の区別だけが彼の専らの関心事であったのですが……。しかし、カント解釈の歴史は、ヤコービの誤解、即ちカントの経験理論とは経験の生成理論であるという誤解をその儘継承して今日に至っているのであります。そしてそれが〈超越論〉即ち、超経験的存在者を経験の生成の原理と看做す〈超越論〉的経験理論とならざるを得ないことは明らかでしょう。この超経験的存在者の内容が解釈者の立場に応じて、「物自体」であったり、ドイツ観念論のように「純粋自我」や「超越論的統覚」であったり、新カント派のように「先天的主観性」や「理性の主観性」であったり、現象学のように「超越論的主観性」であったりと、様々に姿を変えて現れているとしても。つまり、カント哲学が従来、唯の一度も〈内在論〉として解釈されたことがないというのは、誠に驚くべきことですが、しかし、カント以後の哲学(即ち、ドイツ観念論や新カント派や現象学)が悉く、デカルト以来の、カント以前の哲学が悉くそうであったように、意識の哲学の流れに沿った〈超越論〉であったとすれば、彼らがカント解釈に際して、カントもまた自分達と同じく〈超越論〉であると看做したということは、或る意味では自然であったとも言えましょう。つまり、デカルトから現在まで、ひとりカントを除いて、彼以前および以後の殆ど全ての哲学が〈超越論〉であり、その反映として、カントが唯の一度も〈内在論〉として正しく理解されることができず、常に〈超越論〉として誤解され続けて来た、あるいは誤解されざるを得なかった、ということになります。カントが一度も正しく理解されなかったことは、却って問題の重大性を示すものであり、むしろカントはこのことを洞察し、デカルト以来の哲学の〈超越論〉という在り方に重大かつ原理的な誤りと欠陥を見抜いていたからこそ、自らをコペルニクスに擬しての、思惟法の転回、即ち形而上学の革命を主張せざるを得なかった、と考えられます。というのも、彼の言う、思惟法の転回とは、「超越的思惟」から「内在的思惟」への、即ち〈超越論〉から〈内在論〉への転回であったからです。

（7）しかし、カント哲学が〈超越論〉として誤解されざるを得ぬ、いかなる時代背景があったにせよ、誤解は誤解であり、それが正当化されることはできないでしょう。上述のように、カント以前および以後の殆ど全ての哲学は〈超越論〉であり、それはデカルト以来の意識の哲学の必然的帰結であったと考えられます。そうだとすれば、ひとりカントだけは〈内在論〉を確立したことによって、〈超越論〉ひいては意識の哲学の制限を乗り越え得た、即ち意識の哲学を克服し得た、と言えましょう。そして、現代における哲学の衰退とは、意識の哲学ひいては〈超越論〉の行き詰まりに原因があるとするなら、哲学を衰退から再興へと反転させ得る唯一の方途は、先述の通り、〈超越論〉を〈内在論〉へと転換することにあり、またそこにしかないでしょう。カントの〈内在論〉は飽くまでもそれの一つの形であり、他のタイプの〈内在論〉も可能であるでしょうが。

後退も停滞もなく、直線的に前進するのみの科学と違って、哲学の歩みは決して単純に直線的でも前進的でもないので、哲学において「進歩」という言葉が使える場合は極めて稀ですが、しかしここでの、デカルトの〈超越論〉からカントの〈内在論〉への歩みは、「進歩」と呼ぶことのできる、その極めて稀な場合の一つと言い得るでしょう。何故ならば、〈超越論〉は「経験」を基礎づけ得ないのに対して、〈内在論〉はそれを基礎づけ得るのであり、更にそれに加えて、独我論の克服という、〈超越論〉では解決不能であった問題も解決し得ているからです。デカルトは「人間精神」において哲学の原理を発見し、確立しましたが、経験の原理については、人間精神ではなく、神に頼らざるを得なかったところに、未だに中世哲学におけるキリスト教神学の残滓を残しており、哲学の近代化を恐らくは目指したものの、充分には果たし得なかったと思われます。もしもそう言い得るとすれば、カントはデカルトの残したこの課題を達成したのであり、ここにデカルトからカントへの一歩の前進を認め得ると思われます。その意味では、カントの〈内在論〉はデカルト以来の〈超越論〉の哲学(それは思いがけず現代までも続いてしまったわけですが)とは時代を画すものであり、カントにおける〈内在論〉の誕生は、一つの新たな時代の始まりと呼ばれ得るものであるでしょう。尤も、〈内在論〉や〈超越論〉という問題性自身に未だ誰も気づいてさえいないのに、新たな時代も何もあったものではない、と言われるかも知れませんが。

(8)　ところでしかし、経験の問題というのは哲学にとって最後の問題というわけではなく、むしろ、「単に生きることがではなく、よく生きることが大事である」とのソクラテスの言葉を承けて、善の認識ということがプラトンやアリストテレスの最終課題であり、デカルトやカントも倫理学の構築ということを、夫々の哲学的探究の最終目的としていました。ここで経験理論をめぐって、哲学の再興ということを考察したことの意味は、理論哲学における〈超越論〉の圧倒的支配ということが哲学の衰退をもたらしたと同様に、それと連動して、実践哲学においても倫理学の衰退をもたらした、と思われたからであります。即ち、衰退しつつある哲学を再興することが、それと連動して、衰退しつつある倫理学を再興することと結びついていると考えられます。即ち、単に狭い範囲の専門家の興味を惹くだけに過ぎない、〈超越論〉から〈内在論〉への転換という問題は、人類一般の将来に関わる、倫理学の再興という問題と密接に結びついていると考えられます。しかし、時間には限りがあり、そのことを付言することで満足して、ここで本日の講義を終わりたいと思います。

※本章は二〇〇〇（平成十二）年一月十九日（水）午前中、名古屋大学文学部第七講義室で行われた著者の、五〇分間の停年退官・最終講義の全文である。

※※カントの理論哲学（経験理論）は〈内在論〉であるとなす我々の解釈の詳細については、拙著『カント解釈の問題』序言、第三、第四、第六、第七章を参照。

第二章　「立ち現われ」概念導入の試み

――カントの経験理論の完成のために――

一

カントの哲学（理論および実践）は三層構造を成していると思われる。理論哲学においては、第一層（基底層）は経験一元論（経験内在論・先験的観念論・先験哲学）の層であり、その上の第二層（中間層）は物心二元論（経験的二元論・経験的実在論・自然科学）の層であり、更にその上の第三層（表層）は日常経験の層である（実践哲学については省略する）。第三層は第二層に、更に第二層は第一層に基づいている。従来のカント解釈の失敗の殆どは、これらの三層を的確に区別しなかったことに起因すると見られる。しかし、カント自身は第三層の理論を提示しておらず、それの形成は後代の我々の課題であろう。

ヘーゲルは『信と知』（一八〇二）において、カントにおける悟性と感性、叡知界と感性界、自由と必然性、等の諸対立を「二元論」（S. 314f., 320）と看做し、「かかる対立を絶対視」するカント哲学を「反省哲学」（S. 332）と呼んだ。しかし、カントにおける感性と悟性は、デカルトやロックの「物心二元論」における物体と精神のような、相互に無関係に夫々独立に存在する二つのもの(二元)ではなく、認識(経験認識)の二つの要素である直観と概念の夫々の働きを担当する二つの能力であって、認識あるいは経験という一元的なものから概念的に析出された二者であり、「認識」あるいは「経験」を介して両者は相互に最初から関係し合っている。感性界と叡知界も同様で、経験において与えられ得る対象(現象)の世界が感性界、経験においては与えられ得ない対象(物自体)の世界が叡知界であり、従って両世界は「経験」という一元的なものから二分法的に析出された二つの対象領域(世界)に外ならない。しかも、「経験」Erfahrungという言葉にはハイデガーやピピンも言うように、「経験すること」Erfahren(作用)と「経験されたもの」Erfahrenes(対象・内容)という両方の意味が含まれている。即ち、「経験」とは「経験されたもの」を「経験すること」であるとともにまた、「経験すること」によって「経験されたもの」でもある。「経験」には従って、「経験すること」をするもの(主観)と「経験されたもの」であるもの(客観)と両者間の関係、即ち「経験されたもの」を「経験すること」(主観による客観の認識)の三者が常に既に内包されていることになる。

ここには、デカルトやロックの「物心二元論」の陥らざるを得ない困難を克服する道が示唆されている。精神(主観)と物体(客観)が夫々独立に相互に無関係に相対峙している「物心二元論」においては、主観による客観の認識、即ち両者の関係づけを保証する第三者(神)を要請・前提せずには、認識の成立を説明できないという困難が存する。しかし、主観も客観も両者間の関係も既に「経験」概念の内に内包されているのであるなら、経験あるいは認識を基礎づけるために、「経験」の外に出て、第三者としての経験超越的存在者(神)を経験の原理・根拠として殊更に想定すべき必要などはないのではないか。むしろそれ(原理・根拠)は常に既に「経験」それ自身の内に内在していると考えるべきであろう。――この着想がカントの先験哲学の最初の動機であったと考えられる。それに基づき、「形式」・「質料」という「反省概念」を駆使して、カントは経験あるいは認識の原理の発見によるそれの基礎づけ作業を遂行する。それは確かに「経験」の自己反省であるが、ヘーゲルの所謂「反省哲学」と違って、経験「一元論」の立場である。その際全探究の核心を成しているのは、「経験すること」(主観面)と「経験されたもの」(客観面)は相互に対応・一致の関係にあり、そしてこの対応・一致の関係は、「経験すること」の形式(的制約)と「経験されたもの」の形式(的制約)が同一であることによって成立している、ということの洞察である。

この線に沿って、カントの探究は以下の仕方で行われる。対象の認識は直観(感性)と概念(悟性)の結合によって成立するが、この「結合」とは概念によって直観が規定されることである。直観の対象が現象であるが、両者の対応・一致は直観形式と現象形式が同一であることによる。直観形式(＝現象形式)とは空間・時間であり、直観の質料(＝現象の質料)は感覚である。「現象において感覚に対応するものを現象の質料と私は呼ぶ」(B34)。「意識と結合された現象が知覚」(A119f.)であるが、かかる知覚(＝現象)が経験の質料であり、悟性形式であるカテゴリー(純粋悟性概念)が同時に経験の形式でもある。それ故、知覚(＝現象)に対するカテゴリーの適用によって経験あるいは認識は成立する。注目すべきは、主要概念の「表象」、「直観」、「現象」、「感覚」、「知覚」が悉く、「経験」と同様の、作用と対象(内容)の両義性を有する „——ung“ 形式の名詞であることである。そして、空間・時間は直観形式であるという理論が「先験的(形式的)観念論」であり、空間・時間・カテゴリーとそれらから成る諸原則は、感性および悟性の形式として経験に内在することによって経験(経験対象についての経験認識)一般を可能ならしめる原理であることを証明し、それによって経験あるいは認識を基礎づける企てが「先験哲学」である。「先験的という語は、一切の経験を超出する或るものではなく、経験に(ア・プリオリに)先行しはするものの、しかし専ら経験認識を可能ならしめることだけを使命とする或るものを意味する」(Prol., S. 374, Anm.)。

その際、我々に与えられ得る対象、即ち経験内在的対象（現象）だけが問題であり、我々に与えられ得ない対象、即ち経験超越的対象（物自体）は最初から問題外であることは言うまでもあるまい。何故なら、経験あるいは認識の経験内在的原理は経験内在的対象にだけ及び、経験超越的対象には及ばないからである。理論的認識において経験内在的原理のみを認め、経験超越的原理を認めない立場を〈内在論〉（経験内在論）と呼び、後者をも認めようとする立場を〈超越論〉（経験超越論）と呼ぶとすれば、カントの先験哲学は明らかに〈内在論〉であって〈超越論〉ではない。それ故、物自体が不可知であることは先験哲学にとっては自らの前提であって帰結ではない。何故なら、デカルト以来の「物心二元論」は〈超越論〉へと導く外はないことを反省し、それを覆して〈内在論〉へと転換することを以てカントの先験哲学は出発した筈だからである。他方また、カントの先験哲学は上述したことからも明らかな通り、感性・悟性「二元論」でも、主・客「二元論」でもなく、経験「一元論」である。それは従って、経験〈内在論〉であり、かつ経験「一元論」である。カントの先験哲学が「内在」論であることに恐らく最初に注目したのは、皮肉にも『自然法論文』（一八〇二）のヘーゲル（S. 472）であったが、彼はこの「内在」を〈絶対者の個別者（諸個体あるいは個別的意志）への内在〉と解することによって、『精神現象学』（一八〇七）という、カントの〈内在論〉とは正反対の〈超越論〉哲学へと逆走することとなった。

以上から、カントの理論哲学の第一層が経験一元論（経験内在論・先験的観念論・先験哲学）の層であることは明らかであろう。次の第二層の主要部分を成すのは自然科学における諸認識であるが、時空的世界における諸現象についての客観的認識であるそれらが、第一層の先験的観念論等に基づいていることは言うまでもあるまい。それはデカルト以来の「物心二元論」の領域であり、「物質」と「思惟的存在者」が夫々独立に実体的に存在することは物理学や心理学の自明の前提であるが、それをカントが「経験的意味における二元論」（A379）と呼んでいるように、それは既に第一層の経験一元論(先験的観念論)による基礎づけを経た経験的「二元論」であり、「物心」もデカルトのそれと違って物自体ではなく、現象としての「実体」に過ぎない。但し、第二層には、必然性と客観的妥当性を有しつつも自然科学的認識には必ずしも属さない認識も含まれるので、とくに自然科学には限定せず、「客観的に妥当」な判断である「経験判断」(Prol., S. 298)によって形成されるのが第二層であり、「経験判断」(一般的経験)の理論がこの層の理論であるとするのがより適切であろう。そして第三層は直接的個別的経験の層であり、「経験判断」との対比からも、それは「単に主観的にのみ妥当」な「知覚判断」(ebd.)の層であると一応は言われよう。しかし、「知覚判断」の規定においてカントには或る動揺と混乱が見られ、彼は結局この第三層の理論を提示するには至っていないと思われる。

では、それはいかなる理論であるべきか。「一元論」であることがそれに要求される条件であろう。何故なら、「経験」が本来〈一元的なもの〉であることは先述のようにその概念の示すところであるし、「二元論」は本来の第一次的・根源的な「経験」からの第二次的・派生的な抽象態に過ぎないからである。もしも「知覚判断」が「二元論」として、「経験判断」と同じ層に置かれたならば、それは忽ち自らの根源性・固有性を失って、消滅する外はあるまい(そして、実際にもそのように推移したのであるが)。

二

我々はここで、大森荘蔵氏の「立ち現われ一元論」をかかる第三層の理論と同一のものとして主張したい。その理由は、主語(知覚の主体)を原則的に省略できない西洋語(英・独・仏語)では主客関係の二元的因果的把握を脱却するのが困難なため、かかる「一元論」の形成は困難であるのに反して、主語の省略が容易な日本語ではそれが容易である、という一面もあるが、より本質的には、大森氏が知覚経験に関して、世界風景の「立ち現われ」という、状態・状況・場としてのそれの在り方に専ら注目することによって、理想的と思われる完璧な「一元論」の理論を構築されたからである。

大森氏によれば、私に今或る風景が見えているとき、この「見えている」ことは一つの「状態」、「状況」、「場」であって、いかなる「動作」でもない(28、30頁)。しかし「状態」と言っても、それは「私の状態」でも、見えている壁や机「だけの状態」でもなく、また壁や机と私との間の「関係」でもなく、私および私を取り巻く全風景を包み込んだ一つの全体的「状況」であり、全体的「場」に外ならない(30、31頁)。私自身を取り巻いて、壁や机や本箱が、即ち部屋の風景がそこに視覚的に「立ち現われて」いるというそのことが、「見えている」ということのすべてである(29、37頁)。ところでしかし、ここには「見えている」風景を「見ている私」、「見る私」、あるいは「見る」という動作などはない、と言われる(39、40頁)。何故なら、「見えている」という「場」から、「私」なるものを切り取ることは絶対にできないからである(38頁)。既に事物は「見えている」のであって、私がことあらためて「見る」必要はないのである(39頁)。或る風景が或る姿で「見えている」そのことは「私が」見ることではない。そこには何の動作もなければ、見ると見られるとの関係もない。それはただ、「見えている」という状態であり状況であり、場なのである(41頁)。

「見るものと見られるものという、主観——客観の構造はここにはない。あるのはただ動作主体としての私である」(39頁)。動作主体としての私は空間の中の好む場所に移動でき、また好む方向に眼を向ける。そのとき或る風景が「見えている」。しかし、「眼を向ける」と並んで、その風景を「見る」という動作はない。動作は唯一つ、眼を向ける動作だけである。それ故、その風景を「見る」私などもない。風景を「見る」見物人としての私、「認識主観としての私」なるものはいない(39、40頁)。特定の事物から眼をそらす、逆にそれに眼を向ける、焦点を外す、凝視する、このようにして私は視覚風景を変えることができる。しかし、これらの肉体的心理的動作は「見えている」という「場」の中で行われる動作なのであって、その「場」自体は何の動作でもない。つまり、「主客構造に関してはのっぺらぼうの場」なのである。好みの方角を好みの態度で見ることができるという「動作的主体性」を「認識論的主観性」と取り違えるのは「誤り」である(62、67頁)。では、「私」はどこにいるのか。「私」は奥行のある風景の中、「ここ」に居る。「ここ」に生きて呼吸をし、「ここ」に私の五体がある。そして様々の異なる風景が(私の五体を含んで)「見えている」、それが「私がここに居る」というそのことである(40頁)。私はその場の登場人物ではないが、視覚風景のあり方そのもの、立ち現われの場そのものが「私はここに居る」というそのことなのである(61頁)。

しかし、「視覚的立ち現われ」が唯一の「立ち現われ」ではない。「私の背中、私の内臓、地中の虫、パリの地下鉄、月の裏側」、こうした物は「見えていない」、つまり視覚的には存在していない、しかし「考えられ」「思われ」て存在する。それらは「知覚的様式」での存在様式ではないが、いま一つの存在様式、「思考的様式」での存在である。即ち、それらは知覚的には立ち現われてはいないが、思い的に立ち現われているのである。ここで「知覚的」とは、「見え」、「触れ」、「聞こえる」、等のすべてを言うが、「触れること」が最も基底的である、とされる(34頁)。かかる多様な「立ち現われ」について、「知覚、想起、期待、意図、等々の世界風景が立ち現われる」(205頁)、と言われ、更にその他に、「想像」や「空想」や「気分」等の「立ち現われ」についても具体的に語られるが、それらの全てに共通するのは、風景に対して、その風景を「見ている私」などはなく、その風景が「立ち現われている」ことが即ち「私がここにいる」ことである、という一点である。その際重要なのは、過去の事物、例えば去年死んだ犬が「生前の姿」でまざまざと「思い浮ぶ」とき、その犬は「知覚的」にはもはや存在しないが、「想起的」には今なお存在しているということである(234頁)。

「想起」においては「過去の事物そのもの(生前の犬)がじかに登場する」(235頁)。そしてこの、「幻ではなく本物の犬がじかに登場する」ことに関しては、「生前の犬」の「想起的立ち現われ」の場合も、「虚偽の犬」(昔の飼犬の額の斑点を記憶違いして思い出す場合)の「虚偽なる立ち現われ」の場合も、「空想の犬」(桃太郎の犬)の「空想的立ち現われ」の場合も、変りがない(240頁)。そして「立ち現われ」の「真偽」の分類とは、様々な「立ち現われ」(知覚的、想起的、想像的、等の「立ち現われ」)の中での事後的分類である(241頁)。換言すれば、「思い的」立ち現われが真というのは、それがまた「知覚的」にも立ち現われ得る(または、得た)ということであり、偽というのは、それがただ「思い的」に立ち現われるだけで「知覚的」には立ち現われ得ない、ということなのである(34頁)。

さてでは、かかる知覚風景の「立ち現われ」理論は自然科学の知覚理論といかなる関係にあるのか。私に今見えている視覚風景と、それに対応すると想定されている物理的状景は、同じ空間・時間の中にある。前者は「見えて」おり、後者は「考えられて」いる、それだけの違いで、「見る」主観と同様、「考える」主観もどこにも登場しない(76頁)。私の視覚風景は、一群の遠距離過去事象から現在の私の脳に至る因果系列を逆方向に、現在の一瞬に「透視」するという「逆透視構造」をもつ(勿論、私が「透視」するのではない)。この因果系列の描写とその逆透視風景の描写は、語彙を全く異にする二つの言語、即ち事物の言語と知覚の言語によってなされるが、両言語はこの因果系列に「重ね描き」される。そのとき、知覚の言語と事物の言語は相互に還元できない。事物の言語(「デカルト的な幾何学―運動学の言語を骨格とする」物理学の言語)と日常言語(知覚の言葉と行為の言葉を含む生の言葉)はともに一つの世界を「重ねて」描写する(180―183頁)。それは同一の世界の二つの言葉による描写、二つの「世界描写」の重なりである(202頁)。両者は「表裏一体」であり、「即ち」の関係であるが、決して「原因結果」の関係ではない。「或る風景が見えていること」が即ち「脳の視覚領野の物理化学的状態がかくかくであること」である(250、251頁)。

この理論においては、「物心二元論」、ひいては事物(原物)と観念(表象)(写し)の「二元論」は厳しく斥けられている。幽霊は墓地とかさびしい橋の袂とかの「公共の場所」に登場するのであって、私の「心」に現われるのではない(238頁)。幽霊は「立派な視覚風景の一つ」で、幽霊がそこに見えていることは墓石がそこに見えていることと変りがない(77頁)。上越から遙か離れた街で浅間を思うとき、それはあの本物の浅間山をじかに思っているのであって、浅間山の「観念」を思い浮かべているのではない。知覚という立ち現われ様式と想起という立ち現われ様式の差異を、事物への接し方の直接性と間接性の差異と取り違えるべきではない(70、71頁)。前方の舞台の上に少し老けた役者が見えていて、あの役者は老けたなあと思うとき、この「思い」をその役者から引き剝がして私の「心」の中に収納することはできない。美しい絵からその「美しさ」を引き剝がせないように、老けた人間からその「老け」を引き剝がすことはできない(244頁)。行為においても、「私」なる独立項目はない。私が街を歩いているとき、私の身体が動き、街の風景が展開し、あれこれのことが「思い浮かぶ」。それらの全体の他に「私なるもの」があるのではない。様々な(意図的、感情的、事物的等)相貌を伴った街の立ち現われ、その中での私の身体の歩行、これらすべての「あり方」、それが「私がここを歩いている」ことである。そして今歩いているのは常に「ここ」なのである(253、254頁)。

大森氏によれば、一方に正真正銘の「物」そして他方に純粋の「心」という分別は誤りで、そんな分別はあり得ない。あるのは分離不可能な二つのものではなく、分離ということが無意味な一つのものである。あるのは、「受話器をとろうとしている腕」とか、「懐かしく思い出された（想起的に立ち現われた）山々」とか、「味もそっけもないビル」だとかである。「事物」という言葉を使うなら、意志的であり感情的であり美的であり、要するに心的な「事物」があるのである。原子や電磁場でさえ、少なくとも「無味乾燥」であり、「非人間的」である。白黒灰色、そして透明をも含めて、我々の視野には「色のない」部分は一つもないように、言わば「心的色彩」のない事物はどこにもない。一方、それらの「心的事物」と分別された、エーテル的な「心の働き」や「心」などはどこにもない。「心」と「物」とのお定まりの分別こそ近代の俗信であり、我々はデカルトの「物心二元論」の古い習慣から脱却すべきである（268—271頁）。

三

大森氏の「立ち現われ一元論」がカント哲学の第三層の理論の「一元論」という根本条件を充足していることは確かであるとしても、それがこれと同一であることが確証されるためには、より以上の何かが必要である。それは即ち、「立ち現われ一元論」が他の理論の比肩すべくもない、唯一無二と思われる卓越性を有することが示されることであろう。そこで我々は、以下においてそのことを明示したい。

カントの「知覚判断」は「経験判断」（第二層）との対比において、我々の日常の個別的直接的経験（第三層）の認識様式を規定するために採用された表現と考えられる。「我々の全ての判断は最初は単なる知覚判断である。それらは単に我々、即ち我々の主観に対してのみ妥当する。そして我々は後になって初めてそれらに新関係、即ち客観に対する関係を与え、判断が我々に対してと同様に万人に対しても妥当的であるべきことを求める」（Prol., S. 298）、

「経験には感官に属する知覚と悟性に属する判断作用とが含まれているが、判断作用には二様がある。第一は、私が知覚を単に私の状態の意識において比較する場合で、第二は、私が知覚を意識一般において結合する場合である。第一の判断は知覚判断に過ぎず、知覚を対象との関係なしに単に私の心情状態において結合したものである。……知覚から経験が生じ得る前には、全く別の第二の判断が先行している。経験となり得るためには、知覚は純粋悟性概念の下に包摂されねばならない」(S. 300)。ここには「知覚判断」に対するカントの規定が看取され得る。それは要するに、「知覚を単に私の心情状態において結合したもの」、「思惟的主観における知覚の論理的結合」(S. 298)、「知覚の単なる経験的結合」(S. 310) である。

しかし注目に値するのは、『プロレゴーメナ』(一七八三) に初めて現われた「知覚判断」という言葉が『純粋理性批判』第二版 (一七八七) では姿を消していることである。前者での「知覚判断」と「経験判断」の区別は、後者では「所与表象の、連想律に従う主観的関係」と「統覚の必然的統一に従う客観的関係(即ち、判断)」の区別に変化している (B141)。「判断」がこのように厳密な意味に解されるとき、それは「経験判断」のみに限られ、「知覚判断」は自らの居場所を喪失せざるを得ない。それはまた、「知覚判断」が第三層の認識様式の適切な表現ではあり得ないことを示している。カントは第三層の理論を提示し得ていないと述べた所以である。第二層の「経験判断」は、物心対立・主客対立・主述分離の「二元論」であり、これに対する第三層の認識様式は従って、物心未分・主客未分・主述未分の「一元論」でなければならないが(従って「知覚判断」がこの条件に適合しないことは明らかである)、かかる性格の認識様式に明確な言語表現を与えることは、カントに限らず、西洋語の使用者一般にとっては殆ど原理的な困難を伴うのではないかと考えられる。

というのも、「立ち現われ一元論」においては登場しない「見る」私、「感じる」私を消去することが、そこでは極めて困難だからである(「痛みを感じる『私』があるのではなく、痛んでいる私があるだけである」(201頁))。『批判』第二版では、「所与表象の主観的関係」と「客観的関係」の例として、「或る物体を支えると、私は重さの圧迫を感じる」と「この物体は重い」が挙げられている。前者の命題を「或る物体は重い、と私には思われる」と変形した上で、更にこの「私」を消去することは、文法的には勿論可能である。しかし、「思われる」や「見える」という動詞表現は、「誰」にかという限定の有無に関して、日本語と西洋語では通常反対の関係になるように思われる。日本語では、特に「誰」にかという指示がない場合は、「私」にという意味である(本章の最初の文章も参照)のに反して、西洋語では、「我々」にの意味、つまり「一般に」の意味であることが通例であろう。そして指示がある場合は、その逆である。従って、「知覚判断」においては、「私」を省くことができない(省くと、内容上個別的判断ではなく、一般的判断になってしまうから)。『プロレゴーメナ』では、「部屋は温かい」、「砂糖は甘い」は「知覚判断」(S. 299)とされていたが、『プロレゴーメナ』よりも後に書かれたと推定される『反省』(Refl., Nr. 3145, 3146)では、「塔は赤い」、「石は温かい」、「暖炉は温かい」が「経験判断」とされているのも、そのことに起因すると考えられる。

同様の困難を『存在と時間』のハイデガーも免れていないと思われる。大森氏と同様、ハイデガーもデカルトの、「物心二元論」に基づく「事物的存在者(現存在ではなく)の世界存在論」を批判し、「基層」としての物質的自然(延長体、自然物)の上に他の存在者(美醜、適不適、有用無用、等の諸性質を有する非物質的存在者)の層が構築される、との見解を否定する(S. 98-100)。日常の配慮的場面において我々に先ず差当って出会われるのは、「ハンマーは重い」という「理論的判断」ではない。「このハンマーは重すぎる」、「重すぎる」、「別のハンマーを！」等である(S. 157)。「重すぎるハンマー」をハイデガーは「既に現われたもの」、「己れを現わすもの」(S. 155)と呼ぶ。

そして、「この既に現われたもの――重すぎるハンマー――に直面すると、規定は先ず差し当たり一歩後退」して、〈そこのハンマー〉へと「主語措定」に絞りをかける、と言われる(ebd.)とき、ここに我々は、我々の所謂「第三層」・「第二層」、カントの「知覚判断」・「経験判断」と対応的な、二段階の認識様式の区別を看取できよう。しかもこの「既に現われたもの」に、主客未分の「一元論」さえ一見認められよう。しかし、「重すぎるハンマー」は、単なる「重すぎる」と同様、未だ一定の認識様式の体を成しておらず、それのためには、例えば、〈重すぎるハンマーが立ち現われている〉のように言われねばならないが、ハイデガーには「立ち現われ」の概念がなく、またそれの形成は、上述の「私」の問題が絡むために、殆ど原理的に困難であろう。一方、「このハンマーは重すぎる」という判断も、「ハンマーなる事物は重さの性質を有する」という意味を既に含む「ハンマーは重い」という「理論的判断」(S. 157)を暗に前提しているとするなら、それが固有の認識様式の表現であり得ないことは明らかである。同書のハイデガーは、かかる認識様式の理論化ということには、関心がないように見える。

確かに同書には、物心未分・主客未分の「一元論」を志向しているかと思わせる箇所もある。「このハンマーは重すぎる」における「ハンマー」(但し、それが手の届かない所にある場合)、あるいは、壁に背を向けた(つまり、壁が見えない)状態で下される場合の、「壁の画は斜めに傾いている」という真なる判断における「壁の画」は、「心的出来事としての表象すること(作用)という意味の表象」でも、「表象されたものという意味の表象」でもなく、「道具的という在り方の存在者」(S. 154)、あるいは、「壁に架かる実在としての画」(S. 217)を指していると言われる。その限りでは、心理的な「表象」でも物理的な「事物」でもなく、言わば物心未分の「存在者そのもの」が問題とされてはいるが、しかしハイデガーには、かかる「存在者そのもの」の把握を物心未分・主客未分の「一元論」の構築へと展開しようとするような意図は窺われない。彼はむしろ、「存在者を露わにする(発見する)」ことが「真理」の意味であり、それは「現存在の一つの存在様式」である(S. 219-221)という仕方で、同じ「存在者(内世界的存在者)」についての一種の〈真理の観念論〉を同時に説いており、〈存在に関する実在論、真理に関する観念論〉という仕方で、現存在と道具的存在者という主客間の均衡を維持しようと努めているとも見られ、彼が、主客「二元論」を脱却しているとは考え難い。第三層の理論をハイデガーは提示しておらず、また提示できなかったと言わざるを得まい。

これに対して大森氏には、〈重い物体(重すぎるハンマー)が立ち現われている〉、〈壁の画が傾斜した姿で立ち現われている〉という形で「一元論」の明確な判断を提示できる点に優位性がある。「経験判断」(第二層)が現われるとそれに吸収されるしかない「知覚判断」(第三層)とは違って、「立ち現われ一元論」(第三層)には、「経験判断」であれ「先験的観念論」(第一層)であれ、それらに吸収されることも、逆にそれらを吸収することもない独立性と恒常的安定性をもつ強みがある。しかし、「立ち現われ一元論」が最大の卓越性を示すのは、そこでの「立ち現われ」という「一元論」(第三層)の概念が、「現象」の「表象」(直観・知覚)という「二元論」(第二層)の概念によって定義できることにおいてである。それは何を意味するのか。

四

第三層は「経験」(一元的なもの)の感性(直観・知覚・現象)段階であり、第二層はそれの悟性(概念・判断・認識)段階である。従って、〈「経験」=「経験対象」の「経験認識」〉という定義に従えば、そして感性段階の「経験」(一元的なもの)を仮にXとすれば、〈X=「現象」の「表象」(直観・知覚)〉となる。そして「立ち現われ」こそこのXに最も相応しいことが前節までに明らかとなったと考えられる。もしも「立ち現われ」がXとして承認された

（そのことの正当性は既に証明されたと我々は解する）とすれば、「一元論」（第三層）の限りではほぼ完成態に近いものの、「二元論」（第二層）との関係に関しては理論的補強の余地を尚も残していると見られる「立ち現われ一元論」はカントの経験理論（第一層および第二層）という磐石の基盤を獲得して、第一層から第三層に及ぶ、壮大で揺るぎない経験理論の体系が完成することとなろう。

大森氏は、知覚の言葉と事物の言葉、日常の生と科学、等の「重ね描き」（202頁）について語られるが、一つの壺の形の描写と色彩の描写がその壺に「重ねて」なされるというのと違って、知覚の言語と事物の言語がかの因果系列に「重ね描き」される（181頁）というのは分明ではない。「一元論」と「二元論」の「重ね描き」とは何を意味し、そこでの「重なり合い」とは精確には何と何の「重なり」かが説明される必要があろう。我々の見るところでは、〈或る物が見えている〉ことと〈脳の物理化学的状態がかくかくである〉こととの間には勿論いかなる直接的な「作用」も「因果関係」もないが、複雑な潜在的メカニズムが両者間の「即ち」という関係を形成している。先ず、〈或る物が見えている〉ことは「立ち現われ」の定義（そこでの等値記号は、大森氏の用語法では「即ち」と言い換えられよう）に従って、それは「即ち」、〈その或る物（現象）の表象が私の心の中にある〉ことである。そしてこの「二元論」（カント的な対応・一致的「二元論」）が更に、〈その或る物と私の心の中の観念との間に因果関係がある（或る物からの光が眼を通って私の脳に作用を及ぼす）〉ことであると、デカルト的な因果的「二元論」によって読み換えられる。そしてこの脳の状態が物理化学的に「かくかく」として説明されるのである。ここで二種類の「二元論」（カント的とデカルト的）が介在していることが要注意である。カントの所謂「形式的観念論」に基づく前者と、「質料的観念論」に基づく後者という、かかる「二元論」の区別は不可避かつ極めて重要である。

大森氏によれば、「視覚風景が見えているという状況の中には、『見るもの——見られるもの』という認識論的な主客の構造というものはない、したがって当然、『見る』という認識論的な作用体験もない」(59頁)。「見るもの――見られるもの」の主客構造や、「見る」私の存在が否定されるのは、「見えている」という状況の中での話であって、この状況の外では話は別である。「見えている」とは違った世界の在り方(世界への接し方)において、つまり「見るもの――見られるもの」という仕方で世界が把握されるとき、世界は主客構造、あるいは、事物と観念という「二元論」において把握され、第二層が成立することとなる。重要なことは、「見えている」という「一元論」(第三層)の場面とかかる「二元論」(第二層)の場面を峻別して、両者を絶対に混同しないことである。第二層には「立ち現われ」という「一元論」の概念の登場の余地がないように、第三層には主観と客観、事物と観念、等の「二元論」の概念の登場は許されない。両層は「立ち現われ」の定義を介して相互に自由かつ容易に変換・往来できる。そして、両層は「即ち」の関係ではあっても、この定義が厳格に守られ、二種類の「二元論」が峻別されている限り、第二層の悪しき因果的「二元論」が第三層へと逆流する恐れはあるまい。「立ち現われ」の定義を介して両層が結合されることが、大森氏に対しては勿論、カントに対しても絶大な意義を有することは言うまでもない。それによって、カントの経験理論(第一層と第二層)は、自然科学的認識(第二層)の狭い範囲から日常経験の全範囲(第三層)へとその射程を一挙に拡大できるからである。

「私は世界の部品」ではなく、「ただその世界のあり方が『私がここに居る』こと」なのである(255頁)。第三層の「立ち現われ一元論」の立場では、〈私の存在〉と〈世界の存在〉は等価である。しかし、観念論や独我論が大森氏によって意図されているのでは全くない。「私は世界の全部だ、などとは荒唐無稽です」(253頁)。しかし、私から独立に存在する世界に出会うことは、第三層では不可能であろう。「立ち現われの背後に何ものもない。あるのはそのときどきの立ち現われだけであって、『立ち現われる』何かがあるのではない」(35頁)。世界は従って、私(主観)

に対立する客観として、第二層において把握されるしかない。「事物の言語というのは、……人がいない世界、無人の世界にあっても意味をもちうるような、世界描写の言語である」(181頁)。従って、認識の秩序とは逆に、存在の秩序においては第二層が第三層の基礎を成している。世界は「見えている」から存在するのではなく、存在するから「見えている」のである。それ故、ここまでの我々の試論を、第三層の「立ち現われ一元論」を第二層の「二元論」に基づける試論という意味を込めて、(奇妙な呼称ではあるが)〈立ち現われ二元論〉と命名することにしたい。

カント哲学の在るべき第三層の理論と大森氏の「立ち現われ一元論」との同一性(類似性や共通性ではなく)が、単なる偶然の所産であり得ないことは勿論である。大森氏はヘーゲル以来の通説に従い、カントの立場をデカルト的な因果的「二元論」と誤解された。「カントは、感性が物自体に触発される、と語ったが、その触発機構については何も語らなかった。……第二次触発としては生理学的な刺激と受容の機構が考えられていたと思える」(65頁)。そしてかかる誤解された「二元論」を覆す「立ち現われ一元論」という完璧な「一元論」の構築によって、図らずもしかし必然的に、カントと同一の地点に到達された。我々の立論はそれ故、大森氏の夢想もされない結論であるのかも知れないが、しかしカントは、「著者が己れの対象について表明する思想の比較」によって、「著者自身が理解したよりもより良くその対象を理解すること」が「決して異例なことではない」と語っている(B370)。カントが〈イデア〉をプラトンよりもより良く理解したと暗に自負したように、我々が〈立ち現われ〉を大森氏よりもより良く理解し、その結果として両哲学(カントと大森氏)の同一性(或る面に限ってではあるが)を主張したとしても、格別不都合はあるまい。我々の試論によって、「立ち現われ一元論」という現代日本哲学の卓越した理論は、カント哲学という西洋哲学史の本流の中に位置づけられ得よう。これはしかし比較哲学ではない。けだし、真理の前には東洋も西洋もなく、近世も現代もないからである。

引用文献

(1) I. Kant: Kritik der reinen Vernunft.
(2) I. Kant: Prolegomena, 1783, Bd. 4.
(3) I. Kant: Reflexionen, Bd. 16.
(4) G.W.F. Hegel: Glauben und Wissen, 1802, Bd. 2.
(5) G.W.F. Hegel: Über d. wiss. Behandl. d. Naturrechts, 1802, Bd. 2.
(6) M. Heidegger: Sein und Zeit, 1927, Max Niemeyer, 1957, 8. Aufl.
(7) 大森荘蔵：新視覚新論、一九八二、東京大学出版会、一九九四、第六刷。

第三章　「良心」倫理学の構築

——カントの道徳理論の完成のために——

一

我々の見るところでは、カントの道徳哲学は三層構造を成しており、第一層（基底層）は純粋道徳哲学（純粋実践理性・定言的命法・自律）の層〔著作で言えば、『道徳の形而上学の基礎づけ』と『実践理性批判』がこの層に対応する〕であり、その上の第二層（中間層）は一般的倫理学（選択意志・道徳的感情・良心）の層〔『道徳の形而上学』がこの層に対応する〕であり、更にその上の第三層（表層）は具体的倫理学の層である。第三層は第二層に、そして更に第二層は第一層に基づくが、カントはこの第三層（具体的倫理学）の理論を提示しておらず、「良心」を原理・根拠とするかかる具体的倫理学の構築・形成は、我々に課せられた課題である。我々は以下の考察において、第一、第二及び第三節においてかかる見解を確証し、続く第四、第五節において右の課題の解決を試みたい。

「純粋理性の哲学は、理性能力を一切のア・プリオリな純粋認識に関して考究する予備学（これは批判と呼ばれる）か、または純粋理性の体系（これは形而上学と呼ばれる）かのいずれかである」（A841/B869）とカントは言う。ところで、理性能力は理論的と実践的とに岐れるので、純粋理論理性の批判〈予備学〉とそれに基づく理論的形而上学〈体系〉、及び純粋実践理性の批判〈予備学〉とそれに基づく実践的形而上学〈体系〉という一対の対応が、〈批判〉と〈形而上学〉をめぐって考えられることになる。カントの道徳哲学はかくして、著作で言えば、『実践理性批判』（一七八八）〈予備学〉と『道徳の形而上学』（一七九七）〈体系〉という二部構成を成すことになる。他方しかしカントにおいては、理論哲学にはない道徳哲学固有の特質として、〈基礎づけ〉と〈形而上学〉という、右とは別の二部構成が同時に存立している。即ち、書名の明示するように、『道徳の形而上学の基礎づけ』（一七八五）と『道徳の形而上学』がそれである。かくして、〈批判〉および〈基礎づけ〉という二つの相異なる問題意識に発する二つの流れが『道徳の形而上学』において流入・合流することになる。その際、二つの流れの中で、『道徳の形而上学の基礎づけ』（以下、『基礎づけ』と略す）と『実践理性批判』は内容上相互に緊密な連携を保ちつつ、後者は前者と組んで〈批判〉の役割を果たし、他方前者は後者と組んで〈基礎づけ〉の役割を果たしていると考えられる。我々が両書をカントの道徳哲学の第一層に位置づける所以である。

これらの二つの流れの夫々は、深くかつ緻密な考究を必要とするが、先ず〈基礎づけ〉——〈形而上学〉の流れについて見ると、問題の発端は既に『一七六五年冬学期の講義予告』の中に現れている。そこにおいてカントは、「シャフツベリー、ハチスンおよびヒュームの試み」について、それらは「不完全で欠陥を含むが、しかし全道徳の第一根拠の探究において最遠の地点に到達している」（Bd. 2, S. 311）と評している。そしてその二十年後の『基礎づけ』の序言においてカントは、「倫理学」（広義）は「自然学」と同様に、経験的部門（「実践的人間学」）と合理的部門（「道徳学」）を有つと言う（Bd. 4, S. 388）。かかる「倫理学」は「道徳論」（S. 387）、「道徳的哲学」（S. 387）、「道徳哲学」（S. 390）とも呼ばれ、一方、それの経験的部門の「実践的人間学」に先行すべき合理的部門の「道徳学」はまた、「道徳の形而上学」(S. 388)、「純粋道徳哲学」(S. 389)とも呼ばれている。そしてかかる「道徳の形而上学」の構築を他日に期しつつ、そのための「基礎的予備作業」としての「基礎づけ」の課題として「道徳の最上原理の探究と確定」(S. 392)が挙示される。つまり、『基礎づけ』とは、「道徳哲学」(広義の「倫理学」)の合理内部門としての「道徳の形而上学」の「基礎づけ」に外ならないのである。

ところで、カントのかかる一連の道徳哲学的探究を導くのが「道徳性」の指導理念であり、「道徳性」と「適法性」の区別は彼の道徳哲学の最重要なテーゼと思われる。「倫理学は道徳性を唯一無二の対象として有する実践哲学である」とカントは『ポワルスキー筆記・実践哲学講義（一七八二）』(Bd. 27, S. 162, vgl. S. 141, 163f.)において規定している。彼の道徳哲学に関する主要三著作における、「それ自体における善」と「他の何かのための善」、無条件の「絶対的価値」と条件付きの「相対的価値」、「定言的命法」と「仮言的命法」、「自律」と「他律」、内的(不可視的)「心術」と外的(可視的)「行為」、「理論」と「実践」、「徳論」(倫理学)と「法論」(政治学)、等の区別・対比はこのテーゼと密接不可分の関連を有する。『基礎づけ』の序言において、「道徳的に善であるべきものにおいては、それは道徳法則に適っているということでは充分でなく、それはまた道徳法則のために為されるということでなければならない」(Bd. 4, S. 390)と述べられている。「道徳性」と「適法性」の区別というこのテーゼは以下のように、「それ自体における善」と「他の何かのための善」、「義務からの行為」と「単に義務に適った行為」、「定言的命法」と「仮言的命法」、「自律」と「他律」、等の区分原理として働いているのである。

「……かくして傾向性からではなく、義務から己れの幸福を促進すべし、という法則が尚も残る、そしてそのときに初めて彼の行為は本来の道徳的価値を有つのである」(Bd. 4, S. 399)。「……義務からの行為は自らの道徳的価値を、それによって達成されるべき意図の内にではなく、それに従って行為が決断される格率の内に有する、それ故、行為の対象の現実性に依存することはなく、それに従って行為が欲求能力の全対象を無視して為される、意志(すること)の原理にのみ依存する」(S. 400)。「善き意志は、それが実現ないし達成するもの、あるいは所期の目的への達成能力によってではなく、単に意志(すること)即ちそれ自体において善なのである、そしてそれ自身として見れば、何らかの傾向性のために、否全ての傾向性の総計のためにでさえ、それによって生ぜしめられ得る一切よりも比類なく遙かに高貴であると評価されるべきである」(S. 394)。「最後に、或る行為によって達成されるべき何か別の意図を制約として根柢に置くことなく、この行為を直接的に命じる命法が存在する。この命法が定言的命法である。それは行為の実質、および行為に随伴すべきものには関係せず、形式、そしてそれによって行為自身が生起する原理に関係する。かくして行為の本質的な善は、その成果は何であれ、心術に存する。この命法は道徳(性)の命法と呼ばれ得る」(S. 416)。

「意志の自律は、それによって意志が自己自身に対して(意志することの対象の全性質から独立に)法則であるところの、意志の性質である。自律の原理とはそれ故、同じ意志することにおける意志の選択の格率が、同時に普遍的法則としてともに理解されるような仕方でのみ選択されるべきである、ということである」(S. 440)。「しかし、上述の自律の原理が道徳の唯一の原理であるということは、道徳(性)の概念の単なる分析によって充分に示されることができる。何故なら、それによって道徳の原理は定言的命法でなければならず、しかるにこの命法はまさにかかる自律のみを命じる、ということが見出されるからである」(S. 440)。「もしも意志が、彼自身の普遍的立法に対する彼の格率の適格性以外の何処かに、従ってもしも彼が自己自身を超え出ることによって、彼の何らかの客観の性質の内に、彼を規定すべき法則を求めるならば、常に他律が生じる。そのとき意志は自己自身に法則を与えるのではなく、客観が意志に対する自らの関係によって意志に法則を与えるのである」(S. 441)。このように、「適法性」

との区別・対比における「道徳性」の分析を通じて、道徳(性)の最上原理(自律)を発見・確立し〔これが『基礎づけ』の仕事である〕、それに基づいて、「道徳性を唯一無二の対象として有する実践哲学」である「倫理学」を体系的に構築すること〔これが『道徳の形而上学』の課題である〕が、カントの道徳哲学の全探究であった。

ところで、形而上学は「純粋理性の思弁的使用のそれと実践的使用のそれとに分かたれる、それ故、自然の形而上学か、それとも道徳の形而上学かのいずれかである」(A841/B869)と言われる。カントの著作において、この「道徳の形而上学」が現実の『道徳の形而上学』を指すことは問題がないが、「自然の形而上学」はどうか。かかる書名の著作は実在しないが、『自然科学の形而上学的始元的原理』(一七八六)がそれに相当すると看做され得る主な理由は、内容面もさることながら、『形而上学的始元的原理』というその書名からである。というのも、『道徳の形而上学』は最初から一書として出版されたのではなく、それの第一部として『法論の形而上学的始元的原理』が一七九七年に先ず出版され、その翌年に第二部の『徳論の形而上学的始元的原理』が出版されるに際して両書が一書として纏められ、『道徳の形而上学』〔法論および徳論(倫理学)〕という書名が初めて与えられた、という事情があるからである。かくして、理論哲学(経験理論)における一般的経験(自然科学、自然の形而上学)の層(第二層)と実践哲学(道徳理論)における一般的道徳(一般的倫理学、道徳の形而上学)の層(第二層)が相互に対応することになる(経験理論の第一、第三層については、本書第二章参照)。そしてかかる一般的道徳(一般的倫理学)によって基礎づけられるべき「実践的人間学」(歴史的、社会的に形成される個々の具体的倫理学)の層が第三層であり、この層に対する彼固有の理論(具体的倫理学)をカントが提示していないことも明らかであろう。経験理論における第三層(個別的具体的日常経験)に対する理論をカントが提示していない点でも、即ち第三層に関しても、両理論の間に対応関係が認められよう。

二

他方、〈批判〉―〈形而上学〉の流れにおいて最も注目すべきは、〈批判〉即ち『実践理性批判』(『基礎づけ』との緊密な連携は先述の通りである)と〈形而上学〉即ち『道徳の形而上学』との間に判然とした哲学的な立場の転換が行われている、という点である。それは批判期(一七八一―九〇、従って『基礎づけ』も『実践理性批判』もそれに属する)の理性批判即ち〈理性の立場〉から批判期後の〈人間の立場〉への、不可避的な哲学的立場の転換であり、この点の無視ないし看過が、従来のカントの道徳哲学の研究史において重大な誤解を惹起する最大の原因であった、と思われる。〈批判〉―〈形而上学〉の流れにおける、哲学的立場のかかる転換は勿論、それと同時的に進行する、〈基礎づけ〉(原理)―〈形而上学〉(体系)の流れにおける立場の転換でもなければならない。元来かかる〈基礎づけ〉(原理)と〈形而上学〉(体系)は本質を異にする二種の探究であり、行為の原理に関する前者では、義務や当為の一般的法則(道徳法則)に関する理論的・形式的・分析的探究が主たる仕事であるが、行為者の個別的行為に関する後者では、行為者の内面(意志)と外面(行為)の実践的・具体的・個別的な関連に注目せざるを得ない。ところで、「法則は、それが道徳的である即ち責務の根拠として妥当すべきであるならば、絶対的必然性を具備していなくてはならない、従って汝噓をつくべからずという命令は単に人間に対して妥当するのみで、他の理性的存在者はそれを気にかけなくともよい、ということにはならない、そして他の全ての本来的道徳法則もそうである、ということは誰もが承認するに違いない」(Bd. 4, S. 389) と言われるように、道徳法則は理性的存在者一般に妥当すべき法則であるから、そこでの行為の主体は人間というよりも理性(人間理性)であり、従って前者は批判期(理性批判の時期)において〈理性の立場〉に即して行われるべき探究であるが、現実の行為の主体(行為者)は人間であるから、従って後者は批判期後において〈人間の立場〉に即してこそ行われるべき探究なのである。

実際、『純粋理性批判』の「自由と自然必然性とのアンチノミー(二律背反)」における「自由」とは、「自然法則に従って進行する諸現象の一系列を自ら始める原因の絶対的自発性、従って、それなしには自然の進行においてすら現象の継起の系列が原因の側において決して十全でない先験的自由」(A446/B474)である。このアンチノミーの解決は、同一の人間の意志を可想的性格および経験的性格に区別し、それらは夫々、結果としての同一の現象的行為の可想的原因および経験的原因であり、両者の関係は、後者は前者によって規定された結果である、と解することによってなされる。「同一の意志が現象(可視的行為)においては必然的に自然法則に従うものとして、その限り非自由であるとして、だが他面物自体に属するものとしては自然法則に拘束されず、従って自由であるとして考えられても、そこに矛盾はない」(BXXVIIf.)。このように、人間は経験的性格に関しては、即ち感性界の一現象である限りは、他の全自然物と同様、その原因性が経験的法則に従属すべき一自然原因に過ぎないが、しかし可想的性格、即ち或る能力(理性)に関しては、その働きが感性の受容性には算入できない可想的対象(物自体)であり、自由な原因性を有し得る、即ち、純粋理性は行為を産出する自由な原因であり得る。かくして、同一の結果(行為)において自由と自然必然性とを矛盾なく、相互に独立に存立するものとして考え得る。――――ここで自由が「理性」の自由であり、「理性」が(自由な)行為の主体(行為産出の自由な原因)と看做されていることは明らかであろう。

一方、『実践理性批判』では更に一歩を進めて、『基礎づけ』の「自律」概念の分析によって取り出された「自由」と「道徳法則」の両概念を拠り所として、「道徳法則」の演繹(客観的実在性の証明)を介しての「自由」の演繹が遂行される。即ち、「意志の自律は、それによって意志が自己自身に対して法則であるところの、意志の性質である」(Bd. 4, S. 440)、「意志の自由は自律、即ち自己自身に対して法則であるという意志の性質以外の何であり得るであろうか」(S. 446f.)、「意志の自由と意志の自己立法とはいずれも自律であり、両者は交換概念である」(S. 450)、「自由な意志と道徳法則に従っている意志とは同一である」(S. 447)。そして、『実践理性批判』において実践的な仕方で演繹される「自由」とは、――「意志に対して普遍的立法的形式以外のいかなる意志規定根拠も法則として役立ち得ないならば、かかる意志は現象の自然法則即ち因果法則から、或いは相互に、全く独立なものとして考えられねばならない。かかる独立性が最も厳密な意味の、即ち先験的意味における自由と言われる。それ故、格率の単なる立法的形式のみを法則として用い得る意志は自由意志である」(Bd. 5, S. 29)、「この能力(純粋実践理性)とともに先験的自由も確立する。しかもこれは思弁理性が二律背反を遁れるために必要とした絶対的意味の自由であって、思弁理性はそれを単に蓋然的に定立したが、その客観的実在性を保証することはできなかった」(S. 3)。この自由も「実践理性」(純粋意志)の自由であり、批判期におけるこれらの三著作においては専ら〈理性の立場〉に即して論述が展開されていると言われ得る。

これに対して、人間(個人)の内面(意志・格率・心術)に関する「倫理学」と、外面(行為)に関する「法論」とを取扱う『道徳の形而上学』が〈人間の立場〉に立たなければならず(理性には内面と外面の区別がない故)、従って立場のかかる転換に呼応して、同書の冒頭で批判期からの諸概念の定義の組み換えが以下のように行われるのも当然であろう。「意志 Wille から法則が生じ、選択意志 Willkür からは格率が生じる。後者(選択意志)は人間においては、自由な選択意志である。単に法則にのみ関係する意志は、自由とも不自由とも呼ばれ得ない。何故なら、意志は行為にではなく、直接には行為の格率に対する立法に関係し(それ故に、実践理性そのものである)、それ故にまた端的に必然的であり、自らにはいかなる強制も及び得ないからである。それ故、選択意志だけが自由と呼ばれ得る」(Bd. 6, S. 226)。ここでは意志(理性)に代わって選択意志が行為の能力として登場し、意志は選択意志の規定根拠として言わば背後に退いている。自由と呼ばれ得るのは選択意志(個人意志)だけであり、意志(理性)は自由とも不自由とも呼ばれ得ないとされる。同書においてカントはこのように、「理性」を行為や自由の主体と看做す曾ての批判期の〈理性の立場〉から、各人の選択意志即ち「人間」を行為や自由の主体と看做す〈人間の立場〉へと転換していることが明らかである。

基本的諸概念のかかる新たな規定に合わせて、「倫理学」や「法論」の諸概念もまた同書において初めて規定されることになる。「倫理は行為に対して法則を与えるのではなく(何故なら、それを為すのは法であるから)、行為の格率に対してのみ法則を与える」(Bd. 6, S. 388)、「これらの法則〔自由の法則〕が単なる行為およびそれの合法則性にだけ関係する限りで、それらは法律的と呼ばれる。しかし、それらがそれ自身行為の規定根拠であることをも要求するならば、それは倫理的である。そしてそのとき、前者の法則〔法律的法則〕との一致が行為の適法性、後者の法則〔倫理的法則〕との一致が行為の道徳性と言われる」(S. 214)。法論は、「自由の法則に従って外的関係において制限されるべき選択意志の形式面にのみ」関係し、そして「一切の目的(その選択意志の実質としての)を度外視する。それ故、それ〔法論〕はここでは単なる知識論である」(S. 375)、「法論は単に外的自由の形式的制約、即ち法にのみ関係した。これに対して倫理学は更に実質(自由な選択意志の対象)、換言すれば、同時に客観的必然的目的として、即ち人間にとっては義務として表象されるところの、純粋理性の目的をも与える」(S. 380)、「倫理学は純粋実践理性の目的の体系としても定義され得る」(S. 381)。

実際、「倫理学」という語の用例は、三批判書には皆無で、批判期の全体を通しても、『基礎づけ』に3例があるだけである。しかしこれも、「古代ギリシア哲学の学問区分」として、「自然学」、「論理学」と並んで現れているに過ぎず、カント固有の「倫理学」を指すものではない。批判期には「倫理学」という語も、「倫理学」の著作も未だ現れておらず、また現れ得べくもなかった（拙著『カント解釈の問題』、第十、第十一章参照）。一方、「いかなる行為も無目的ではあり得ない」（S. 385）と言われるように、各々の行為は必ず何らかの目的を有するのであり、従って手段としての行為によって実現されるべき目的（実質）が倫理学の問題である。これに対して、行為と普遍的法則との形式的な一致又は不一致（適法性）が問題となるのが法論であるが、かかる法論と同様に、原理や法則の形式的・分析的探究を事とする『基礎づけ』はそれ故〈形式的規範主義〉と呼ばれるに相応しく、反対に『道徳の形而上学』の「倫理学」は〈実質的価値主義〉と呼ばれるに相応しい。従来の内外の研究が殆ど例外なく本来とは反対に、カントの「倫理学」を〈形式的規範倫理学〉と看做しているのは、カントにおける〈理性の立場〉から〈人間の立場〉への立場の転換を看過し、道徳哲学の「基礎づけ」（原理）と「道徳の形而上学」（倫理学）（体系）との区別と両書の関係とを誤解したことの結果であろう。カントの「倫理学」が〈実質的価値倫理学〉であって〈形式的規範倫理学〉でないことは、「倫理学」の著作が批判期に現れていないこととともに、事柄の本性上必然的なのである。

三

しかし、「道徳性」と「適法性」の区別を否定した上で、カントの道徳論を「形式主義」と批判し、更に「人倫性」（適法性）の一元的支配を主張するヘーゲル哲学の出現以後は、カント「倫理学」は終焉状態に陥ったとの感を免れない。ヘーゲルは『自然法論文』（一八〇二）において次のように言う。「絶対的人倫性の本性の理念から、個人の人倫性の、実在的絶対的人倫性に対する関係、および、人倫性の諸学問、即ち道徳と自然法との関係、が明らかとなる。つまり、実在的絶対的人倫性は、無限性あるいは絶対的概念、及び純粋な個別性をそれらの合一された姿において自らの内に含むから、それは直接的に個別者の人倫性であり、そして逆に個別者の人倫性の本質は、実在的でそれ故に普遍的な絶対的人倫性である」(Bd. 2, S. 504)、「絶対的人倫性は本質的に万人の人倫性」であり、「個別者の本質」である (S. 505)、「我々がこのように、絶対的人倫性をその総体性の諸契機において提示し、それの理念を構成し、人倫性を支配している適法性と道徳性の区別をも、それと関連する、形式的実践理性の普遍的自由等の抽象物とともに、本質を欠いた思惟物として否定し、言わば両原理〔適法性と道徳性〕の混合によってではなく、両原理の廃棄と絶対的人倫的同一性の構成とによって、自然法と道徳という学問の区別を絶対的理念によって規定した後では、我々は以下のことを確定したのである。即ち、両者〔自然法と道徳〕の本質は抽象ではなく、人倫的なものの生動性であり、両者の区別は単に外面的なもの、消極的なものにのみ関わり、そしてこの区別は同時に、他の〔従来の〕区別とは全く逆の関係であるということを。というのは、従来の区別では、自然法には形式的なもの、消極的なものが、しかし道徳には絶対的なもの、積極的なものが本質として与えられるべきである、とされているからである」(S. 509)。

『法哲学綱要』(一八二一)では次のように言われる。「道徳性と人倫性は普通は同義的と看做されているが、ここ〔同書〕では本質的に異なる意味に解されている」(Bd. 7, S. 88)、「私は義務をそれ自身のために為すべきであり、私が義務において履行するものこそ、真の意味における私自身の客観性である、何故なら、私はそれを為すことによって私自身の許に在り、そして自由であるのだから」という「この意味の義務を創出したことは、実践的なものにおけるカント哲学の功績であり、高貴な立場」(S. 251) である。しかし、「意志の認識がカント哲学によって、即ち意志の無限な自律の思想によって、初めて自らの堅固な根拠と出発点を獲得するや否や、意志の純粋無制約的な自己規定を義務の根源として持ち出すことが本質的であればあるほど、人倫性の概念へと移行しない、単なる道徳的立場への固執は益々、この獲得した成果を空虚な形式主義へ、そして道徳学を義務のための義務の雄弁術へと貶める」(S. 252)。――このように、「適法性」と「道徳性」の区別を否定した上で、カントの道徳論の本質を「空虚な形式主義」と看做すヘーゲルのカント解釈は、ドイツのみならず日本のカント研究にも決定的な影響を及ぼすことになった。カントの「倫理学」は前述のように、「道徳性」と「適法性」の区別の上に立脚しており、またそれは批判期における「基礎づけ」部分(原理に関する形式的分析的探究)と批判期後における体系的な「道徳の形而上学」部分(本来の「倫理学」の体系的展開)とに分かれたうちの後者のみを指し、従ってカント「倫理学」は〈形式的規範倫理学〉ではなく〈実質的価値倫理学〉であるにも拘らず、ヘーゲル的理解によれば、批判期の〈形式主義〉的著作のみがカントの本来の「倫理学」書と看做され、唯一の「倫理学」書である筈の、肝心の『道徳の形而上学』は無視されることになる。

実際、西田幾多郎氏は『韓図倫理学』という小論文において、「カントの倫理学著述の主なる者、左の如し。1. Grundlegung zur Metaphysik der Sitten, 2. Kritik der praktischen Vernunft, 3. Metaphysik der Sitten. 此の中第一第二は、倫理学の書にして最も重要なる者なり」、「カント此書〔Grundlegung〕の目的を論じて、The investigation & establishment of the supreme principles of morality と云へり。元来此書に述べたる事は、Critique of practical Reason に論ずべき事なりと雖も、氏が第一に此書を著したる所以は、一は実践道理批評は実際に余り必要なきが如く、且つ又其頗る複雑にして入り難きを以て、先づ之が準備をなし、一は Metaphysik der Sitten は通俗的に傾きて、かかる高尚の原理を論ずるに適せざればなり」(『全集』第13巻、4頁)と言われる。ここには、「原理」を論じる批判期の両著作こそ最重要な「倫理学の書」であり、これに対して『道徳の形而上学』は「通俗的に傾」いているため、重要性に乏しいという西田氏の評価が示されている。それは、批判期の形式的・批判主義的な原理の探究こそカントの本来の「倫理学」（形式主義倫理学）であるとするヘーゲルのカント理解（誤解！）の反映であろう。

一方、岩崎武雄氏は「かくしてカントの倫理学は、それが意志の内容を捨象して意志の形式のみを取り上げたということから、無内容の形式主義的傾向を有することになったと思われるが、……」（205―206頁）、「『実践理性批判』においては認識論的主観主義の思想に基づいて、道徳界ないし超感性界をただちに物自体の世界と考えてしまった。そしてその結果道徳界を全く感性界から厳密に区別したため、その倫理学は形式主義的な抽象的なものとならざるを得なかったのである」（208―209頁）と言われる。ここでは、カント「倫理学」が「形式主義的」即ち〈形式主義倫理学〉であることは、解釈の言わば不問の前提と看做されている。他方、矢島羊吉氏もまた、「カントの倫理学において、形式とは法則の形式としての普遍性、あるいは普遍妥当性である。カントの倫理学が形式主義とよばれるのは、上述のような意味で意志の実質を配慮することなく、この普遍性の形式のみを意志の原理とせよと主張したことによる」（171頁）として〈カントの形式主義倫理学〉という見方を承認される。そしてその上で、「カントにおいては、道徳法則の普遍性は、論理的に矛盾なく思惟することができるというだけの意味に解せられる場合と、さらにそれ以上に理性的存在者がそれを意欲できる場合とによって、明らかに二つの異なった意味に解せられている」が、「前者の意味によって定言的命法を見て、カントの形式主義に徹底的な批判を加えたものがヘーゲルである」（177頁）と言われ、そしてヘーゲルのかかるカント批判を容認・評価して、それを「根本的な点において決定的」であり、「本質的に正しい」（182―183頁）とされる。

西田、岩崎、矢島の三氏、および三氏によって代表される従来の日本のカント道徳哲学（倫理学）の研究動向が、カント「倫理学」＝〈形式主義倫理学〉とするヘーゲルのカント理解（というよりも批判）によって決定的な影響を蒙っていることは明らかであろう。ところで、現在盛行している倫理学は、生命倫理学にせよ、環境倫理学にせよ、カント的意味の「倫理学」(「倫理学は道徳性を唯一無二の対象として有する実践哲学である」)の名には適せず、「道徳性」の〈個人倫理〉ではなく、「功利性」の〈社会倫理〉であって、ヘーゲルの「人倫性」の道徳論の系譜に属するものである。加藤尚武氏によれば、ヘーゲルにとっては「万人の幸福」という「功利性こそ理想の中身」であり、「ヘーゲルの倫理学」は「功利主義とは違う」が、「功利主義的」である(162―169頁)。「実践的人間学に道徳の形而上学を先行させることは、学問の本性の要求するところではないか」(Bd. 4, S. 388f.)とカントは『基礎づけ』で語ったが、かかる「実践的人間学」(具体的倫理学)〔第三層〕に属すべきカント的意味の(即ち本来の、「道徳性」の学としての)「倫理学」が今日ではこのようにその姿を水面下に没して、目に見える形では存在を喪失してしまっていることは、それ〔「実践的人間学」〕に先行し、それを基礎づけるべき『道徳の形而上学』の「倫理学」(一般的倫理学)〔第二層〕がヘーゲルによって、先述のように誤解・無視されたことと相俟って、今やカント「倫理学」は終焉状態に陥っていると言わざるを得ない状況である。それ故、我々は先ずヘーゲルのカント誤解を批判して、カント「倫理学」にそれの本来の意味と位置を恢復させるとともに、彼の道徳理論の三層構造を更めて確認した上で、それの第三層(具体的倫理学)の理論の構築を企てるべきであろう。それはカントの道徳理論の完成とともに、同時にカント「倫理学」の終焉からの再生の企てでもあるに違いない。

四

カントの理論哲学(経験理論)も実践哲学(道徳理論)も、夫々の第三層(表層)、即ち日常経験(個別的経験)の層と具体的倫理学(個別的行為)の層に対する固有の理論を欠いており、それらを形成・構築することが我々の課題であると既に述べたが、それは一体いかなることか。先ず経験理論の場合、カントは第二層(一般的経験)と第三層(個別的経験)の区別を、客観的に妥当な「経験判断」と単に主観的にのみ妥当な「知覚判断」の区別によって規定しようとしたが、「判断」は本質的に客観的に妥当であらざるを得ない以上、「単に主観的にのみ妥当な判断」とは自己矛盾を含むことから、「知覚判断」の概念、更に両判断の区別を自ら否定・撤回せざるを得ず、結局は両層の区別を規定するという仕事を彼は放棄・断念せざるを得なかった。そのことの原因は、判断における主語(知覚主観)を省略できないドイツ語の構文上の制限性に基づくが、これに対して、そのような制限性を免れている日本語においては、第三層に対応する判断を具体的に提示することが容易であることから、大森荘蔵氏の理論を援用して両判断、ひいては両層の区別を明確に規定することによって、我々はカントに代わって彼の経験理論の完成を企てた次第である(本書第二章参照)。

これに対して、道徳理論の場合は事情が異なっている。そこでの第二層は「道徳の形而上学」の「倫理学」(一般的倫理学)に対応するが、これは「基礎づけ」(第一層)において発見・確定された「自律」という道徳の最上原理によって、諸々の既存の具体的倫理学(第三層)の原理を成している少数の一般的基本概念(「道徳的感情」、「良心」、「隣人愛」、「自己尊重」の四者)を「道徳の形而上学」という自らの場において演繹する(即ち、後者に対して夫々の倫理学における原理としてのそれらの身分の正当性を一般的に証明・保証する)という仕方によって、両層(第一および第三層)の中間的媒介的役割を果たすのである。その際注目すべきは、これらの一般的基本概念をカントが「道徳的諸性質」と呼び、それら「道徳的諸性質」を「義務概念に対する感受性の主観的制約として……道徳性の根柢に存するもの」、「悉く感性的で、義務概念によって触発される先行的かつ自然的な心的素質」、「万人が有しておりそしてそれを介して義務づけられ得る心的素質」(Bd. 6, S. 399)と看做していることである。「道徳的諸性質」を「万人が有している」ものであると認めることによって、それらが具体的倫理学の普遍的原理であり得ることの、ひいては件の具体的倫理学それ自身の正当性を保証しているが、他方同時に、それらが「感受性の主観的制約」、「感性的」、「自然的な心的素質」とされることによって、それらの経験的性格が語られているのである。実際、『実践理性批判』においては、「道徳的感情」(ハチスン)について、それが「主観的」な意志規定根拠であるとの理由で「経験的」とされている(Bd. 5, S. 39)が、この論点は他の三つの「道徳的諸性質」にも妥当するに違いない。

そしてまさにこの地点において、カントが道徳理論における第三層の理論を提示しておらず、またそれの形成を試みさえしなかったのは何故か、ということの理由も求められよう。というのも、「道徳の形而上学」の「倫理学」(一般的倫理学)は第一層に由来する「自律」によって、第三層の諸々の具体的倫理学の原理を成す「道徳的諸性質」を、ひいては具体的倫理学一般の可能性を基礎づけることによって、両層の媒介という、自らの役割を果たしたが、これらの「道徳的諸性質」がいずれも経験的性格を有する(それらが既存の諸々の具体的倫理学から採集されたというその出自からも自明であるように)ことによって、この一般的倫理学はその儘同時に部分的に具体的倫理学の一面をも兼備していると見られ得るからである。勿論カントが自らの固有の具体的倫理学(第三層)を構築・提示するという意図を何処にも表明しておらず、そのための原理としての固有の概念も体系的計画も全く示されていない以上、第三層の具体的倫理学はやはりカントには存在しないという客観的事実には変りがない。とはいえ、彼の第二層の一般的倫理学が同時に或る意味の具体的倫理学の性格を一面において兼備していることも疑いなく、このことがカントをして、敢えて自らの独自の具体的倫理学を更めて構想・構築することの必要性を感じさせなかった、と考えることはできよう。もしもこの推測が当っているとするならば、道徳理論の第三層がカントにおいて不在であることの理由は、カントがそれを敢えて必要とは看做さなかったため、ということになろう。しかしそれならば何故、カントの第三層の理論の構築は我々の果たすべき課題であると我々は殊更に言うのかと、我々は問われるに相違ない。

これに対して、それは経験理論にはない、道徳理論固有の特殊事情に原因がある、というのが我々の回答である。アリストテレスは『ニコマコス倫理学』において、「われわれの現在の論究は、他のそれのように純粋な観照的考究を目的とするものではないがゆえに、われわれはもろもろの行為に関することがらを、いかなる仕方でこれをなすべきかという観点から考察することが必要である」、「あらかじめ賛同を得ておかなくてはならないのは、行為に関してのいかなる論述も、輪郭的であり、厳密でないのが当然ということである。実践に関することがらとか、功益的なことがらとかは、……何ら確然たるものを含んでいない」(1103b30–1104a10)と述べている。実践的行為に関する論述(道徳・倫理学)はその行為者の属する社会の蒙る歴史的、政治的、宗教的、その他様々の制約の下で、一般論のレベルにおいてさえ偶然性・特殊性を免れ難い。古代ギリシアの倫理学が直ちに近世ドイツの倫理学ではあり得ず、後者もまた直ちに現代日本の倫理学であり得ないのは当然であろう。まして、人類一般の普遍的倫理学を具体的倫理学(第三層)のレベルで唱道することは不可能である。これが「特殊事情」であるが、このことについて以下の二つの事が言われるべきである。第一に、具体的倫理学が問題とされるとき、それは我々がその中で現に生きている現実社会(即ち現代の日本)における具体的倫理学でなければ、我々にとっては意味がないということであり、第二に、カントの一般的倫理学は確かに諸々の具体的個別的倫理学一般に対する基礎としての一般的妥当性を有つとしても、理論哲学(経験理論)とは違って、実践哲学(道徳理論)におけるこの「一般性」は果して直ちに人類一般に対する普遍性という意味の「一般性」、「普遍性」であり得るのか、或いはそれとも、実践的なものの偶然性・特殊性(時代的、社会的、宗教的、その他の限定性)から、西洋倫理学の直接関わる西洋社会の範囲内にその射程は限られるのか、ということは予め確定的には誰にも分からないということである。従って、我々がもしも現代の日本において、カントの具体的倫理学(第三層)と呼ばれるに相応しい倫理学を実際に発見・構築・確立できたならば、それによってカントの道徳理論を完成させ得るとともに、カントの倫理学(一般的倫理学)の射程が東洋にも及ぶこと、即ちそれが人類一般に対する普遍性を有つものであることを確証することができ、併せて我々の社会においても人類普遍の倫理学が現に存立していることを更めて確認することができるであろう。第三層の理論の構築が我々の果たすべき課題であると主張する所以である。

その際、四箇の道徳的基礎概念(「道徳的諸性質」)のうちで就中「良心」に我々が注目するのは、それが最も基礎的な位置を占めているだけでなく、第一層の「自律」の第二層における表現とも見られ得るような根源性を具備しているからである。即ち、「良心」とは「そこにおいて彼の思考が相互に訴えたり弁明したりする、人間における内的法廷の意識」であるが、かかる「良心」において「訴えかつ裁く人間は、自己自身を二重人格性において」考えねばならない。「原告にしてかつ被告でもある私はまさに同一の人間(数的に同一)であるが、自由の概念から出発する道徳的立法、そこでは人間は彼が自己自身に与える法則に服従している立法、の主体(可想人)としては、理性を賦与された感性人とは別人(種的に別)として、但し唯実践的見地においてのみ考察されるべきである」(Bd. 6, S. 438f.)と言われる。「良心」はこのように、「自律」によって説明され、基礎づけられている。「良心」を第二層(人間的立場)における、第一層(理性的立場)の「自律」の表現とも称することができよう。「良心」をそれ故、四つの「道徳的諸性質」の代表と看做し、それを原理とする倫理学、即ち「良心」倫理学をカントの第三層の具体的倫理学と看做しても差支えあるまい。

五

今日の日本において、「良心」や「良心的」という言葉が、「誠意」や「信義」や「道義的」等と同様に、その語意に相応しい一種の敬意を伴って用いられることは、我々の日常経験するところである。自らの行為の道徳的な最終基準を問われたならば、己れの良心に一票を投じる人も多いに違いない。それはしかし、現代の日本社会において「良心」倫理学が存立していることの一つの有力な傍証であるとしても、決定的な証明ではない。それは到来して未だ日の浅い比較的新しい外来思想であるかも知れず、長い日本の歴史の中で培われ、また逆に歴史の形成に関与してきた、日本人全体のエートス(倫理的特性)と看做すには未だ足りないからである。カントと同様の「良心」という言葉が日本にもあり、人々に親しまれ、重用されているとしても、それは「良心」倫理学がこの社会に現に存立していることの確実な証明ではない。問題はこの言葉の意味内実とともに、それの使用状況に関わるからである。

確かに、カントと同じドイツの哲学者であっても、ヘーゲルやハイデガーにおける「良心」はカントの場合とその意味内実は甚だ異なる。『法哲学綱要』においてヘーゲルは次のように言う。「この論考において人倫的立場とは区別される道徳的立場には、形式的良心のみが属する。真実なる良心は唯、言及されるだけである」(Bd. 7, S. 256)、「真実なる良心は、即かつ対自的に善であるものを意志する心術である。それはそれ故、確定的な諸原則を有し、しかもそれにとってこれらの原則は、対自的に客観的な使命および義務である。……しかし、これらの諸原則および義務の客観的体系と、主観的知の体系との合一とは、人倫性の立場において初めて存在する。道徳性の形式的立場であるここにおいては、良心はかかる客観的内容を欠き、従ってそれ自身としては、無限な形式的自己確信である」(S. 254f.)。「良心は形式的主観性としては、悪へと転倒しかけている良心である。対自的に存在し、対自的に知り、決断する自己確信において、両者、即ち道徳性と悪とは、彼らの共通の根を有する」(S. 261)、「主観的な善と、客観的で即かつ対自的に存在する善との統一が、人倫性である」(S. 20)。従って、ヘーゲルの「形式的良心」(単なる形式的自己確信)は「適法性」以下のレベルであり、「真実なる良心」(客観的原則との一致)も精々「適法性」のレベルに過ぎず、カントの「良心」の「道徳性」のレベルには届かないと言わざるを得ない。一方、ハイデガーは『存在と時間』において、「カントが彼の良心の解釈の根柢に〈法廷イメージ〉を指導理念として置くことは偶然ではなく、道徳法則の理念によって暗示されている」、「〈道徳の形而上学〉即ち現存在および実存の存在論」(S. 295)と言う。かかるハイデガーの、現存在の存在論的本質としての「良心」は理論的概念であって、実践哲学としての倫理学(「道徳性」の領域)には属さない。従って、三人のドイツの哲学者のうちで、カントの「良心」だけが「道徳性」に対応していると言えよう。

これに対して、日本語の「良心」の意味内実はカントの「良心」のそれに合致していると見られる。日本語の「良心」はカントと同様に、行為の是非善悪を裁く「内的法廷の意識」であって、「悪へと転倒」したり、「道徳性と悪の共通の根」であるような「良心」というものは、そこでは考えられ得ない。しかし、より正確には、カントの「良心」よりも先ず、『孟子』に由来するとされる、王陽明の「致良知説」における「良知」のそれに合致している、とこそ言われるべきであろう。山下龍二氏によれば、陽明学は「人間の心の内面深くに『良知』という羅針盤があると考えていた。……朱子学の理を陽明学では良知に置きかえた。聖人にも凡人にも同一に与えられている良知を信じ、その命令にしたがって行動せよという教である」(17頁)、「陽明は、万人が良知を所有していることを強調し、聖人と凡人の差は本質的なものではなく量的な違いにすぎない、と主張した」(176頁)、「天理を存して人欲を取り去る、というのが彼〔朱子〕の主張で、天理的な人間、すなわち、いわば情なき人間が聖人であった。陽明は、理と気とを峻別することに反対し、理と気とを一体不離のものとした。人間が他の万物と区別されるのは霊妙な心があるからであるが、その心は性(天理)と情(人欲)とが一つになってできているものであるから、朱子のいうように切り離して一方だけを取り去るわけにはいかない、という。良知というのは、心の全体を統轄する本質的なものを指しており、性と情を通貫するものである。したがって良知的人間は天理的人間とは違って、血の通った生身の人間である」(177頁)。

してみると、朱子の「天理」の倫理学は言わば〈理性の立場〉における「適法性」の形式主義倫理学、王陽明の「良知」の倫理学は〈人間の立場〉における「道徳性」の具体的倫理学とも解することができよう。「是非の基準は自己の良知の判断にある。聖人と凡人の言葉を、それ自体の内容において判断しようとするのは、聖人と凡人を一つの秤に載せるのであって、そこには万人を相対的にみる立場がはっきり顕れている」(179頁)。ところで、「良心」という日本語の語源は判然しないが、『日本国語大辞典』(小学館)には「三国伝記」(一四〇七―四六頃か)における「良心」(13巻、950頁)の一用例が挙げられている。それは王陽明(一四七二―一五二八)に明らかに先行しているが、春秋戦国時代の孔子孟子と明時代の王陽明とを結ぶ儒教的伝統のどこかに、この語の起源があることは間違いあるまいと思われる。「花柳春話」(一八七八―七九)における「良智良心」という用例は、両概念の結合の直接性を示す一例証とも見られる。しかし、そのように王陽明の「良知」に日本語の「良心」の主要な語源を求め、とくに江戸時代の陽明学者達の活発な活動によって「良知」が日本に輸入・紹介され、「良心」として広く日本人の意識内に定着することになったと仮定してみても、それによって「良心」が日本人全体のエートス(倫理的特性)となったとするには、決定的根拠が欠けている。何故なら、陽明学者達の活動がいかに活発で、広く深い影響を人々に及ぼしたとしても、それは依然として日本人全体の精神生活の極めて僅かの小部分に過ぎず、〈日本人一般のエートス〉と呼べるほどに日本国民の全範囲に、しかも各人の内面深くにまで浸透したとは到底考えられ得ないからである。それに、江戸時代は近世であり、今日から見て未だ比較的新しい時代に属する。江戸時代以後今日までの短期間を以て、日本歴史全体を論じることはできまい。

我々はここで、聖徳太子「憲法十七条」と、「聖徳太子から現在に至る憲法は、その内実においてまことによくその基本が受継がれている」(99頁)と山下氏の言われる事態とに注目したい。何故なら、聖徳太子の時代から現在までの千数百年間の激変激動の歴史の中で、しかも幕藩体制の崩壊と国家の敗戦という国家的大事件の後で、夫々新たに制定された二つの憲法(明治憲法と昭和憲法)と、遙か千余年も先行する十七条憲法との間に、「その基本が受継がれている」という関係がいかにして可能かは解明を必要としており、そしてその理由は「憲法十七条」の中に見出されるに違いないからである。

同憲法〔原文は漢文であるが、山下氏の訓み下し文によって引用する〕の第七条の中に「世に生知少なし。克く念はば聖と作る。事、大小と無く、人を得れば必ず治まる」(87頁)という文章があり、そこに「良知」と関連の深い「生知」という語が現れている。そこにおける、「世に生知少なし」という「生知」(聖人の有する知)に対する否定的・消極的態度は、反って「良知」(聖衆を問わず、万人の有する知)に対する太子の肯定的・強調的態度の表明であろう。王陽明は『伝習録』において、「聖人もまた学知であり、衆人(凡人)もまた生知である。人はみなこの良知を持っている」と語っている(176頁)。勿論聖徳太子の飛鳥時代は王陽明の明時代に何百年も先行しているが、ここでは時代の先後関係は問題ではあるまい。何故なら、「良知」は『孟子』に由来し、そして『孟子』は『論語』等とともに儒教の古典中の古典、四書の一であって、学殖豊かな太子には掌中の玉の如きものであろうからである。実際、同憲法は第一条の「和を以て貴しと為す」にしても、第十条の「我は必ず聖に非ず」にしても、第十六条の「民を使ふに時を以てす」にしても、『論語』に基づいている(83、91頁)のである。

第十条には、「人皆心有り、心各々執ること有り。彼是なれば則ち我は非なり。我是なれば則ち彼は非なり。我は必ず聖に非ず、彼は必ず愚に非ず、共に是れ凡夫なるのみ。是非の理、詎んぞ能く定むべけんや。相ひ共に賢愚なること、鐶の端無きが如し」(88頁)と言われている。ここで最も注目すべきは、「我は必ず聖に非ず」として、聖徳太子が自らを「聖人」ではなく、他の人々と同じく「凡夫」であると言明されていることである。孔子もまた「自分自身を聖人ではないとしばしば言っている」(89頁)由であるが、このように全ての人が皆「凡夫」で、絶対的意味の「聖人」、「賢者」が一人もいない社会において、是非善悪の区別は一体何によって定まるのか。それは外でもなく、誰もが皆「凡夫」である各人の心の内に公平平等に配当・所有されている「良知」という是非善悪の判別能力によってである、とするしかあるまい。この条項はそのように、各人の心の内なる「良知」能力の普遍的存在ということがそれの存立の前提条件を成しており、それなしには不可解と言わざるを得ない。この箇所で「良知」について明示的に言及されていないのは、それが当時の人々には敢えて殊更に言及する必要もない程に自明の概念であったからではないか。即ち、「良知」が既に当時の人々の心の奥底深くに浸透して、人々のエートスを成していたことを、このこと(それが明示的・客観的に言及されていないこと)は反って証明していると思われる。

この推測は、第十七条によって裏付けられよう。そこでは、「大事は独断すべからず、必ず衆と与に宜しく論ずべし。少事は是れ軽し、必ず衆とすべからず」(92頁)と言われているからである。「官吏の一人一人がその管掌する事項に責任を持って決断すべきだ、というのである。但し大事は独断してはならない」(92頁)。ここで小事は必ずしも衆と議る必要はないと言われるのは、無論各々の官吏が夫々に是非善悪を弁別する能力(「良知」)を有しているので、それに信頼すればよいということに外ならず、各人における「良知」の普遍的存在が条文の前提となっていることは言うまでもない。そして大事の場合に必ず衆とともに論ぜよと言われるのも、同じ前提の上でのことなのである。しかも、「『憲法十七条』が直接対象としたのは官吏であって、公務員服務規定ともいうべき性格を持っている」(85頁)と言われるように、それが命令(法は一般に外的強制即ち命令的性格を有する)の直接対象とするのは官吏(公務員)であるとしても、その射程は広く国民全般に及んでいると言えよう。何故なら、第十五条で「私に背き公に向ふは、是れ臣の道なり」(91頁)と言われるように、官吏は国家・国民全体の奉仕者であるべきことが命じられているのだからである。ここに示されているのは、「憲法十七条」を制定・公布する支配者(聖徳太子に代表される政権)と官吏・国民一般との間の、支配被支配、統治被統治、君臣、上下の関係が、そこでは太子自身を含めて全成員が本来「凡夫」に過ぎない、言わば「良知」共同体(「良知」的存在者一般の共同体)の中でこそ存立していた、という一事である。何故なら、憲法は国家の魂、国政の根幹、そして統治構造の最高規定であろうからである。そしてこの一事こそは、「聖徳太子から現在に至る憲法は、その内実においてまことによくその基本が受継がれている」(99頁)とされるときの当の「基本」そのものに外ならないのである。というのも、「大日本帝国憲法(明治憲法)の先駆を成す「五箇条の御誓文」の第一条の「広ク会議ヲ興シ万機公論ニ決スヘシ」は、「憲法十七条」の第十七条の精神の継承・反映と見られるし、明治憲法の第三条「天皇ハ神聖ニシテ侵スヘカラス」の「神聖」も、天皇が「現人神」であると言っているのではなく(97頁)、「象徴」という言葉こそそこにはないが、「実質は象徴的であった」(98頁)し、第四条「天皇ハ国ノ元首ニシテ統治権ヲ総攬シ此ノ憲法ノ条項ニ依リ之ヲ行フ」とあるように、天皇の統治行為も常に「憲法ノ条項」に従わなければならないとされている(97頁)からである。天皇もまた日本国という「良知」共同体の一成員であるという、聖徳太子以来の基本性格は明治憲法においても変ることなく維持されていると言えよう。そしてそれが昭和憲法においても何ら変っていないということは、更めて言うまでもないことである。

我々はかくして、飛鳥時代から現代まで、「良心」という国民一般のエートスが一貫して維持・継承されて来た(寧ろ逆に、この「維持・継承」ということが「エートス」の証であろう)ことを認めることができよう。儒教の「良知」が意味は同じでも日本では「良心」として定着したのは、「理」や「知」よりも「情」を好む(「非合理主義」とは言わないまでも)日本人の国民性によるのかも知れない。そしてこの確認によって、現代の日本社会において「良心」倫理学を構築しようとする我々の意図は、既に半ば達成されたとも言われ得よう。何故なら、〈倫理・道徳〉は元来「習慣」、「習性」というその語源の示すように、現実生活における習慣的蓄積を通じて、時間をかけて内部から自然に形成されるしかないものであり、それ故、「良心」倫理学の「構築」と言っても、それは現実には、余りにも身近で自明であるために普通は反って気付かれることなく、歴史の中に埋没・潜在しているもの(国民一般のエートス)を「発見・発掘」し、概念的に「確定・明確化」することによって一般の自覚に齎すこと以上の意味を有ち得ないからである。かかる限定された意味においてであれ、我々が現代の日本社会において「良心」倫理学を発見・構築・確定できたならば、それによってカントの道徳理論が完成されるとともに、「人倫性」(「適法性」)の倫理学の圧倒的支配下にある現代において、彼の(唯一その名に相応しい)「道徳性」の倫理学を復活・再生させることができ、「倫理」なき非人間的な社会を、「倫理」のあるより人間らしい社会へと高めることができよう。

引用文献

アリストテレス『ニコマコス倫理学』(高田三郎訳、岩波文庫)
カント『一七六五年冬学期講義予告』
　『純粋理性批判』
　『道徳の形而上学の基礎づけ』
　『実践理性批判』
　『道徳の形而上学』
　『実践哲学講義』
ヘーゲル『自然法論文』
　『法哲学綱要』
ハイデガー『存在と時間』
西田幾多郎『韓図倫理学』(一九三二)
岩崎武雄『カント』(一九五八)、勁草書房。
矢島羊吉『カントの自由の概念』(一九六五)、創文社。
加藤尚武『ヘーゲルの「法」哲学』(一九九九)、青土社。
山下龍二『儒教と日本』(二〇〇一)、研文社。
小学館『日本国語大辞典』(一九七二)

Ⅱ　フィヒテ

第四章　批判哲学と知識学との差異

一

カントは晩年に、「私が私の著作を携えて現れるのは、一世紀早すぎた。百年後に人びとは私を初めて正しく理解し、それから私の書物を更めて研究して、それを認めることになるだろう[1]」と語ったと伝えられる。『純粋理性批判』(一七八一)の刊行から既に二世紀を経た今日、カントのこの希望的予言は夙に実現されているのであろうか。我々には、右の希望は未だ達成されておらず、予言された時期は未だ到来していないのではないかと疑われる。そしてその最大の原因は、フィヒテ知識学におけるカント理解に存するのではないかと疑われる。と言うのは、以下の理由からである。

『プロレゴーメナ』(一七八三)附録においてカントは、「この著作〔『純粋理性批判』を指す、筆者注〕は超験的(または、より高次の)観念論の体系である」との『ゲッティンゲン学報』の書評を、「断じて、より高次の観念論ではない」、「私の場所は経験の豊饒なる低地である[2]」と厳しく却けたが、その後に現れたフィヒテ知識学は真に≪より高次の観念論の体系》と称するに相応しい姿を示す。しかもフィヒテは、カントの批判哲学と自らの知識学の相等性を主張するので[3]あり、これに対してカントは『フィヒテの知識学に関する声明』(一七九九)において、「私はフィヒテの知識学を全く根拠のない体系と看做す[4]」と宣し、『批判』はフィヒテ等の「適切な立場」からではなく、「普通の、但しかかる抽象的研究のために充分なだけの教養を備えた悟性の立場[5]」からのみ考察されるべきである、と言明するに至る。しかるに、かかる経緯にも拘らず、その後のカント研究の歴史はフィヒテ的カント理解の根本態度によって導かれており、その結果、批判哲学の「正しい理解」は蔽われてしまっている、と解する外はないのである。

しかし、冒頭に掲げた我々の二つの疑いがそれとして確証されるためには、第一に、その間のフィヒテ知識学、即ち『知識学の概念』(一七九四)、『全知識学の基礎』(一七九四/九五)、『知識学の固有性の綱要』(一七九五)、『知識学への第一及び第二序論』(一七九七)におけるカント理解を明らかにした上で、両哲学体系が単に異なるのみならず、知識学がむしろ批判哲学の対極に位置すること、換言すれば、批判哲学によって批判されるべき標的の一つであることを証示すること、第二に、それにも拘らず、かかる知識学におけるカント理解の根本態度が実際にそれ以後今日までのカント解釈において支配的であることを立証すること、この二つが不可欠であろう。そしてそれを為すことが、本章の意図である。

その際、考察の焦点となるべきは、「先験的観念論」の概念である。何故なら、カントと同様にフィヒテもまた、自己の哲学即ち知識学を「先験的観念論」と称するから[6]であり、従ってカントの「先験的観念論」がフィヒテの「先験的観念論」において蒙った変容こそは、両哲学の差異の全実質であるとも言われ得よう。我々は先に、カントの「先験的観念論」を担う主観は経験的個人的主観であると論じたが[7]、これに対してフィヒテの「先験的観念論」のそれは超経験的超個人的主観であると言われねばならない。但しその場合銘記さるべきは、「先験的観念論」の概念とともに、《先験的観念論を担う主観》という概念も同時に変容を受けているのであり、かかる変容の結果として右の事態も生じていることである。従って問題は、フィヒテ及び彼に追随する伝統的カント解釈者達のように、カントの「先験的観念論」を担う主観を先験的統覚における自我、即ち超経験的超個人的主観として解し得るか否か、換言すれば、右に述べられた変容がカントの側から見て許容可能であるか否か、でなければならないことになる。そしてこれについて、それはカントの設けた「先験的観念論」の定義に反する故許容不能であると、我々は断ずるのである。

しかし、そのように両哲学体系の間の差異や変容を論うことにいかなる意義と必然性が存するのか、と問われるかもしれない。カントは『道徳の形而上学』の序言で、「客観的に見て、唯一の人間理性しか存在し得ないのだから、多数の哲学は存在し得ない。即ち、原理に基づく唯一の真なる人間理性の体系のみが可能である」、それと言うのも、「他の(真なる)哲学が存在したことを認めるのは、同一の対象に関して二つの真なる哲学が在ったということであり、これは矛盾であるからである」と断った上で、「批判哲学の出現以前には、未だ哲学は存在しなかった」と主張するとしても、「それは哲学を自分自身の計画に従って構想する全ての人びとが為してきた、為すであろう、否為さねばならぬことに外ならない[8]」と語っている。問題は哲学そのものの可能性に、従ってまた、唯一の真なる哲学である筈の批判哲学はいかに理解されるべきかに関わる。かかる批判哲学の「正しい理解」が多様であり得る筈はなく、それは哲学の可能性という一点に照らしての《唯一の理解》でなければなるまい。差異や変容を問題とせざるを得ない所以である。

二

フィヒテによれば、知識学の解決すべき課題は、「必然性の感情を伴う諸表象の体系の根拠は何か」[9]であるが、「必然性の感情を伴う諸表象の体系」とは「経験」[10]に外ならないので、知識学は一切の経験の根拠を挙示すべき学である。「表象の説明、即ち全思弁哲学」[11]と言われるように、表象の説明こそは知識学の根本問題であり、実在論と観念論の問題もそれに関わる。「実在論と観念論の真の争点は、表象の説明において何れの道を採るべきか、である」[12]。ところで、表象は理論即ち理論的知識学の場面において成立する。表象する自我とは知性であり[13]、知性としての自我は表象さるべき非我に依存する。これが理論の場面である。「自我は(非我によってその量に関して限定される)その限りで依存的であり、知性と呼ばれる。そして知性を取扱う知識学の部門がそれの理論的部門である」[14]。即ち、「自我は自我の内に可分的自我に対して可分的非我を反立する」[15]という第三根本命題から派生して、「知識学の理論的部門を基礎づける」命題、「理論的根本命題」[16]と称される、「自我は自己を非我によって限定されたものとして定立する」[17]という命題における「非我によって限定された自我」こそ知性であり、「非我による限定」こそ右の「依存性」に外ならない。さては、かかる場面における表象の成立は、いかに説明されるべきであろうか。

フィヒテは、自我から独立に非我を表象の原因として立て、自我を実体ではなく宛ら非我の偶有性と化せしめる仕方の表象の説明方式を「独断的実在論」[18]または「質的実在論」[19]と呼び、それを、非我を前提して、最終根拠を提示せぬ、全く基礎のない体系と看做す。[20]しかしまた反対に、自我を実体とし、非我を表象の外では実在性を有たぬ、自我の単なる偶有性と解する「独断的観念論」[21]または「質的観念論」[22]も、フィヒテの採るところではない。それは完全に基礎を有するが、自我における実在性の制限や触発に対しては何らの根拠も与えず、説明さるべき全てを説明し尽くしてはいないが故に不十全な体系と看做されるのである。[23] これら両説明方式の「中間」または「中道」に、フィヒテ自身の「批判的観念論[24]」または「批判的量的観念論[25]」は位置する。それはいかなるものか。「批判的観念論は、自我の単なる能動性が非我の実在性の根拠であるのでも、非我の単なる能動性が自我における受動性の根拠であるのでもないことを証明することによって、独断的観念論および独断的実在論に断定的に対峙する。しかし、それの解答が課せられている問題、一体何が両者間に仮定された交互性の根拠であるのか、に関しては自己の無知に甘んじて、そのことの探究は理論の限界外に存することを示す。批判的観念論は表象の説明において、自我の絶対的能動性からでも、非我の絶対的能動性からでもなく、同時に限定することであるところの限定されてあることから出発する[26]」。ここにも暗示されているように、限定と被限定、行為と存在、観念性と実在性、理論と実践等の間には不可避的な循環があり、それをフィヒテは「有限精神の脱出し得ない循環[27]」と呼ぶが、フィヒテによれば、かかる循環に全く顧慮を払わない体系が「独断的観念論」であり、それから脱出したと妄想している体系が「超越的実在的独断論[28]」である。一方、批判的観念論は「実在＝観念論、または観念＝実在論とも呼び得る[29]」。

この循環は、当然のことながら、理論的知識学のみに止まらず、知識学の全範囲に及ぶ。「全てのものはその観念性に関しては自我に依存するが、実在性に関しては自我自身が依存的である。しかし自我に対してはいかなるものも、観念的でもあることなしには、実在的ではない。従って自我においては観念根拠と実在根拠は一にして同一であり、自我と非我との間のかの交互作用は同時に自我の自己自身との交互作用である。自我は、かの制限的非我を自らが定立することを反省しないことによって、非我によって制限されたものとして自己を定立し得る。自我は、そのことを反省することによって、非我を制限するものとして自己を定立し得る[30]」。ここには、観念性と実在性とをめぐる循環、即ち批判的観念論が、自己自身によって端的に定立され、且つ自己および非我を定立する自我(不可分・不可限定・無制約・無限・唯一実体としての絶対的自我[31])と、非我との対立において定立された自我(可分・被限定・有限・偶有性としての自我[32])という自我の二つの概念[33]を軸として、知識学の全範囲を貫通していることが明示されている。「自我は非我を制限(限定)するものとして自己を定立する」とは「実践的根本命題[34]」に外ならないのである。しかし、批判的観念論が理論的知識学のみならず実践的知識学をも包括し、それらを可能ならしめる(右の引用文の「定立し得る」という表現が示すように)べきことは観念論の在り方として何を意味するのか。

フィヒテによれば、「表象一般」を思惟し得る唯一の仕方は、自我の能動性に対して「障碍」が生じるという「前提」によってである。「かかる非我によって、そしてそれを介してのみ、自我は知性である[35]」。しかし、自我を限定する非我の存在から出発する理論的知識学では、非我や障碍の存在根拠を与えることはできず、「我々は何故、存在する触発一般の制約の下で表象せねばならぬのか」、「いかなる権利を以て、我々は表象をその原因としての、我々の外なる或るものに関係づけるのか[36]」の如き問も答えられ得ない。かかる非我の存在根拠をフィヒテは実践的自我に求め、自らの観念論を「実践的観念論[37]」とも称するが、理論から実践へのこの移行の必然性は何に基づくのか。フィヒテは言う。「自我は絶対的で、従って自己自身によって端的に限定されてあらねばならない。自我が非我によって限定されるならば、自我は自己を自ら限定してはいないのであり、最高かつ絶対的に第一の根本命題に矛盾するであろう。この矛盾を回避するために、我々は、知性を限定すべき非我がそれ自身、この仕事においては表象的であるのではなく絶対的因果性を有するであろうところの自我によって限定されるのであると仮定せねばならない。しかるに、かかる因果性は、対立せる非我とともに非我に依存する表象を全く廃棄し、従ってそれの仮定は第二および第三根本命題に矛盾するから、それは表象に矛盾的として、表象不能として、因果性ならざる因果性として表象されねばならない。しかるに、因果性ならざる因果性の概念は、努力の概念である。この因果性は、無限者への終結せる接近という、それ自身思惟不能な制約の下でのみ思惟可能である。かかる必然的として証示されるべき努力の概念が、実践的と称せられる知識学の第二部門の根柢に横えられる[38]」と。ここで極めて注目さるべきは、「知性を限定すべき非我」が「表象的であるのではなく絶対的因果性を有する自我」によって限定されるべきことである。ここにおいて、観念論は対象の「表象」という場面から対象の「限定」乃至「定立」という場面へと拡大あるいは超出しているのである。非我を限定すべき自我は最早、非我に依存的な理論的自我(知性)ではあり得ず、絶対的自我でなければならない。「知性としての自我の依存性は廃棄されるべきである。そしてこのことは、自我が、自我を知性たらしめる障碍が帰せられるべき、かの未知なる非我を自己自身によって限定する、という制約の下でのみ思惟可能である。かかる仕方で、表象さるべき非我は直接的に、しかし表象する自我は間接的に、かの限定を介して絶対的自我によって限定されるであろう。自我は唯自己自身に対してのみ依存的であり、即ち自我は徹頭徹尾自己自身によって限定されるであろう[39]」。「絶対的自我は、一切の表象の最終根拠である限りの非我の原因であるべきであり、非我はその限りで絶対的自我の結果である[40]」。こうして、知性としての自我と絶対的自我との間の「主要対立」は「合一手段」としての「自我の実践的能力[41]」の仮定によって解消され、知識学はその最終結果において出発点の根本命題に帰るという「円環[42]」を成すこととなる。

以上のフィヒテの所説は『基礎』及び『綱要』におけるそれであるが、そこでのフィヒテのカントに対する態度には、後の『序論』と比較すれば、カントと自らとの相違乃至自己の優位性を際立たせる傾向が顕著に見られる。フィヒテが強調するのは、両者の出発点の相違である。「全ての知の絶対的根本命題としての我々の命題をカントは範疇の演繹論において示唆したが、しかしそれを根本命題として判然とは決して提示しなかった[43]」。「カントは純粋理性批判において、時間、空間および直観の多様がその上に与えられ、自我の内に、そして自我に対して既に現存しているところの反省地点から出発する。我々はそれらをいまアプリオリに演繹したのであり、そこでそれらはいまや自我の内に現存するのである。理論に関する知識学の固有性はかくて提示されており、我々は読者をいま、カントが彼を迎えるまさにその地点で、降ろす[44]」。但し、フィヒテが次のように述べていることにも留意さるべきであろう。「ここは、カントが、自らの語らなかった事柄をも非常によく知っていたことを示すべき場所ではないし、何故彼が、自らの知っている事柄の全てを語り得ず、また語ることを欲しなかったかの理由を挙示すべき場所でもない。彼の哲学の精神を熟知することを望む人が誰しも確信し得るように、ここで提示された、そして提示されるべき諸原理は明瞭に彼の諸原理の根柢に横わっているのである[45]」。ここから、後の『序論』における、両哲学の相等性の主張に通ずるものを看取することもできよう。一方、観念論をめぐって、フィヒテは次のように語る。「カントは、時間と空間の前提された観念性から客観の観念性を証明する。我々は逆に、客観の証明された観念性から時間と空間の観念性を証明するであろう。彼は時間と空間を充たすために、観念的客観を必要とする。我々は観念的客観を位置づけ得るために、時間と空間を必要とする。それ故、我々の観念論は、それは決して独断的ではなく批判的なのであるが、彼の観念論よりも数歩進んでいる[46]」。フィヒテのこの言明は、「客観の証明された観念性」、「観念的客観」という表現にも示されているように、先述の、拡大された観念論の見地の下でのみ理解可能であろう。

三

これに対して、両つの『序論』では、カントの批判哲学と自己の知識学との相等性が、主題的と言ってもよい調子で説かれる。『第一序論』では、「私は以前から言ってきたが、ここで再び言おう、私の体系はカントの体系に外ならぬと。即ち、私の体系は同じ物の見方を含むのである。但し、そのやり方はカントの叙述から全く独立なのであるが[47]」と言う。また、「哲学者は抽象し得る。即ち、経験において結合されたものを思惟の自由によって分離し得る。経験においては、我々の自由から独立に限定されるべきそして我々の認識が依準すべき物と、認識すべき知性とが不可分に結合されている。哲学者は両者のうちの一方を抽象し得るのであり、そのとき彼は経験を抽象し、そして経験を超出したのである。彼が前者を抽象するならば、彼は知性自体を、即ち経験に対するそれの関係を抽象して、経験の説明根拠として残し、彼が後者を抽象するならば、彼は物自体を、即ちそれが経験において現れることを抽象して、経験の説明根拠として残す。第一の操作が観念論、第二の操作が独断論である[48]」と述べた上で、「カントの体系と知識学の体系とは、通例の漠然とした言葉の意味においてではなく上述の判然とした言葉の意味において、観念論的であるが、しかるに近代の哲学者達は悉く独断論者であり、且つそれに止まることを堅く決心している[49]」と語られる。フィヒテによれば、観念論と独断論という「これらの両哲学体系のみが可能」で、「前者の体系に従えば、必然性の感情を伴った表象は、説明において表象に対して前提されるべき知性の所産であり、後者の体系に従えば、表象に対して前提されるべき物自体の所産である[50]」が、「独断論は自らの原理を唯繰返すことはできる。様々な形で繰返し、述べ、そして幾度も述べることはできる。しかし、独断論はこの原理から、説明さるべきものへと移行できず、それを導出することはできない。しかるに、この導出においてこそ哲学は成立する。独断論は従って、思弁の側から見られても、全然哲学ではなく、単に無力な主張と断言に過ぎない。唯一可能な哲学としては観念論が残るのみである[51]」。そして、知識学は「十全的先験的観念論[52]」(「批判的、または先験的観念論[53]」、「十全的批判的観念論[54]」)を提示するとされる。

一方、『第二序論』においてフィヒテは、曾て「知識学はカントの学説と完全に一致しており、よく理解されたカント学説に外ならない[55]」という予告を携えて登場したフィヒテが、自己の体系の形成につれて益々その意見を強めたにも拘らず、周囲の反応はそれと反対であり、それに対して、諸方面から求められた、カントとの相等性の証明を企てるのである。フィヒテは言う。「抑も、知識学の内容を一言で言えば、何か。理性は絶対に自立的である、ということである。理性は自己に対してのみ在るが、しかし理性に対して在るのも理性だけである。従って、理性であるところの一切は理性自身の内に基礎づけられていなければならず、理性自身からのみ、しかし理性の外なる或るものからではなく、説明されねばならない。理性の外なるかかる或るものには、理性は自己自身を廃棄することなしには到達できない。手短かに言えば、知識学は先験的観念論である。では一体、カント哲学の内容とは何か。……私は告白するが、隅々まで遍ねく理性が輝いている、という同じ前提なしには、カントにおける唯一箇の命題を理解することも、他の諸命題と一致させることも可能とは考えられ得ないのである[56]」。フィヒテは先ず、カントの「一主要箇所」を引用する。「全ての直観の可能性の、悟性に関する最高原則は、全ての多様は統覚の根源的統一の制約の下に立つ、ということである[57]」(B136)。この箇所からフィヒテは推論によって、「直接的に思惟だけでなく、思惟を介して、思惟によって制約された直観、従って全ての意識もまた、統覚の根源的統一の制約の下に立つ」という結論を引き出す。次いでフィヒテは更にカントの別の箇所を引用する。「《我思う》のこの表象は自発性の働きである。即ち、それは感性に属するものとは看做され得ない」。「私はそれを経験的統覚から区別するために、純粋統覚と名づける。というのは、それは、他の全ての表象に伴い得なければならず従って全ての意識において一にして同じであるところの《我思う》の表象を産出することによって、最早いかなる表象によっても伴われ得ぬ自己意識であるからである」(B132)。そしてフィヒテは言う。「ここには純粋な自己意識の本性が明瞭に記述されている。純粋な自己意識は一切の意識において同一であり、それ故、意識の何らかの偶然性によっては限定され得ない。純粋な自己意識における自我は唯自己自身によってのみ限定されるのであり、従って絶対的に限定されるのである」[58]と。

かかる純粋統覚はカントにおいても決して「我々の個人性の意識」を意味しないとフィヒテは説く。何故なら、「個人性の意識は他の意識、汝の意識に伴われ、かかる制約の下でのみ可能」であるから。そしてフィヒテは更に続ける。「それ故我々はカントにおいて判然と、知識学が提示するのと同様に、純粋自我の概念を見出す。引用文においてカントは、この純粋自我を全ての意識に対していかなる関係で考えているか。それを制約するものとしてである。従って、カントによれば、全ての意識の可能性は自我あるいは純粋自己意識の可能性によって制約されていることになろう、まさしく知識学におけると同様に。制約者は思惟において被制約者に対して前提される。何故なら、上述の関係はまさにこのことを意味するから。従って、カントによれば、全意識の体系的導出、換言すれば哲学の体系は純粋自我から出発せねばならないであろう、まさに知識学が為すように。従って、カント自身この学の理念を与えていたことになるであろう[59]」。この推論については、フィヒテが自らの先験的観念論に関して次のように既に語っていたことを断っておかねばなるまい。「かくて先験的観念論は同時に哲学における唯一の義務に適う思惟様式として、即ち思弁と道徳法則とが極めて緊密に結合している思惟様式として示される。私は私の思惟において純粋自我から出発せねばならない。そして純粋自我を絶対に自発的なものとして、即ち物によって限定されたものとしてではなく、物を限定するものとして思惟せねばならない[60]」。

「確かに」とフィヒテは言う、「カントはかかる体系を決して提示しはしなかった」。カントは「彼によって提示された範疇を自己意識の制約としては決して証明せず、唯それがそうであると語っただけ」であるし、「空間と時間」がかかる制約として導出されることもなかった。「しかし、私はカントがかかる体系を思惟していたこと、彼が実際に論述している一切はこの体系の断片かつ成果であること、彼の主張はこの前提の下でのみ意味と連関を有すること、を確実に知っていると信ずる」[61]。「私の見るところでは、純粋理性批判は決して基礎を欠いてはいない。それは非常に判然と現存している。唯その上に建てられておらず、建築材料が、既に整えられてはいるものの、甚だ恣意的な配列で並び合い且つ上下に重なり合っているだけである」。「哲学を初めて意識的に外的対象から引離して、それを我々自身の内へと導入したこと」はカントの固有の功績であり、「このことが彼の哲学全体の精神であり、魂である。そしてそれこそがまた知識学の精神であり魂である」[62]。以上がフィヒテの、カントとの相等性についての議論である。

ところで、フィヒテが右のように先験的観念論を主張するとき、実在論の処理が問題となる。それをフィヒテは、先験的観念論の内部における二つの思惟系列の区別によって遂行するのである。「知識学においては二つの甚だ異なる精神的行為の系列が存在する。哲学者が観察する自我の系列と、哲学者の観察の系列である。……知識学に対する誤解と多くの不当な非難の主要根拠は、人びとがこれらの二系列を全く区別しなかったか、あるいは、一方に属するものを他方に属するものと混同したかの何れかに存する」。「もし誰かが、この体系と並んでそしてその外に、実在的で、同様に根本的且つ整合的な一つの体系が更に可能であると考えるとすれば、それは先験的観念論における思惟の両系列のかかる混同に基づくものであろう。我々の全てに、そして行為が問題となる際には最も決然たる観念論者にさえ迫り来る実在論、即ち対象が我々から全く独立に我々の外に現存しているという仮定は、観念論自身の内部に存し、観念論において説明され、導出されるのである。……哲学者は唯哲学者の名においてのみ、自我に対して在る一切のものは自我によって在る、と語る。しかるに彼の哲学における自我自身は、確かに私の外に私によって存在するのではない或るものが現存する、と語る。自我がいかにしてかかる主張に至るのかを、哲学者は彼の哲学の根本命題から説明する。前者の立場は純粋思弁的であり、後者の立場は生および学（知識学と対比される場合の学）の立場である。後者は唯前者からのみ理解され得る[63]」。フィヒテはこのように、自我を観察する哲学者の思惟系列（立場）と哲学者によって観察される自我の思惟系列（立場）を区別する[64]が、それを先験的観念論の内部の区別として後者をも先験的観念論に含めるのは、後者が前者によってのみ理解可能だからである。否むしろ、「前者はしかし、唯専ら後者を理解せしめるためにのみ存在する[65]」とさえ言われるのである。後者、即ち自我の生の立場は存在に対して受動的な実在論の立場であり、前者、即ち哲学者の思弁の立場は行為という能動的な観念論の立場である。「存在は唯、観察される自我に対してのものである。観察される自我は実在論的に思惟する。哲学者に対しては行為があり、そして行為しかない。何故なら、彼は哲学者として観念論的に思惟するから[66]」。「我々は自我が行為するのを見る。……自我自身は自らが行為するのを全く見ることがなく、自我自身は専ら受動的である[67]」。「自我は自らの行為を全く意識せず、またそれを意識し得ない。行為が彼に現象し得るとするならば、行為の所産が彼に対して、彼の何らの附加もなしに存在するものとして、現象するであろう[68]」。

「自我も非我も自我の根源的行為の所産である[69]」が、生の立場に立つ自我はかかる非我の産出という自ら（絶対的自我ないし純粋自我）の行為を意識し得ず、ここに観念論（哲学者の立場）と実在論（生の立場）の区別も存立する。「自我は単なる超え行きによって（可能的観察者に対して）非我を一切の意識なしに産出した。自我はいま自らの所産を反省し、それをこの反省において非我として定立する[70]」。「全てのものはその観念性に関しては自我に依存するが、実在性に関しては自我自身が依存的である。……自我は、かの制限的非我を自らが定立することを反省しないことによって、非我によって制限されたものとして自己を定立し得る。自我は、そのことを反省することによって、非我を制限するものとして自己を定立し得る[71]」。「自由な行為の意識の不可能性から、観念性と実在性、表象と物との全き区別が生ずる[72]」。フィヒテは右のような仕方で、観念論を哲学者の思弁的立場へ、実在論を自我の生の立場へと夫々指定し、しかもそれらを先験的観念論における二つの立場(思惟系列)に外ならないとすることによって、先験的観念論の内部に実在論を封じ込め、それの外にそれとは独立に実在論を立てる道を塞いだが、かかる理論によってフィヒテは当時のカント解釈者達と対決する。即ち、カントにおける観念論と物自体の想定との不一致・矛盾を説く論者達に対して、フィヒテは、物自体をめぐる実在論は生の立場のそれであり、従ってカントは先験的観念論に外ならぬと説くことによってカントを擁護し、併せてカントの体系が知識学と異ならないことを示そうとするのである。その際、物自体が最早超越的実在ではなく、「単なる思考」と看做されることは自然の成行であろう。「絶対的自我に対立する非我は端的に無[73]」だからである。フィヒテによれば、「物自体」とは「可想体」であり、「可想体」とは「思惟の法則に従って現象に附加的に思惟されねばならぬ或るもの」であり、従って「単なる思考[74]」に過ぎない。そしてフィヒテは言う。「ここにカントの実在論の礎石が存する。物自体として、即ち経験的自我たる私から独立に存在する或るものを私は、そこでは私が単に経験的なものであるに過ぎぬ生の観点において思惟せねばならない。……当代の最も輝かしい思索者〔ヤコービを指す〕が甚だ正当に表現された先験的観念論を認めず、否単なる叙述によってそれを否定できると信じたのは、彼が二つの観点〔生の観点と哲学的観点〕のこの区別を明瞭に思惟せず、観念論的思惟様式が生において要求されると前提したからであろう。しかしそれは勿論、否定されるためにのみ述べられ得る類の要求である[75]」と。フィヒテのかかる解釈においては、「物自体」のみならず、「対象」も「触発」も「単なる思考」に過ぎないことになる。「汝が対象を、それが汝を触発した、という思考を以て定立するならば、汝はこの場合自らを触発されたと思惟しているのである[76]」。

四

前二節の考察で明らかとなったのは、フィヒテの知識学即ち先験的観念論における観念性（非我の自我への依存性）は絶対的自我（純粋自我）の能動的行為（活動）による非我の定立（産出・限定）という点に存立し、フィヒテの先験的観念論を支え・担う主観とは従って、かかる絶対的自我（純粋自我）に外ならない、ということであった。フィヒテは「哲学は事実から出発するのか、それとも事行（即ち、何らの客観も前提せず、客観自身を産出し、従ってそこでは行為が直接的に事実となるところの純粋活動）から出発するのか」と問い、「哲学が事実から出発するならば、哲学は存在と有限性の世界の中に身を置き、そこから無限者および超感性的なものへの道を見出すことは哲学に困難となろう。哲学が事行から出発するならば、哲学は両世界を結合し、そこから両世界が一望の下に見渡され得る地点に立つことになる[77]」と言う。そしてフィヒテは、「有限なものから無限性へのいかなる道も存在しない。しかし逆に、限定されざる、そして限定され得ぬ無限性から限定の能力によって有限性へと至る道（それ故に全ての有限なものは限定するものの所産である）は存在する。人間精神の全体系を包括すべき知識学はこの道を取り、普遍者から特殊者へと下降せねばならない[78]」と宣するのである。フィヒテはかかる自らの知識学即ち先験的観念論とカントの批判哲学即ち先験的観念論を先述の如く同一視するのであり、従ってフィヒテのかかるカント把握が妥当であるか否か、換言すれば、両つの先験的観念論が一致あるいは矛盾なく両立し得るか否かが検討されねばならない。

カントは『純粋理性批判』において「先験的観念論」に次のような定義を与える。「全ての現象の先験的観念論ということで私の意味するのは、それに従えば我々はそれらを悉く単なる表象と看做して物自体そのものとは看做さず、そしてそれ故に時間と空間は我々の直観の単なる感性的形式であって、しかし物自体そのものとしての客観のそれ自身として与えられた規定あるいは制約ではない、ところの教説である」(A369)。この定義の語るところは、現象とは時間および空間という感性的形式によって直観(表象)された限りの対象であって物自体ではなく、従ってかかる直観(表象)を離れては無である、ということであろう。それ故、対象を時間・空間という感性的直観形式に従って表象する主観、即ち経験的個人的主観こそ先験的観念論を担う主観でなければならない。そのことは、カントが「観念論論駁」において先験的観念論を(経験的意味における)二元論と等置していることからも明らかである。「これに反して先験的観念論者は経験的実在論者、従って言うところの二元論者であり得る。即ち、単なる自己意識を超え出ることなく、そして私の内なる表象の確実性、従って我思う故に我在り以上の何ものかを想定することなしに、物質の現存在を承認し得る。何故なら、彼はこの物質およびそれの内的可能性さえも単に、我々の感性から分離されると無であるところの現象と看做す故、それは彼に在っては単に、外的と呼ばれる一種の表象(直観)に過ぎないからである」(A370)[79]。そして(経験的意味での)二元論とは「経験の連関において現実的に、物質は現象における実体として外官に与えられており、同様に思惟的自我は同じく現象における実体として内官に対して与えられている」(A379)という説に外ならないのである。『プロレゴーメナ』においても、「観念論は、思惟的存在者のみが存在するのであり、我々が直観において知覚すると信じるその他の物は思惟的存在における表象に過ぎず、この表象にはそれの外部に見出されるいかなる対象も実際には対応していない、という主張において存立する。これに対して私は言う。我々には我々の感官の、我々の外に見出される対象としての物が与えられている、しかし物がそれ自体そのものにおいて何であるかについて我々は何も知らず、唯それの現象、即ちそれが我々の感官を触発することによって我々の内に生ぜしめる表象のみを知るのである、と。それ故私は、我々の外に物体が存在することを勿論認容する。それは即ち、それがそれ自体そのものにおいて何であるかに関しては我々には全く不可知であるが、それの我々の感性への影響が我々に供給する表象によって我々が知り、そしてそれに対して物体の名称を与えるところの物である。この語はそれ故唯、かの我々に不可知の、しかしそれにも拘らず現実的な対象の現象を意味する。これをまさか観念論と呼び得るであろうか。否それは正しく観念論の反対である[80]」と語られるが、ここで我々の内なる表象と我々の外なる物(物体)が対置されており、従ってかかる表象を有する主観が経験的個人的主観であることは明らかであろう。

しかし、我々はここで、そのように経験的個人的主観にカントの先験的観念論を担う主観、即ち批判哲学の中心に位置すべき主観の役割を求めるのは誤りではないのか、むしろ先験的統覚における自我、即ち超経験的超個人的主観こそがそれに相応しいのではないか、と反問されよう。実際フィヒテは既述の如く、カントの純粋(先験的)統覚に知識学における純粋自我との同一性を認め、それをカント哲学の出発点と看做したのであった。しかもカントの純粋統覚は「我々の個人性の意識」を意味し得ず[81]、「この自我〔純粋自我〕は自我性一般である[82]」。さて、先験的統覚とはカントによれば次の如きものである。「直観の凡ゆる所与に先行し、そしてそれへの関係においてのみ対象の全ての表象が可能であるところの、意識の統一がなければ、いかなる認識も、認識相互のいかなる結合も統一も我々においては生じ得ない。かかる純粋で根源的で不変の意識を先験的統覚と私は称する」(A107)。かかる先験的統覚についてカントが述べていること、例えば、「《我思う》は私の全ての表象に伴い得なければならない」(B131)や、「(純粋統覚の)常住不動の自我は我々の全ての表象の、それらが意識されることが単に可能である限り、相関者を成すのであり、全ての意識は全体を包括する一つの純粋統覚に属する」(A123)や、「統覚の綜合的統一は、全ての悟性使用と、それのみならず全論理学と、そしてそれに従って先験哲学とがそこへと結びつけられねばならぬ最高の点である。否この能力こそが悟性そのものである」(B134, Anm.) 等の叙述に接するとき、かかる先験的統覚をカントの先験哲学の中心と看做す見解が生じるのも確かに無理からぬと思われる。しかし、この見解は或る一つの問題に関して、決定的な困難に逢着することになる。それは所謂「触発」、換言すれば「感性の受動性」の問題である。

カントは先験的感性論の冒頭で次のように語る。「……しかし直観は我々に対象が与えられる限りでのみ生じる。しかしこのことは再び、少くとも我々人間にとっては、対象が心を或る仕方で触発することによってのみ可能である。我々が対象から触発される通りの仕方によって表象を受取る能力(受容性)を感性と称する。それ故感性を介して我々に対象が与えられ、感性のみが我々に直観を供給する。しかし悟性によって対象は思惟され、悟性から概念が生ずる」(A19/B33)。ここで、「対象から触発される通りの仕方によって」、換言すれば「感性を介して」、「表象を受取る」とされる主観とは一体何か。「我々」と呼ばれているそれは、果して先験的統覚あるいは先験的統覚としての自我乃至主観であり得るか。それはあり得まい。何故なら、自発性の能力としての悟性のしかも頂点に位する先験的統覚には、いかにしても、対象から触発される、という受動性が直接的に帰属する筈はないからである。抑も、全体を包括する意識(純粋統覚)の外《ソト》に、それを触発する、それから独立の対象を考えることほど不可解かつ矛盾した思考はあるまい。それ故、ここでの主観は、テキストを素直に読む限り「我々」であり、そして「我々人間」と言われているように、この「我々」とは「人間」としての「我々」であって、それ以上でも以下でもなく、決して「先験的統覚」とは解され得ないのである。

このことに思いを致し、更めて先述の「先験的統覚」に関するカントの叙述を見直してみると、カントが先験的統覚を常に悟性とのみ関係させ、感性を決してその能力の支配下に置いてはいないことが明らかとなる。即ち、

「《我思う》が私の全ての表象に伴い得なければならない」という命題は、表象が私の表象であり得るための必然的制約について語っているのであって、表象がおよそ表象であり得るための制約、換言すれば、私が表象を受取るための制約、即ち感性の制約については語っておらず、それはむしろそこでは前提されているのであるし、「全ての意識は全体を包括する一つの純粋統覚に属する」という命題も、それに続く、「恰度全ての感性的直観が表象として一つの純粋な内的直観、即ち時間に属するように」(A123f.)という命題と対を成して述べられているのであって、統覚は表象それ自身の制約としてではなく、専ら表象の統一あるいは綜合的統一の制約としてのみ語られているのである。それ故にカントは言う。「現象は単なる直観においては空間および時間の形式的制約に従わねばならないのと同様に、経験においては統覚の必然的統一の制約に従わねばならない」(A110)と。ここに明示されているように、統覚は思惟の制約ではあっても感性的直観の制約ではなく[83]、しかるに対象の認識は直観と思惟の双方によってのみ構成され得るのである限り、認識主観即ち直観し且つ思惟する主観とは決して先験的統覚ではあり得ないのである。感性が悟性と並ぶ人間の二つの認識源泉であって、両者はその機能(即ち直観と思惟)を交換できない[84]とするカントの基本的立場に従う限り、触発のテーゼが我々に示すのは、主観が経験的個人的主観であって先験的超個人的主観ではないことであり、これは触発についての凡ゆる解釈を試みるに際して出発点において我々が認めておくべき共通の前提である。しかし、そのことから直ちに、フィヒテのように触発や受動性を生の立場と速断し、それを専らかかる立場にのみ限局して固定的に解することは大いなる背理であろう。何故なら、先験的感性論と先験的分析論という理論哲学の二大部門を非哲学的な生の立場と哲学的な思弁の立場とに分断してしまえば両者間の一貫性は消滅し、結局のところ、前者を後者に吸収せしめることとなって、右のカントの基本的立場は失われてしまう外はないからである。

かかるフィヒテの知識学とそこにおけるカント理解とに対して、カント自身は終始冷淡かつ批判的な態度を崩さなかった。ラインホールト、フィヒテ、ベック等の、批判哲学者を自称する論者達の中の誰が貴方の著作の真意と精神を捉えているとお考えかと問うシュレットヴァイン[85]に、私信ではなく異例の声明の形で「私はそれに対して躊躇わずに、それはシュルツ氏であると答える[86]」として右の三人を斥けるカントの答弁（一七九七年五月二九日付）は、カントのフィヒテに対する否定的態度を物語って余す所がない。というのは、カントはフィヒテとラインホールトを並べて「私の超批判的友人達フィヒテとラインホールト[87]」（一七九七年一〇月一三日付ティーフトゥルンク宛書簡）と呼んでおり、一方フィヒテはベックが「カント哲学は独断論ではなく先験的観念論を教えるのであり、カント哲学によると客観は全くであれ半ばであれ与えられるのではなく、作られるのである」という「洞察」に高まったことを評価し、彼の書を「私の著作から知識学を学ぼうと欲する人達に最良の準備書として私は推薦する[88]」と述べるという間柄に二人はいたからである。また、一七九八年四月五日付のティーフトゥルンク宛書簡においてカントは、以前フィヒテから送られてきた知識学の書を、「それが浩瀚で私の仕事を甚だしく中断させることが判ったので」、通読せず、書評だけで知っていることを断った上で、「単なる自己意識が、しかも唯思考形式だけに関して、素材なしに、従ってそれに関する反省がそれの適用され得る或るものを有たずに、論理学さえも超えて行く、というのは読者に奇異な印象を与えます。《知識学》という表題が既に、全ての体系的に築かれた学説は学ですから、学的学と無限に続くことを予示していて、収穫への期待を殆ど起させないのです[89]」と述べている。そして一七九九年八月七日付の『フィヒテの知識学に関する声明』においてカントは決定的にフィヒテを駁撃するのである。

『声明』の論点は三つあり、第一に知識学の評価、第二に《批判》は予備学か体系か、第三に《批判》を理解すべき立場、に関わる。第一点については次のように述べられる。「一七九九年一月一一日付の『エアランゲン学芸評論』第八号において、ブーレの先験哲学の構想についての書評者によって、公衆の名の下で私に為された公的要求に対して、私はここに声明する、私はフィヒテの知識学を全く根拠のない体系と看做すと。というのは、純粋知識学と言えばそれは外でもなく単なる論理学であるが、これは自らの原理を以てしては認識の材料へは決して上昇することはなく、純粋論理学としてその内容を捨象するのであるから、かかる論理学から実在的客観を取出すというのは無益かつ試みられたことのない仕事である。従って、先験的哲学が問題である、ということになれば、先ず形而上学へと踏み越えられねばならないが、しかるに、フィヒテ的原理に従う形而上学に関しては、私はそれに共鳴し得ないのである」。そして第二、及び第三点については、次のように語られる。「ここで尚も注意しておかねばならないのは、私が単に先験哲学のための予備学を与えようと欲していたのであって、この哲学の体系そのものを与えようと欲していたのではない、というように私の意図をすりかえる不遜さは私には不可解である、ということである。このような意図が私の思考の中に起り得よう筈はなかったのである。何故なら、私自身、純粋理性批判における純粋哲学の完結せる全体をこそかかる哲学の真理性の最良の徴表として賞揚していたのであるから。——最後に、書評者が主張するところの、《批判》が感性について教えることは文字通りに取ってはならず、《批判》を理解したいと望む者は誰でも、先ず第一に適切な(ベックまたはフィヒテの)立場を我物としておかねばならぬ、何故なら、カントの文字はアリストテレスのそれと同様、精神を殺すからである、ということに対しては、私は繰返し声明する、《批判》は勿論文字通りに理解されるべきである、しかも、単に普通の、唯かかる抽象的探究に充分なだけの教養を備えた悟性の立場からのみ考察されるべきである、と」。カントはかかる三点への言及によって、「予備学[90]」としての《批判》のより高次な《知識学》の「適切な立場」からの基礎づけ、という当時流布しつつあった把握を徹底的に拒斥しているのである。「……批判哲学は、理論的および道徳的実践的な意図における理性の満足へのその抑え難い傾向によって確信せしめられて、感じなければならない、批判哲学には何らの意見変更、何らの修正、何らの学説の変形の必要もなく、《批判》の体系は全く確実な基礎に基づいており、永遠に堅固であり、また将来の全世代に亘って人類の最高の目的のために不可欠であるということを[91]」。

五

前節の我々の考察に従えば、カントの先験的観念論を担い、それ故に批判哲学の中心に位するのは経験的個人的主観である。一方、第二および第三節の考察によれば、フィヒテの先験的観念論を担い、それ故に知識学の中心に位するのは超経験的超個人的主観、即ち純粋自我であった。但しその際、《先験的観念論を担う》ということの意味が両者において異なっており、カントにおいては、対象即ち現象が表象の対象として表象を離れては無であることにより、表象的主観即ち経験的個人的主観に依存するという事態を指しているのに対し、フィヒテの場合は、客観即ち非我が自らを産出(定立・限定)するところの純粋自我に依存するという事態を表示している。ここでフィヒテにおいては観念性(客観の主観への依存性)が、客観と表象的主観(知性)の間の《表象》という場面から、客観と絶対的主観[92]との間の《産出(定立・限定)》という場面へと言わば拡大しており、それを我々は先に、観念論の《拡大》と称したのである。しかし、より正確には《拡大》よりも単に《変容》と称されるべきであろう。何故なら、この《拡大》に伴って同時に《表象》の場面は観念性ではなく逆に実在性(即ち、表象的主観の客観への依存性)に変化し、従ってその場面に関しては観念性が失われているからである。さて、フィヒテの先験的観念論におけるかかる《拡大》乃至《変容》は、カントにとって許容可能であろうか。許容不能であろう。何故なら、先述のカントの先験的観念論の定義には、かかる《産出》の場面を許容し得る余地は存しないからである。それは専ら唯《表象》

の場面の観念性のみを語っているのである。フィヒテの先験的観念論はそれ故、カントの先験的観念論の定義を全く逸脱しており、カントの概念としての先験的観念論とは最早呼ばれ得ないことになる。

名のみを同じくするかかる両つの先験的観念論はしかも、互いに相容れず、両立不能であろう。何故なら、カントから見てフィヒテの先験的観念論は、仮令《表象》の場面には立たないとは言え、「観念性」の拠り所を絶対的主観としての純粋自我に仰ぐ限りで、「現実的事物(現象ではなく)を単なる表象へと変ずる」ところの、そしてカントの「先験的観念論」によって阻止されるべき「耽溺的観念論[93]」に類するものと看做される外はないし、他方、フィヒテから見てカントの先験的観念論は、そこにおける「触発」や「感性の受容性」や「物自体」が最早単なる生の立場の概念(即ち経験的概念)のみに限局され得ず、従ってフィヒテの理解に反して先験的意味の「物自体」がそこで説かれているものと認められざるを得ない限りで、フィヒテの「先験的観念論」(「唯一可能な哲学[94]」)と対立するところの「独断論[95]」(哲学ならざる「単なる主張[96]」)と看做される外はないからである。しかし、それにしてもカントの先験的観念論を担う主観がフィヒテとは異なって、経験的個人的主観であることの意義と必然性が示されねばならない。

カントの先験的観念論の核心は《対象の現象の仕方(形式)は対象の直観の仕方(形式)に外ならない》というテーゼとして表現され得る[97]。カントが自らの先験的観念論について、「私の観念論は唯、経験の対象についての我々のアプリオリな認識の可能性を理解するためのものである[98]」とか、「観念論は……「アプリオリな綜合的認識の可能性という」かの課題を解決するための唯一の手段として、学説の中に採用されたに過ぎない[99]」と語るのも、このテーゼの故である。「内的及び外的直観の主観的形式の前提の下でのみアプリオリな綜合的命題は可能である。何故なら、客観はそれに合致せねばならないから。これが空間時間の観念性の原理である[100]」。他方、右のテーゼはそれと同時に(第四節で我々の見たように)経験的実在論、即ち経験的意味における二元論を基礎づけている。そしてかかる見地からカントは、デカルトとバークリに代表される従来の観念論を批判して、「観念論は形而上学の本質的目的に関してはどんなに無害と看做される(実際にはそうではないが)にもせよ、我々の外なる物(それから我々は我々の内官に対する認識のためにさえその全素材を得るところの)の現存在を単に信仰に基づいて受容れねばならず、誰かがそれを疑うことを思いついたとしても彼に満足すべき証明で対抗することができぬというのは、哲学および一般的人間理性の醜聞である」(BXXXIX)と言うのである。抑も、アプリオリな概念の源泉を神に求める態度と訣別することから批判哲学は出発したのであった。即ち、批判哲学の黎明を告げる一七七二年二月二一日付のマルクス・ヘルツ宛書簡でカントは、自分も他の人達も従来看過していた、形而上学の全秘密を解き明す鍵に気づいたこと、それは純粋悟性概念および原則はいかにして対象に一致し得るのかという問題であること、を語る。そして「プラトンは純粋悟性概念および原則の源泉として精神の往時の、神的なものの直観を想定しました」と述べ、同様に神や神の直観を認識の原理として想定するマルブランシュやクルジウス等のやり方について触れた後、「我々の認識の根源および妥当性を規定するに際しての神頼みは選ばれ得るもののうちの最不合理[101]」であるとしてこれらの企てを非難するのである。「或るより高次な存在者が我々の内に既にこのような[アプリオリな]概念と原則とを思慮深く置いたのである、と語ることは、あらゆる哲学を滅ぼすことである。関係項の一方だけしか与えられていない場合に、いかにして関係および結合が可能であるかということは、認識一般の本性の内に求められねばならない[102]」。

　同じ態度は『純粋理性批判』においても一貫して堅持されている。第二版演繹論の最終節「悟性概念のこの演繹の成果」においてカントは、範疇(純粋悟性概念)を「それの使用が、経験がそれに即して進行する自然法則と厳密に一致するように創始者によって整えられたところの、主観的な、我々の現存在と同時に我々に植付けられた、思惟のための素質」と解する「純粋理性の予造説の一種」を「その場合範疇は自らの概念に本質的に属する必然性を欠き」、「懐疑論者の最も望むところ」となるとして斥け、「悟性に在っては範疇が一切の経験一般の可能性の根拠を含む」とする「純粋理性の後成説の体系」を「経験の、経験の対象の概念との必然的一致」を考え得るための唯一の道と看做す[103]のである。批判哲学のかかる出発点から到達点に至るまで終始、「哲学を滅ぼすこと」として排除されているのは、範疇の源泉あるいはそれの妥当性の根拠を神の如き超越的存在者に仰ぐ態度である。アプリオリな概念(空間、時間および範疇)の先験的演繹とはそれらの客観的妥当性の証明であるが、それはそれらが一切の対象認識(経験)の可能性の形式的制約であることを示すことに外ならない。「全てのアプリオリな概念の先験的演繹は、全研究がそれへと向けられるべき一原理を有する。即ち、それらの概念は経験の可能性のアプリオリな制約(経験において見出される直観のであれ、乃至は思惟のであれ)として認識されねばならぬ、という原理である」(A94/B126)。証明されるべきは唯、空間と時間が対象が与えられ、直観されるための感性の形式的制約であり、範疇が対象が思惟され、従って認識されるための悟性の形式的制約であることだけであって、ここには、範疇や空間、時間を「自己意識の制約」として「導出」しなかったカントをフィヒテが難じ[104]、またそれらをアプリオリに「演繹」したとしてフィヒテが自らをカントに対して誇った[105]如き「導出」や「演繹」の問題は元来存しないのである。「絶対的主観としての自我」からの全範疇の「導出[106]」について語ることこそ、むしろカントが最も厳しく拒んだ「哲学を滅ぼす」試みに類するであろう。或いはそれは精々、経験的演繹に過ぎぬであろう。経験的演繹とは「概念がいかにして経験及び経験に関する反省によって獲得されたかの仕方を指示し、それ故合法性ではなく、所有がそれによって生じた事実に関する」(A85/B117)ものである。しかるに、カントによれば、アプリオリな概念に関しては先験的演繹のみあって、経験的演繹はあり得ぬのである。[107] フィヒテには、「学の現実的提示によって学が可能であったことと、それの表現が学であるところの人間的知識の体系が存在することとを証明したことになる」[108]との一面が存するが、現実性が可能性を、事実問題が権利問題を証明することはできず、しかるに「演繹」とは抑も、権利要求の証明に外ならなかったのである。[109] カントの先験的観念論あるいは批判哲学においてはそれ故、空間、時間及び範疇という形式がそれから導出・演繹さるべき絶対的主観は存せず、空間、時間に従って対象を直観し、範疇に従って対象を思惟し認識する経験的個人的主観、即ちひとりの普通の人間がそれの中心を占める外はないのである。

しかし、それにも拘らず、従来のカント研究の歴史を通じて批判哲学が、カント自身の意図とは恐らく正反対に、専らフィヒテのカント理解の線に沿って解釈されてきたのは何故か。既に我々の見た如く、[110] 先験的統覚ないし統覚における自我を批判哲学の中心に位置する主観と看做すのが従来の解釈の通例であった。ドイツ観念論はそれを思弁的形而上学の方向に、新カント派は認識論的方向に、存在論的解釈は存在論あるいは行為論の方向に解するという違いはあれ。その結果、右の把握は宛ら哲学史の一般常識と化し、批判哲学と言えばかかるものと恰も自明の如くに教えられるのが現状である。例えば、桂壽一氏は「彼〔カント〕の場合の『主観(体)』とは決して個的な悟性や理性ではなく、『現象』世界に形式ないし制約を与えるものとして、『先験的な』主観であると言われるのが常である。それは『論理的』とか『アプリオリ』とか、さまざまに特徴づけられているが、少なくとも個的な実的な我を何らかの意味で越えるものであることは確かであろう」[111]。「要するに『意識一般』とか『先験的主観』とかいった考えかた、すなわち自我や他我ないしは個々の主観に共通した形式のごとき意味で、第三者的な『主観』を考えることは、カテゴリーや直観形式のごとき『現象』の形式を、『主観』に求める場合に出てくる思想であって、認識作用を内容とする本来の『主観』はこれとは異なり、実的な主観、すなわち現実的な心や知性でなければならなかったと思われるのである[112]」と言われる。野田又夫氏も、「かくて、現象的対象が『ある』ということは、それが意識の綜合的統一(構成)によってあること、つまり『意識されてある』ということにほかならず、だからこそ『時間的』『空間的』『因果的』というような規定が『対象にあてはまる』(『客観的に妥当する』)ことは当然なのである。カントは現象的認識の客観性の理由づけとして『観念論』(『ある』ことは『意識されてある』こと、すなわち『観念としてある』ことにひとしいという考え)を採ったわけである。ただこのとき『意識』は個々の人間の心の中に起る事件としての意識現象なのではない(もしそうならば自然現象はすべて心理現象になってしまう)。カントの意味する『意識』は物の『存在』や『統一』を可能にする意識であって『超越論的』(『先験的』)意識である。外から規定すれば、個人的な意識でなく超個人的な、すべての人に通ずる意識である、といえる。かくてカントの認識論は『超越論的(先験的)観念論』による認識解釈なのである[113]」と言われるのである。

かかる先験的統覚(先験的超個人的主観)を批判哲学の中心と看做す伝統的見解は同時に、感性、受動性、触発、所与、物自体等の一連の諸概念に対する否定的ないし消極的見方を伴うが、この見解の根源を我々がフィヒテに求めるのは外でもなく、物自体の問題をめぐるヤコービやシュルツェの有力なカント批判をフィヒテが克服[114]して、最初の整合的なカント解釈(尤も我々の見るところでは、この整合性は本来のカントに対する最大の不整合性を意味するが)を統覚を中心原理として完成したからである。しかし、それにしても何故、かかるフィヒテ的カント理解がカント研究の歴史において否定され排除されるのではなく逆に、それを主導し支配し続けて来たのであろうか。それは無論、フィヒテ自らがカントを理解したと信じ、フィヒテ以後の人達が同じ信念を共有したことによると言う外はない。しかし、この信念には根拠がないと我々には思われる。その理由の第一は、本章が望むらくは明らかにし得たところの、批判哲学と知識学との差異性、否むしろ異質性であり、第二は、カントが二度の声明においてフィヒテ的誤解から自らを守ろうとした訴えの合理性であり正当性である。我々はフィヒテに従ってではなくカントに従ってカントを読むのでない限りカントを正しく理解することはできず、批判哲学を、神でも、統覚でも、純粋自我でも、絶対精神でもなく、ひとりの普通の人間を自らの中心に位置づけた初めての哲学として理解することもできないであろう。

註

カントおよびフィヒテからの引用方法については〈凡例〉を参照。尚、フィヒテからの引用は、左の略号によって書名を表示する。

BG = Über den Begriff der Wissenschaftslehre oder der sogenannten Philosophie, 1794.〔Werkeband 2〕

GL = Grundlage der gesamten Wissenschaftslehre, 1794/95.〔Werkeband 2〕

GR = Grundriß des Eigentümlichen der Wissenschaftslehre in Rücksicht auf das theoretische Vermögen, 1795.〔Werkeband 3〕

EE = Versuch einer neuen Darstellung der Wissenschaftslehre (Erste Einleitung in die Wissenschaftslehre), 1797.〔Werkeband 4〕

ZE = Zweite Einleitung in die Wissenschaftslehre, 1797.〔Werkeband 4〕

（1） Varnhagen von Ense, Tagebücher I, S. 46.〔M. Heidegger: Phänomenologische Interpretation von Kants Kritik der reinen Vernunft, Gesamtausgabe, Bd. 25, S. 1〕

（2） Prolegomena, Anhang, Bd. 4, S. 373.

（3） Vgl. EE, S. 184; ZE, S. 227.

（4） Erklärung in Beziehung auf Fichtes Wissenschaftslehre, Bd. 12, S. 370.

（5）S. 371.
（6）ZE, S. 199, 200, 204, 219.
（7）拙稿「先験的観念論の構造」『名古屋大学文学部研究論集』LXXXI、昭和五六年三月、七一―九五頁。
（8）Die Metaphysik der Sitten, Bd. 6, S. 207.
（9）EE, S. 187.
（10）EE, S. 186.
（11）GL, S. 310.
（12）Ebd.
（13）Vgl. GL, S. 386.
（14）BG, S. 150, vgl. GL, S. 387.
（15）GL, S. 272.
（16）GL, S. 286.
（17）GL, S. 287.
（18）GL, S. 310.
（19）GL, S. 334.
（20）Vgl. GL, S. 310.
（21）Ebd.
（22）GL, S. 334.
（23）Vgl. GL, S. 310.
（24）GL, S. 412.
（25）GL, S. 336.
（26）GL, S. 328.
（27）GL, S. 413.
（28）GL, S. 412.
（29）Ebd.

(30) Ebd.
(31) Vgl. BG, S. 150; GL, S. 271, 279, 299ff., 392.
(32) Bbd.
(33) 《二つの自我》ではないことを、フィヒテはスピノザの「独断論哲学」と自己の「批判哲学」との対比において強調する。Vgl. GL, S. 329, 264, 279f., 282.
(34) GL, S. 286, vgl. S. 385.
(35) GL, S. 386f.
(36) BG, S. 151.
(37) GL, S. 311.
(38) BG, S. 150f.
(39) GL, S. 387f.
(40) GL, S. 388.
(41) GL, S. 386.
(42) BG, S. 131.
(43) GL, S. 262.
(44) GR, S. 208, vgl. S. 144f.
(45) GL, S. 335.
(46) Ebd.
(47) EE, S. 184.
(48) EE, S. 188. 観念論における経験の説明根拠は、少し後では「自我自体」と改められている。S. 190.
(49) EE, S. 191.
(50) EE, S. 188.
(51) EE, S. 198.
(52) EE, S. 204.
(53) EE, S. 200.

(54) EE, S. 208.
(55) ZE, S. 221.
(56) ZE, S. 227.
(57) Ebd. カントの原文は、「全ての多様」ではなく「直観の全ての多様」であり、「根源的統一」ではなく「根源的綜合的統一」である。
(58) ZE, S. 229.
(59) Ebd.
(60) ZE, S. 219f.
(61) ZE, S. 230.
(62) ZE, S. 231.
(63) ZE, S. 210f.
(64) この区別は『基礎』にもあるが、そこでは、「我々とともにこの研究を遂行しつつある各人」と「研究さるべき自我」(GL, S. 420) あるいは、「より高次の観点から眺める我々」と「我々の研究対象である自我」(S. 426) という区別である。
(65) ZE, S. 211.
(66) ZE, S. 251f.
(67) GR, S. 167.
(68) GR, S. 169.
(69) GL, S. 269.
(70) GR, S. 170.
(71) GL, S. 412.
(72) GR, S. 176.
(73) GL, S. 271.
(74) ZE, S. 236f.
(75) ZE, S. 236.
(76) ZE, S. 241.

(77) ZE, S. 221.
(78) GR, S. 144f.
(79) Vgl. B275, 前記拙稿八六頁。尚、「先験的観念論」の定義、とくにそこにおける「表象」の解釈については拙稿八〇—八二頁を参照。
(80) Prol. §13, Anm. II, Bd. 4, S. 288f.
(81) ZE, S. 229.
(82) ZE, S. 256.「自我性」と「個人性」をフィヒテは峻別する。「自我性」は「我々の人格性」だけでなく「我々の精神性一般」を含む、と言うところを見れば、「自我性」は身体性を含まず、「個人性」はそれを含む、ということであろう。Vgl. ZE, S. 257.
(83) 「《我思う》が私の全ての表象に伴い得なければならない」というかの命題を含む第二版演繹論において、カントは「単に思惟するのみで直観しない人間悟性」の如き悟性の純粋統覚によっては何らの多様も与えられないことを述べている(B138f.)。また、悟性と感性が同一の主観(これは従って先験的統覚における自我ではあり得ない)に帰属することについては、B164を参照。「感性の根源的形式としての空間時間に関する、悟性の形式としての統覚の根源的綜合的統一……」(B169)
(84) Vgl. A50f./B74f.
(85) Briefe, Bd. 12, S. 364.
(86) Erklärung, Bd. 12, S. 367.
(87) Briefe, Bd. 12, S. 207.
(88) EE, S. 203.
(89) Briefe, Bd. 12, S. 241.
(90) フィヒテも或る箇所で、知識学の原理がカント哲学の原理の根柢に横わっていることと、《批判》が「学ではなく学の予備学」であることとを関連づけて述べている。GL, S. 335.
(91) Erklärung in Beziehung auf Fichtes Wissenschaftslehre, Bd. 12, S. 370f.
(92) 「絶対的主観としての自我」という表現については、GL, S. 259, 262 を参照。
(93) Prol. §13, Bd. 4, S. 293.

(94) EE, S. 198.
(95) ZE, S. 240, vgl. S. 239, 252, 260f.
(96) EE, S. 198.
(97) 拙稿「カントの『触発』のテーゼ」(下)(九州大学教養部哲学科紀要『テオリア』第14輯、昭和四六年三月)五―七頁参照。
(98) Prol. Anh., Bd. 4, S. 375, Anm.
(99) Ebd., S. 377.
(100) Reflexionen, Nr. 6350, Bd. 18, S. 675; vgl. Opus postumum, Bd. 21, S. 337f.
(101) Briefe, Bd. 10, S. 131.
(102) Refl., Nr. 4473, Bd. 17, S. 564; 拙稿「先験的対象の意味」(『名古屋大学文学部三十周年記念論集』、昭和五四年三月)四七七―四七八頁参照。
(103) B167f.
(104) EE, S. 230.
(105) GR, S. 208.
(106) GL, S. 262.
(107) Vgl. A85f./B118, A87/B119.
(108) BG, S. 126, vgl. S. 117.「要求された学の可能性は、それの現実性によってのみ示され得る」。
(109) Vgl. A84/B116.
(110) 拙稿「先験的観念論の構造」七三―七七頁。
(111) 桂壽一『近世主体主義の発展と限界』、昭和四九年、一四〇頁。
(112) 同右、一四一頁。
(113) 野田又夫『西洋哲学史』、昭和四〇年、一〇四頁。
(114) ZE, S. 236.

第五章　行為の哲学とその限界
——前期フィヒテ知識学の一考察——

一

前期フィヒテの知識学は、行為の哲学である、と言ってよいであろう。フィヒテは言う。「知識学のうちには、二つの甚だ異なる精神的行為の系列が存する。即ち、哲学者の観察する自我の〔行為の〕系列と、哲学者の観察という〔行為の〕系列である[1]」と。

これらのうち、哲学者によって観察される自我の行為は、「必然的な行為」と呼ばれる。「哲学者が己れに引受けたのは、法則に従う行為者であり、彼が提示するのは、この行為者の必然的行為の系列である。これらの行為の中には、行為者自身には存在として現れ、また、証示さるべき法則に従って行為者には必然的にそのように現れるしかない行為も生じる[2]」。かかる必然的行為は、全体として一つの体系を成すものと考えられる。「もし、これら全ての行為が相互に連関し、普遍的、特殊的、個別的な法則の下に立つとすれば、任意の観察者に対して、一つの体系が存在する[3]」。

一方、これに対して、人間精神のかかる必然的行為仕方一般を意識へと高めるべき、哲学者の観察という行為それ自身は必然的行為に含まれることができず、「自由な行為」、「反省の行為」、「抽象の行為」[4]と呼ばれる。人間精神の必然的行為仕方一般は反省的抽象によって抽出されねばならないが、「この抽象は自由によって為されるのであって、人間精神は盲目的強制によって先導されるのではない」と言われる。この抽象の仕事には規則はなく、試行があるのみである。それが哲学史であり、「全ての哲学者達は、この立てられた目標を目ざして来た。彼らは反省によって、人間精神の必然的行為仕方をそれの偶然的諸制約から抽出することを欲して来た」[5]と言う。

フィヒテがこのように〈行為〉を強調するのは、〈存在〉との対比においてである。「より高次の視点から眺める哲学者にとっては、それ〔存在〕は行為であり、行為に止まる。存在は唯、観察される自我に対してのものである。自我は実在論的に思惟する。哲学者に対しては行為があり、そして行為しかない。何故なら、彼は哲学者として観念論的に思惟するから」[6]。ここにあるのは、観念論(哲学者の思弁的立場)と実在論(自我の生の立場)の区別である。「自我も非我も、自我の根源的行為の所産であり、意識自身が自我の第一の根源的行為、即ち自我の自己自身による定立のかかる所産である」[7]。しかし、生の立場に立つ自我は、自己を無限なものとして定立する行為、および自己を有限なものとして定立する行為、これらの己れの「甚だ異なる二つの行為」[8]のいずれについても、意識し得ないのである。「自我は自らの行為を全く意識せず、またそれを意識し得ない。行為が彼に現象し得るとするならば、行為の所産が彼に対して、彼の何らの附加もなしに存在するものとして、現象するであろう」[9]。

右に見たように、知識学において、哲学者は自我の遂行する全ての行為を観察し、それを自我の必然的行為の系列として体系的に叙述するのであり、従って、前期フィヒテの知識学が自我を体系の出発点および帰着点(課題としてではあれ)としているという理由で〈自我の哲学〉と称されるのであるならば、それは同様に〈(自我の)行為の哲学〉とも称されるべきことになる。行為を離れて自我はないからである。絶対我と事行、理論我(知性)と表象、実践我と努力――これらの関係を考えれば、そのことは明らかであろう。知識学は「人間精神の体系の叙述[10]」であるべきであり、「人間精神の全ての行為仕方[11]」を汲み尽くすべきであると言われるが、「全ての意識の基礎」、「人間的知識の基礎[12]」とされるのは、事行という絶対我の行為なのである。

前期フィヒテのかかる〈行為の哲学〉は、一七九三年とその翌年に書かれた二、三の先行的著述(『根元哲学私考』、『実践哲学』、『エーネジデムス書評』、『知識学の概念』)の準備を経た後、『全知識学の基礎』(一七九四／九五)において一挙にその頂点を極めるが、同体系に内在する或る内的困難のために完成には到り得ず、一七九七年に叙述の根本的改変を余儀なくされたと、我々には思われる。では、それはいかなる内的困難か。

「我々は哲学においては必然的に自我から出発しなければならない。何故なら、自我は演繹され得ないからである[13]」。フィヒテのこの言明には二つのことが語られている。即ち、自我が哲学の出発点でなければならないということと、哲学は演繹的体系でなければならないということである。「哲学は自らの諸概念を、万人の承認せねばならない唯一の原則から思惟によって演繹できるし、演繹すべきである[14]」。「カントによれば、全意識の体系的導出、即ち哲学の体系は純粋我から出発せねばならないことになろう。まさに知識学がそうであるように[15]」。「一切のカテゴリー自身が絶対的主観としての自我から導出される[16]」。

『基礎』は事行、即ち無限なる絶対我の自己定立(第一原則)から出発して、有限なる可分的自我および可分的非我の定立(第三原則)へと下降する。そして、可分的自我は可分的非我との限定、被限定の相互関係に応じて理論我または実践我となり、理論知および実践知の場面を形成する。無限性から有限性への、かかる下降の必然性について、フィヒテは語る。「この途〔カントの歩んだ、特殊から普遍への途〕においては確かに、集合的普遍、これまでの経験の全体は、等置されるものの間の統一として説明され得る。しかし、無限なる普遍、無限性への経験の進展は決して説明され得ない。有限者から無限性への途は存在しない。しかし、逆に、無限定な、そして限定不能な無限性から、限定の能力による有限性への途は存在する(それ故、全ての有限者は限定能力の所産である)。人間精神の全体系を包括すべき知識学はこの途を取り、普遍から特殊へと下降せねばならない[17]」。

さて、無限な絶対我から有限な可分我(理論我および実践我)への下降に関して、一つの問題が生じる。それは、この可分我が外でもなく我々人間の個人我、経験我であることは果してそしていかなる根拠によって保証され得るのか、という問題である。絶対我から可分我への下降、換言すれば、可分我の定立は、無限にして不可分な絶対我の自己制限、即ち自らの実在性(実在性の絶対的総体性)の一部を廃棄して非我の内へと定立し、可分的非我を反立せしめることによって行われる。「自我に非我が反立されるや否や、それに対して反立される自我と、反立される非我とが可分的なものとして定立される[18]」。絶対我のかかる量的自己制限による有限化によって生じた可分我が我々の経験我であるべき必然性とその根拠はどこにあるのか。この問題に対して、フィヒテが答えている、あるいは答え得るとは思われない。それは、絶対我という出発点からの演繹(導出)による有限我への下降という、体系の出発点と方法に起因する困難であり、それを我々は内的困難と称するのである。

これに対して、可分我が我々の経験我であるべきことは自明の前提ではないか、とか、既に予め確定されている事柄ではないか、として問題を拒斥することは許されない。何故なら、もしそれが前提であるなら、無限性から有限性への下降というフィヒテ自らの約束に反することになるし、もし予め確定済みの事柄であるとしても、いかにして絶対我からの下降が経験我に到達し得るのかという問題は再び依然として未解明の儘に残るからである。我々の所謂「内的困難」は、ラーダマッハーがフィヒテの、絶対我の可分的自我および非我への分割という「提案」の

「弱点[19]」と指摘するものと趣旨は同様であると思われる。ラーダマッハーによれば、「先ず差当り、実在性の分割によって自我および非我の存立が生起すべきである、ということが理解できない。例えば、非我という術語は、実在性の否定と同義ではない」し、「次に、実在性の分割によって何故……自我に自己意識が帰せられ得るのかが不可解である[20]」し、「しかしまた、非我の身分も不明である。非我が自然を意味するのなら、非我によって、少なくとも自然的意識にとっては、自体、即ち自我によっては定立されない或る自体が意味されているのである[21]」。

『基礎』および『知識学の固有性綱要』(一七九五)におけるフィヒテは、右の困難ないし弱点に無自覚であり、それらに検討を加えた形跡は見当らない。しかし、困難ないし弱点の言わば徴候としての現象をフィヒテの叙述の中に見出すことはできる。全知識学の第一原則、「自我は根源的に端的に自己自身の存在を定立する」は、一切の人間的知識の絶対に第一の、端的に無制約な原則であり、それは「我々の意識の経験的規定の下には現れず、また現れることができず、むしろ一切の意識の根柢に横たわり、それを可能ならしめるところの事行を表現すべきである[22]」とされる。それが第二原則を経て、第三原則、「自我は自我の内に可分的自我に対して可分的非我を反立する」に至り、これから派生する二命題、即ち「自我は非我によって限定されたものとして自己自身を定立する」および「自我は非我を限定するものとして自己自身を定立する」が夫々、理論知および実践知の原則とされる。この経過からすれば、一切の意識の基礎を成す第一原則即ち絶対我から出発して、次第に下降してここに至った以上、理論知の原則(根本命題)即ち〈可分的非我による可分的自我の限定〉がその儘意識の、即ち人間精神の根本規定と看做され得ることは当然と見えるかもしれない。第三原則についてフィヒテは「人間精神の体系中に現れるべき一切は、提示されたこの原則から導出されねばならない[23]」と語っていたからである。しかるに、フィヒテは、理論知の原則に「対応」する「事実」を人間精神の内に「要請」するのである。「我々は、この命題に対応する或るものがいかにして、そしていかなる仕方で根源的に理性的存在者の内に存在すると考えられ得るのかを探究した[24]」。「我々の探究の頂点に置かれたこの命題は真であらねばならない。即ち、この命題に我々の精神の内の或るものが対応せねばならない[25]」。フィヒテはそれを「要請された事実[26]」、「最高の諸原則に基づく要請[27]」とも呼ぶが、理論知の原則に「対応」する「事実」が人間精神の内に「要請」されざるを得ないというこの事実は、先述の内的困難の徴候と看做され得るであろう。

フィヒテが何時我々の問題を自覚したかは明らかではない。しかし、『知識学への第二序論』(一七九七)にはそれの明瞭な痕跡が見出される。即ち、フィヒテは言うのである。「自我の可能性から、自我の被制限性(制限されていること)一般の必然性は導出された。しかし、この被制限性の限定性はそれからは導出され得ない。何故なら、それ(限定性)こそは全ての自我性の制約者であるからである。従って、全ての演繹はここで終る。この限定性は絶対に偶然的なものとして現象し、我々の認識の単に経験的なものを与える。例えば、私が諸々の可能なる理性的存在者の中で人間であることや、私が諸々の人間の中で特定のこの人物であること等はこの限定性によってなのである[28]」と。我々はフィヒテのこの言葉を、絶対我からの経験我の演繹の不可能性を語るものとして受取ることが、許されるであろう。これに対して、一七九五年八月のヤコービ宛書簡で「私の絶対我は明らかに個人ではありません。……しかし、個人は絶対我から演繹されなければなりません」とフィヒテが言い、更に「(個人に関わる、生の)この実践的反省地点の、(絶対我に関わる、哲学の)思弁自身による演繹と承認とによって、哲学と常識との全き和解が生じます。そしてこの和解こそ、知識学が約束したものなのです[29]」と言うところを見れば、この時期のフィヒテは未だ、絶対我からの個人我の演繹の可能性を確信しているように見える。

二

同じ一七九五年にシェリングは『独断論と批判主義に関する哲学的書簡』において、「いかなる体系も無限者から有限者への移行を実現できない。……いかなる体系も、両者の間に固定しているかの裂目を埋めることができない[30]」と言う。しかし、とシェリングは続ける。「哲学は確かに、無限者から有限者へは移行できない。しかし逆に、有限者から無限者へは移行できる[31]」と。シェリングはここでフィヒテに明らさまに言及しているわけではなく、このコメントの直接の対象はスピノザである。しかしこの時期およびこの著作におけるシェリングの最大の関心事がフィヒテであったことは疑うべくもなく、このコメントの実際の意図もフィヒテ批判であったと見られ得るし、しかも極めて注目に値するのは、フィヒテが一七九七年の『知識学への第一および第二序論』においては『基礎』とは逆に、即ち右にシェリングが指摘した通りに、無限な絶対我から有限な可分我への下降という途を捨てて、逆に有限な経験我から無限な純粋我(絶対我)への上昇という途を取っていることである。シェリングの右の指摘は一七九七年におけるフィヒテの大いなる転換を促した一つの動機であり得たであろう。

『基礎』の叙述にフィヒテが不満を抱いており、しかもその不満がとりわけ〈導出〉に関するものであったことについては、フィヒテ自身の証言がある。「私のこれまでの知識学の叙述のどこに貴方は不満を見出されるのでしょう。むろん原理にではない、としてよいでしょうか。しかし、もし御不満が導出についてであり、しかも貴方が印刷された『基礎』について仰有っているのでしたら、多くの不満をそこに見出されるのは、まことに正当なのです。この著作は、私の聴衆に対してのものという以外の使命を持たなかったのです[32]」。そしてこの不満がフィヒテをして、一七九六／九七年の冬学期の知識学の講義内容を従来とは一変させたのであった。「私の従来の叙述

〔『基礎』を指す〕についての貴方の判断は、余りにも好意的に過ぎます。あるいは、内容が貴方をして、叙述の欠陥を看過せしめているのです。私はその叙述を極めて不完全なものと看做しています。精神が火花を発していること、それは私もよく知っています。しかし、一つの炎にはなっていません。この冬学期、私は聴衆のために叙述を全面的に改変しました。恰も、これまで叙述を仕上げたことがなかったかのように、そして、曾ての叙述について何も知らなかったかのように[33]」。

では、一七九六／九七年の冬学期の知識学講義における改変はいかなるものであったのか。講義録『フィヒテ教授の講義による知識学』(一七九六―九九頃)はその冒頭で次のように言う。「しかも一七九四年の彼〔フィヒテ〕の綱要〔『基礎』を指す〕と正反対の途によるところの。そこでは彼は哲学の理論的部門、即ち説明されるべき部門から実践的部門、即ちそれに基づいて前者が説明されるべきところの部門へと移行する。しかし、彼の講義では、理論と実践への哲学の通例の区分は生じない。そうではなく、彼は哲学一般を講じ、理論と実践とを合一し、遙かに自然な途に従って実践的なものから始め、あるいはそれが判明性のために寄与する場合は、実践的なものを理論的なものの中へ引き入れて、前者から後者を説明する。それは著者が彼の知識学を印刷に付した当時は未だ敢えて為し得なかったことである[34]」。『基礎』と「正反対の途」とは何か。「実践的なものから」出発するとは何を意味するのか。そして「改変」とは何であり、この時期(一七九六―九七年)のフィヒテに『基礎』との対比において一体何が生じたのか。我々はフィヒテ自身の手に成るテキストによってそれらのことを正確に知るために、『第一および第二序論』に注目しなければならない。

『第一序論』と『第二序論』の所説は、(イ)、知識学の解決すべき課題は、必然性の感情を伴う表象の体系、即ち経験の根拠は何か、である[35]、(ロ)、知識学は先験的観念論である[36]、(ハ)、自我自体(知性自体)が経験の説明根拠である、あるいは、純粋我から全意識は体系的に導出される[37]、㈡、知識学の体系はカントの体系と同一である[38]、という四点については共通している。異なるのは、『第二序論』において、「知的直観」の概念が導入されること[39]と、先験的観念論における思惟の両系列(自我と哲学者、生と思弁、実在的なものと観念的なもの)の区別に基づいて、実在論が観念論の中に吸収され、そこにおいて説明され、導出されるべきものとされていること[40]の二点が主なものである。さて、両つの『序論』に共通する右の四点について『基礎』と比較すれば、フィヒテの、カントの体系に対する態度においては或る差異が認められる(『基礎』のフィヒテには、カントと自らとの相違乃至自己の優位性を際立たせる傾向が顕著に見られたから)ものの、その他の三点については『基礎』と変るところはないと見えるかもしれない。しかし『基礎』における絶対我の提示のされ方と『序論』における自我自体あるいは純粋我のそれとの間には決定的な相違があり、そしてこの点に一七九七年における転換ないし改変の核心が存すると思われる。

『基礎』の絶対我は、先行するいかなる前提も推理もなしに(もしそれらがあったとすれば第一原則という名に反する)第一原則において端的に提示された。有限な可分我とのつながりは、絶対我の自己制限による可分我の産出として初めて成立するのだから、それに先行する絶対我の提示そのものは有限な自我との一切のつながりなしに端的に為されたのである。そしてそのことが先述の通り、無限な絶対我から有限な可分我への下降は果してそしていかなる根拠を以て経験我への到達を保証できるのかという疑惑を招いた原因でもあった。これに対して『序論』における自我自体あるいは純粋我の提示は経験我とのつながりにおいて、即ち経験我による知的直観を介して初めて為されるという点で『基礎』とは決定的に異なっている。そこでは経験我とのつながりは、言わば最初からつけられているのである。この点が『基礎』から『序論』へのフィヒテの進歩であり改良であると考えられる。しかし先ず、『序論』における自我自体あるいは純粋我の提示が経験我とのつながりにおいて為されていることが示されねばならない。

『第一序論』では次のように言われる。「私はこれかあれか(例えば、独断論者の物自体)を思惟するように自己を自由に規定することができる。ところで私が思惟されたものを捨象して専ら自己を注視するとすれば、私は私自身にとってこの対象の中で一定の表象の客観となる。私が私自身にとってまさにそのように規定されて現れること、他様にではなくまさに思惟するものとして、しかも全ての可能的思考の中でまさに物自体を思惟するものとして現れるということは、私の判断に従えば私の自己規定に依存すべきである。私は私を自由にかかる客観に為したのである。しかし、私は私自身を作ったのではなく、己れを規定さるべきものとして自己規定に先んじて思惟すべく強いられる。それ故私自身は私にとって客観であり、その性質は諸制約の下で専ら知性に依存するが、しかしそれの現存在は常に前提されねばならない[41]」。そして「まさにこの自我自体が観念論の客観である[42]」と言われる。ここで、物自体を思惟する「私」、思惟されたものを捨象して専ら自己を注視する「私」、己れを規定さるべきものとして自己規定に先んじて思惟すべく強いられる「私」、そして私自身がそれにとって客観である「私」はいずれも、普通の経験我、個人我であることは明らかであろう。私自身(自我自体)はここで経験我の自己反省の客観として、経験我によって発見され、自覚されているのである。

『第二序論』では「知的直観」の概念の導入によってそのことが一層明瞭に示される。知的直観とは「私が行為しているということの、そしてまた、私が何を行為しているかということの直接的意識[43]」である。「かかる知的直観の能力が存在することは概念によって論証されることではないし、それが何であるかは概念に基づいて展開されることではない。万人がそれを自己自身の内に直接的に見出さなければならず、そうでなければ決してそれを知ることがないであろう」。誰であれ己れの経験において「この知的直観が己れの意識の凡ゆる瞬間に生じていること」

を確認できるのであり、「行為における私の自己意識の知的直観がないなら、私は一歩も進めず、手も足も動かすことができない。この直観によってのみ私は私がそれを為していることを知るのであり、この直観によってのみ私は、私の行為と行為における私とを、眼前に見出される行為の客観から区別する」のである。とは言え、知的直観は単独に「意識の十全な働き」として生じるのではない。「知的直観はまた常に感性的直観と結合されている。私は己れが行為していることを、私がそれに対して行為している客観をそこに含まれている感性的直観において見出すことなしには、見出すことができず、また同様にそこに含まれている、私が産出したいと望むものの映像を思い描くことなしには、見出すことができない」のである。

しかし、知的直観が感性的直観と結合してでなければ可能ではないということから知的直観を否定するのなら、同じ理由で感性的直観も否定できることになる、とフィヒテは言う。「何故なら、感性的直観もまた知的直観との結合においてのみ可能だからである。というのは、私の表象となるべき一切は私と関係づけられねばならないが、自我という意識はただ知的直観にのみ由来するのだから」。フィヒテによれば、感性的直観から切離された知的直観の「孤立的表象」の知に到達するのは哲学者の仕事であるが、それは「意識の自明な事実からの推論[44]」によって為される。哲学者は「私がしかじかのことを考えようと欲すると欲求された思考が生じ、しかじかのことを為そうと欲するとそれが生起しているという表象が生じる」という「意識の事実」の分析によって「静止的なものではなく前進的なものであり、存在ではなく生である単なる活動性の直観」即ち知的直観を取出すのである。「従って哲学者はこの知的直観を意識の事実として見出す(彼にとっては事実であり、根源的自我にとっては事行である)、それは直接的に彼の意識の孤立的事実としてではなく、彼が普通の意識において合一されて現れるものを区別し、全体をその構成部分に分析することによって見出されるのであるが[45]」。

このように「事実」として前提される知的直観について、フィヒテは全理性の体系に基づくそれの「可能性」の説明にも言及し、「それは唯我々の内なる道徳法則の提示によってのみ行われる。道徳法則において自我は自らによる全ての根源的変容を超えた崇高なものとして表象され、この自我に対して絶対的で、唯自我においてのみ基礎づけられた行為が要求され、従って自我は絶対に活動的なものとして特徴づけられるのである」と言う。そしてかかる道徳法則の直接的意識において、「自己活動性と自由の直観が基礎づけられている」のである。「知的直観は全ての哲学の唯一の堅固な立場である」と言われるのも、自我の自己活動性の直観という線に沿ってのことである。「この立場から、意識の内に生じる一切は説明され得る、しかしまた唯この立場のみから。自己意識なしに意識はないが、自己意識は唯、私は単に活動的であるという上述の仕方でのみ可能なのである」。そこで、次のように言われる。「私は私の思惟において純粋我から出発すべきである、そしてそれを絶対に自己活動的なものとして思惟すべきである。物によって規定されたものとしてではなく、物を規定するものとして」。「知識学は知的直観、即ち自我の絶対的自己活動性の知的直観から出発する」[46]。

右に明らかなように、『第二序論』の純粋我の提示は知的直観、即ち行為における万人の普通の直接的な自己意識を介して行われている。知的直観が経験我(とくに実践我)の自己直観であることに疑問の余地はあるまい。『第二序論』は「知的直観」の概念を用いて『基礎』とは逆に有限な経験我から無限な絶対我(純粋我)への上昇を企て、この途において絶対我と経験我の結びつきを図ろうとする。それがシェリングの批判に対するフィヒテの応答でもあり、『基礎』と「正反対の途」、「実践的なものから」の出発、「改変」ということの真意もここに求め得るであろう。『第二序論』の純粋我が『基礎』の絶対我に対応するものであることを示すには、フィヒテが「知的直観」をカントの「定言命法の意識」と同一視していること[47]と、『基礎』においてフィヒテが「カントの定言命法」の根紙に「知識学の提示する前提」が横たわっていることを指摘しつつ、「自我の絶対的存在の前提に基づかないで、どうして彼〔カント〕が純粋我との一致の必然的要請としての定言命法に到達することができたであろう[48]」と語っていることを指摘すれば充分であろう。純粋我の個人性は『第二序論』でも明確に否定されているのである[49]。

三

前節までの我々の考察が誤りでないとするなら、『第二序論』における「知的直観」の概念は極めて重要な意義を有することになる。この概念によって初めて、一七九七年のフィヒテの前述の転換は可能となったからである。そのこととの対比において特に注目されるべきは、『基礎』においてこの「知的直観」の概念が一度も現れていないという事実である。重要なこの概念が『基礎』に先行する『私考[50]』と『書評[51]』には現れているにも拘らず、何故主著である『基礎』には一度も登場しないのか。この疑問に納得の行く積極的解答を与えることはフィヒテ研究者、とくに『基礎』について何事かを発言する全てのフィヒテ解釈者に課せられた課題であり、解釈の試金石であると言っても過言ではあるまい。

この点について、例えばシュトルツェンベルクのように、「自我概念の生成」からも「原則の体系性の展開」からも「知的直観の概念の不在と結びつけられ得る、自我概念の意味の変遷への推理を正当化し得るいかなる理由」も導出できないからと言って、「フィヒテは、カントの批判前期の独断論的意見に染められており、従って説明のためよりは誤解のために寄与したであろう或る概念〔「知的直観」の概念〕の使用に慎重であらざるを得なかった」という「外的理由」に解決を求めるのは説得的でない[52]。フィヒテが誤解を恐れて『基礎』で「知的直観」の概念を使用しなかったのならば、では何故『第二序論』ではそれを使用できたのかが疑問の儘に残るからである。しかし、ホーラーの次の見解もまた、首肯し難い。「フィヒテは『知識学は自我の絶対的自己活動性の知的直観から出発する』と書いている。この言明に関連して、問題は一七九四年の『基礎』は知的直観から出発するのか否か、である。……この問題は、『基礎』には知的直観への言及が一箇所も見出され得ないという事実に照らすとき、極めて重大になる」。「もしこれらの両者が真であるなら、即ち、もし知識学が知的直観から出発せねばならず、そしてもし『基礎』が知的直観には全く言及していないのなら、斉合性が維持されるべきためには、『基礎』は知識学でないと考えられよう。このことは一七九四年の著作の標題が『全知識学の基礎』であることが想起されるならば、それほど衝撃的ではない。何故なら、基礎であるものとは根拠を示すものの謂であり、従ってそれは知識学への予備学であるからである。『基礎』は未だ知識学ではなく、知識学への予備学に過ぎないことが示唆されているのである[53]」。フィヒテが〈知識学〉の名を付して実際に出版した唯一の著作(一八一〇年の小冊子を除いて)である『基礎』をその「基礎」という標題の故に知識学ではないと言うなら、この世の中に〈知識学〉の体系的叙述はどこにも存在しないことになろう。

シュトルツェンベルクもホーラーも右の疑問に満足すべき解答を与え得ないのは、我々の所謂〈内的困難〉の問題性に無自覚であり、『基礎』と『序論』との根本的相違も看過するからであろう。我々の見解では『基礎』においても「知的直観」の概念が一度も現れないのは、それが現れ得べき経験我の場面が同書にはないからであり、それが現れないことが逆に同書に経験我の場面が存在しないことを証明しているのである。そして、絶対我から経験我への下降の原理的困難さあるいはむしろ不可能性については先述した通りである。同書には「経験我」の概念も一度も登場しないのである。しかし、それでは、「知的直観」を拠り所にして『基礎』とは逆に経験我から純粋我への上昇を企てる『第二序論』においては右の〈内的困難〉は克服され、除去されているのであろうか。我々にはそうは考えられない。絶対我からの下降によって得られた有限我が経験我であることの証明ができないように、経験我からの上昇によって得られる無限我がまさに定義通りの絶対我(純粋我)であることの証明もできないのであり、結局のところ〈定言命法の根柢に純粋我が存在する〉という前提に頼るしかない。しかしそれでは〈経験我の根柢に純粋我が存在しなければならない〉という単なる主張に止まり、この主張は証明されておらず、また証明不能なのである。絶対我から経験我への下降の途がないということは逆に後者から前者への上昇の途もないということに外ならず、無限者と有限者の間の裂目を埋めることは我々には所詮不可能である。

前期フィヒテの知識学(それを我々は行為の哲学と呼んだ)がこのような克服できぬ内的困難に直面せざるを得ぬという事態を、我々は行為の哲学の限界と呼び得るであろう。行為の哲学が限界へと追い込まれるのは、それが無限な絶対我から出発することに起因し、従って「絶対我」の概念に問題の根源は存することになる。「絶対我」の概念の内実、即ち「自我性」と「絶対性」の結合、換言すれば絶対我と絶対者の関係が解明されねばならない。何故なら、絶対我の「絶対」性は絶対我が何らかの意味で絶対者であることを推測させるものの、しかし絶対我が絶対者であると考えるのは背理を免れないように見えるからである。

さて、前期フィヒテの知識学は自我あるいは行為の哲学であり、後期のそれは絶対者あるいは存在の哲学である、とするのは最も普通に行われる見方である。そして確かに前期の主題は自我あるいは行為であり、後期の主題は絶対者あるいは存在である限り、夫々の主題によって両期を特徴づけることに問題はないと考えられる。しかし、更に一歩を進めて、フィヒテは前期から後期にかけて、自我から絶対者へと上昇した、あるいは移行したと言うとすれば、問題が生じる。少なくとも次の二つの疑問を誘発せずにはおかない。第一に、フィヒテは『基礎』において「批判主義は一切を自我の内に定立するが故に内在的であり、独断論は自我を更に超え行くが故に超越的である[54]」と言っていた筈であるが、前期から後期にかけて自我から自我を超える絶対者へと上昇したとすれば、フィヒテは批判主義を放棄して独断論(スピノザ主義)へと転換したのか。第二に、知識学の本質は自我の哲学から絶対者の哲学へと変化したのか。第一の疑問に対しては、否定的に答えることができる。フィヒテが後期に至ってスピノザ主義に転換した形跡は見当らないし、後期においても自我が出発点であることに変りはないからである。第二の疑問に対して、フィヒテが前期から後期にかけて自我から絶対者へと上昇したと説く人は勿論、肯定的に答えるであろう。何故なら、その場合自我が絶対者ならざるものであるということは、議論の前提になっているからである。しかし、前期の絶対我が絶対者と異なるか否かは慎重な検討を要する問題であると我々には思われる。自我から絶対者への上昇を語る前に、前期における絶対我と絶対者の関係が解明されるべきであろう。

この問題について我々は、「もし『基礎』における絶対我が絶対者と全く絶縁されたものであるとするならば、知識学の中には絶対者の位置づけはできないことになって、後期に至って絶対者が知識学の根本原理とされるに至る経緯が理解できなくなる。少なくとも知識学の中にその前後期を一貫する原理を認めるかぎり、『基礎』の絶対我の中に何らかの形で絶対者の本質を読みとることができるのでなければならぬ[56]」という隈元忠敬氏の見解に賛成である。しかし、「いわば、第一原則の絶対我は自覚と絶対者との相即構造である、あるいは両者の接点である[57]」、「第一原則の絶対我は自覚と絶対者との二面を未分の形でみずからの中に含んでいる[58]」と解される同氏の所説には賛成できない。何故なら、絶対我が自覚(自我)と絶対者の相即構造、あるいは接点であるのなら、それが更にいかなる相即構造であり接点であるかが示されねばならないし、絶対我が自覚と絶対者との二面を「未分の形」で含むというのは後期から見ての前期フィヒテの解釈であるが、前期における絶対我と絶対者の関係を問うとき先ず問題なのは、前期から見ての前期フィヒテでなければならない筈だからである。前期フィヒテに対して「絶対我は絶対者なりや否や」と問うたとすれば、その回答は肯否いずれであれ、断定的であって「未分」とは答えないであろう。

我々の解釈に従えば、『基礎』の或る脚注が我々の問題の解明に有力な手懸りを提供する。「首尾一貫せるストア主義においては自我の無限な理念は現実的自我と解される。絶対的存在と現実的現存在は区別されない。それ故ストアの賢者は完足で無束縛である。彼には純粋我に、あるいは神にも帰属する全ての述語が帰せられる。ストアの道徳に従えば、我々は神に等しくなるべきではなく、我々自身が神である。知識学は慎重に絶対的存在と現実的現存在を区別し、後者を説明し得るために前者を単に根柢に置く。ストア主義は意識の可能性を説明し得ないことが示されることによって、論駁される。それ故に知識学はまた、ストア主義が首尾一貫せる場合には必然的に無神論であらざるを得ぬようには、無神論ではない(59)」。フィヒテのこの言明において我々の注目に値するのは、純粋我と神が区別されていることと、自我の絶対的存在(純粋我)に神性が附与されていること、の二点である。一見矛盾するかに思われるこの二点間に問題を解く鍵は存する。フィヒテがここで語ろうとしているのは、思弁的立場に立つ哲学者にとっての純粋我(絶対我)は生の実践的立場に立つ自我にとっての神である、ということである。そしてこれは前期フィヒテの一貫した態度である。そのことを以下、二、三の箇所に即して検討しよう。

『書評』でフィヒテは「かの合一〔純粋我と知性我の実践我による合一〕、即ち己れの自己限定によって同時に一切の非我を限定する自我(神性の理念)はこの努力の最終目標であり、努力の目標が知性我によって自己の外に表象されるとき、かかる努力は信仰(神への信仰)である(60)」と言う。ここには、純粋我(とくに実践我による知性我との合一の努力の目標としての純粋我)が知性我あるいは実践我、即ち生の立場の自我にとって神に外ならないことが語られている。実践我の努力の最終目標としての純粋我という右の概念は我々に、「全ての個人は純粋精神のひとつの大いなる統一の中に包括されている」、「純粋精神の統一は私にとって到達不能の理想、現実的ならざる最終目的である[61]」という『人間の尊厳』(一七九四)の言葉を想起せしめるであろう。一方、先に引用したヤコービ宛書簡においてフィヒテは次のように書いている。「私達が自分を個人として考察するとき、私達は自分を常に生においてーー哲学および詩作においてではなくーー考察しており、私達は、私が実践的と呼ぶ(絶対我のそれは思弁的と呼びますが)この反省地点に立っています。この反省地点からは、世界は私達に対して、私達から独立に現存し、私達はこの世界を唯変容し得るに過ぎません。この反省地点からは、純粋我は、この反省地点においても私達から消失することは決してないのですが、私達の外に定立され、神と呼ばれます[62]」。ここでも語られているのは、個人と絶対我(純粋我)、生と哲学、実践的と思弁的という二つの思惟系列の区別ということと、哲学における絶対我(純粋我)は生の実践的立場では神と呼ばれるということ、この二つである。

同様の趣旨のことが『第二序論』では次のように説かれる。「次に、或る特異な混同について二語を以て述べる。それは、知識学がそこから出発する、知的直観としての自我と、知識学がそこで終結する、理念としての自我との混同である。……知的直観としての自我は唯哲学者に対してのみあり、ひとはそれを把握することによって哲学へと高められる。理念としての自我は、哲学者が考察する自我自身に対してのみ現存する。そして哲学者はそれを自分自身の理念としてではなく、自然的なしかし完全に陶冶された人間の理念として提示する。……後者はそれ故、前者とは全く別の思惟系列の内に存する」。「自我の理念は、直観としての自我と、両者における自我は個人とは考えられないという点でだけ共通している。……前者〔直観としての自我〕から全哲学は出発し、従ってそれは哲学の基礎概念である。そして哲学は後者〔理念としての自我〕へと下降する。この理念は唯実践的部門においてのみ、理性の努力の最高目標として、提示され得る。前者は根源的直観であり、上述の仕方で概念となる。後者は単に理念であり、限定的には思惟され得ない。それは決して現実的であることがなく、我々は唯この理念へと無限に接近せねばならないのである[63]」。

フィヒテの右のコメントの眼目は、哲学者と自我(自然的人間)、哲学と実践的努力、知的直観としての自我と理念としての自我、という区別さるべき二つの思惟系列の混同への警告にあって、知識学の出発点の自我と終結点(努力の最高目標)の自我の差異性の指摘にあるわけではあるまい。知識学の出発点と終結点が異なることになれば、知識学は「絶対的総体性」であり、「完結され得る唯一の学」として「完結」を特性としており、「そこから我々が出発した原則がその最終帰結である」という「円環[64]」を成すというその本質規定に反するからである。右の箇所で「絶対我」や「純粋我」や「神」の概念を用いないところがフィヒテの苦心であろう。何故なら、知識学の出発点と終結点の同一性の前提の下では、「絶対我」を出発点と言えば、それは「神」ではないのかと問われ(というのは、終結点、即ち自我がそれに到達するために無限の努力を払うべき、理念としての最終目的は自我を超えた「神」でなければならないから)、逆に「神」を終結点と言えば、それは「絶対我」ではないのかと問われざるを得ない(というのは、独断論に陥らないためには出発点は神ではなく「絶対我」でなければならないから)からである。それ故フィヒテは「知的直観としての自我」を知識学の出発点、「理念としての自我」を終結点とし、しかも両者を相異なる二つの思惟系列に区別することによって、右の出発点と終結点の間の或る乖離を克服しようとするのである。従って、前期フィヒテにおいて絶対我と絶対者[65](神)の関係は「未分」でも「相即」でもなく、むしろ両者は二つの思惟系列へと明確に区分された上で、対応させられているのである。しかし、二つの思惟系列の区別に基づくこのような処理方法が何ら問題を解決せず、むしろ新たな問題(例えば、我々の所謂内的困難)を生むに過ぎないことは、「知的直観としての自我」と「理念としての自我」が同一の文脈の中では語られ得ないという一事からも容易に推測できよう。してみると、我々の次に為すべきは、かかる解決不能の困難や問題を不可避的に生むにも拘らず、前期フィヒテの知識学は何故にかかる行為の哲学でなければならなかったのかを問うことであろう。

四

我々は「哲学の課題は絶対者の叙述とも表現できる」[66]というような後期フィヒテの言明に接するとき、かかる把握は後期に至って突如として生じたものであり、前期から後期にかけてフィヒテ知識学は自我の哲学から絶対者の哲学へと上昇(移行・変化)するのであると解するよりも、むしろ前・後期を通じて哲学の課題が絶対者の叙述であるというフィヒテの立場は一貫しており、前期が恰も絶対者でなく自我の哲学に見えるのは叙述形式上の外見に過ぎぬと解する方が、遙かに合理的であろう。現に我々は前期において「絶対我」という「哲学の基礎概念」を知っており、しかも「絶対我」は生の立場の「神」に相当することを前節で確認したのであり、前期フィヒテの知識学において「絶対者」や「神」の概念が殆んど現れないことも反って、フィヒテが「絶対我」によって絶対者または神を語ろうとしているのではないかとの推測を裏づける証拠となろう。むろんそうは言っても、「絶対我」が「絶対者」または「神」と直ちに同一であり得ないことは言うまでもない。前節で見たようにフィヒテ自身ある箇所で「絶対我」と「神」を注意深く区別しているし、自己意識の有無という一事に照らしても両者は区別されるべきである。従って「絶対我」によって絶対者または神を表示するためには相当の制約と無理を覚悟しなければなるまい。しかし前期フィヒテはそのような制約と無理を覚悟した上で、敢えて絶対者(神)を「絶対我」によって語ることを余儀なくされたのではないかと我々は推測するのである。

哲学的叙述において絶対者(神)について語ろうとするとき、最初にフィヒテの関心を惹いたのは、絶対者(神)から出発するスピノザの演繹的体系であったに違いない。カント研究よりも先にフィヒテがスピノザを研究していたことは周知の事実である。しかしスピノザの絶対者(神)は絶対的客観であり、絶対的非我であって、「我々は哲学においては必然的に自我から出発しなければならない[67]」とするフィヒテにとってスピノザのこの出発点は到底受容できるものではない。そこでフィヒテはスピノザの絶対者(神)を反対に絶対的主観、絶対的な自我として読み換え、その結果「絶対我」の概念は成立したのではないか。そう解すれば、「絶対我」に絶対者(神)の一面が残っていることの理由も説明できよう。しかし、「絶対我」とスピノザの絶対者(神)をそのように結びつけるのは、恣意的に過ぎる荒唐無稽な臆測ではないかと疑われるかもしれない。そこで以下において、我々の右の推測を確証することに努めたい。

フィヒテのスピノザに対する基本的態度は『基礎』の次の叙述に明瞭に語られている。「批判哲学の本質は、絶対我が端的に無制約的でいかなる一層高次なものによっても規定され得ぬものとして提示される点に存する。そしてこの哲学がこの原則から首尾一貫して演繹されるとき、それは知識学となる。反対に、自我自体に何ものかを等立および反立し、しかもそれが物(存在)の一層高次なるべき概念において為され、この概念が同時に全く恣意的に端的に最高の概念として提示される、そのような哲学は独断論である。批判的体系においては、物は自我の内に定立されるものであるが、独断論的体系においては、自我自身がその内に定立されるところのものである。批判主義は一切を自我の内に定立するが故に内在的であり、独断論は自我を更に超え行くが故に超越的である。独断論が首尾一貫できる限り、スピノザ主義はそれの最も首尾一貫せる所産である[68]」。

フィヒテによれば、「我在りを超出すれば、必然的にスピノザ主義に陥らざるを得ない」のであり、「完全に首尾一貫せる体系は唯二つだけ存在する。即ち、この限界を承認する批判的体系と、それを飛び越えるスピノザ主義的体系とである」[69]。知識学と独断論との間には何らの共通点もなく、「独断論は絶対者としての存在から出発し、従ってその体系は決して存在を凌駕することがない。観念論は、自体的に存立するものとしてのいかなる存在も知らない。換言すれば、独断論は必然性から出発し、観念論は自由から出発する。両者はそれ故、相互に完全に分離された二つの世界に存する」[70]。スピノザの体系は「全く首尾一貫しており、論駁不能」ではあるが、「根拠がない」、「何故なら、経験的意識において与えられた純粋意識を超出する権利を何が一体彼に賦与したであろうか」[71]。独断論は「全く何ら哲学ではなく、無力な主張と断言に過ぎない。唯一可能な哲学として、観念論だけが残る」[72]のである。

　これらの箇所に明らかなように、フィヒテは終始スピノザの独断論的体系を己れの批判主義的体系の対極に置き、根拠のない主張と看做し、両者は相容れないとの態度を堅持し続けた。しかし、それにも拘らず、フィヒテのスピノザに対する態度には、立場の根本的対立を認めつつも尚その対立を超えて、スピノザの「絶対者」は己れの「絶対我」によって読み換えられ得るもの、あるいは読み換えられるべきものであるとの意識が看取され得るように思われる。例えば、「批判的体系においては、物は自我の内に定立されるものであるが、独断論的体系においては、自我自身がその内に定立されるところのものである」[73]と言われる時、批判的体系における「自我」は、独断論的体系における「自我自身がその内に定立されるところのもの」即ち絶対者に対応し、それに代るものとして想定されているに違いあるまい。あるいは、「彼〔スピノザ〕にとって自我（彼が彼の自我と呼び、私が私の自我と呼ぶ自我）はそれが存在するが故に端的に存在するのではなく、何か他のものが存在するが故に存在するのである。自我は彼によれば確かに自我に対して自我なのであるが、しかし彼は、自我の外の或るものがいかなるものであるかと問う。かかる『自我の外なる』ものも同様に自我であって、定立された自我（例えば、私の自我）および全ての定立され得る可能的自我はそれの変容であろう。彼は純粋意識と経験的意識を分離する。前者を彼は神の内に定立し、……後者を神性の特殊的変容の内に定立する[74]」と言われる時も、フィヒテの「自我」はスピノザの「神」に対応し、それに代るものに外ならないと考えられる。

同様にして、「彼〔スピノザ〕をして彼の体系へと駆り立たせたのは、人間的認識における最高の統一を生ぜしめようとする必然的努力である。この統一は彼の体系内に存在する。過失は唯、彼が実際は単に実践的要求によって駆り立てられたにも拘らず、理性の理論的諸根拠から推論していると信じてしまった所にのみ存する。即ち、彼は或る現実的に与えられたものを提示していると信じたが、実際は単に或る前方に立てられたしかし決して到達できぬ理想を提示したに過ぎなかったのである。彼の最高の統一を我々は知識学において再び見出すであろう。しかし、存在する或るものとしてではなく、我々によって生ぜしめられるべき、しかし決して生ぜしめられ得ぬ或るものとして[75]」とフィヒテが語る時、我々はここにスピノザにおける「最高の統一」即ち神とフィヒテにおける理念としての自我（純粋我または絶対我）との一致を看取することができよう。「彼〔スピノザ〕は彼に意識において与えられる統一の所で立止るべきで、更に一層高次の統一を仮構する必要はなかった[76]」と言われ得るのも、フィヒテの「絶対我」がスピノザの「絶対者」に代り得るという前提に基づいてのことであろう。

更にまた、「自我は夫々異なる意味において無限なものとして、そして有限なものとして定立されなければならない。もしも自我が同じ一つの意味において無限なものとして、そして有限なものとして定立されるならば、矛盾は解消できず、自我は一でなく二となり、無限者を我々の外に移し変えるスピノザの方策以外の逃げ道は我々に残らないであろう[77]」と言われる時、フィヒテの無限な自我即ち絶対我はスピノザの無限者即ち神に対応し、それに代るものとして考えられているのである。そして右の「無限者を我々の外に移し変えるスピノザ」という表現に注目し、「……努力の目標が知性我によって自己の外に表象されるとき、かかる努力は信仰（神への信仰）である[78]」、「実践的なこの反省地点からは、純粋我は……私達の外に定立され、神と呼ばれます[79]」という箇所を想起する時、我々はここでスピノザが生の実践的観点から把握され、語られていることを確認できよう。

シェリングは『哲学の原理としての自我』(一七九五)において「神が(スピノザに従えば)客観として、しかし無限性の形式の下で規定され得るのなら、全ての客観は神の内に含まれざるを得ない。従ってスピノザ主義は、神が(一切の客観を排除する)絶対我と同一であるとして表象されることによってのみ論駁され得る」と語っている[80]。スピノザ哲学とフィヒテ哲学の夫々の本質を鋭く衝いたこの発言を含むシェリングの右の著作について、フィヒテはラインホールト宛書簡で次のように語る。「シェリングの著作〔右の著作を指す〕は私の読み得た限りでは、全く私の著作の注釈書です。しかし彼は事柄を的確に把握しており、私を理解しなかった多くの人達が彼の著作をたいへん判り易いと受取っています。……私は彼の出現を喜んでいます。私が特に気に入っているのはスピノザに対する彼の注目です。私の体系はスピノザの体系によって最も適切に説明され得るのですから[81]」。フィヒテのこの言葉は、スピノザの神とフィヒテの絶対我とを「同一」視する解釈を是認する、フィヒテ自身の証言と看做され得るであろう。

以上により、フィヒテの絶対我はスピノザの神の読み換えであり、それに代るものであるとする我々の推測は確証されたと我々は解する。一八〇二年版の『基礎』において、第一原則に新たに付加された注でフィヒテは「自我は必然的に主観と客観の同一性、即ち主観・客観であり、そしてそれ以上の媒介なしに端的にそうなのである[82]」と述べているが、「主観と客観の同一性」とは絶対者に外ならず、そしてそれはまた、「客観」即ちスピノザの絶対者を「主観」即ち自我によって読み換えたことを率直に物語る表現と解され得よう。その結果として、「スピノザが絶対者を唯一の実体と解していたならば、フィヒテはスピノザとの相違と関連において自我自身を唯一の実体と解釈する[83]」という事態も生じたのである。

しかし、では一体何がフィヒテをそのような読み換えへと強いたのか。それの直接的動機が彼の『エーネジデムス』研究にあったことを、フラット宛書簡は我々に告げている。「エーネジデムスは私に、私が既に予感していたこと、即ちカントとラインホールトの仕事の後でさえ哲学は未だ学問の状態に至っていないことを確信させ、私自身の体系の土台を揺るがせ、新たな構築へと私を強制しました。私は、唯一の原則からの展開によってのみ哲学となり得ること、……しかしかかる原則は未だ提示されていないことを確信しました[84]」。そして『書評』においてフィヒテは、ラインホールトの提示する、全哲学の頂点に位置すべき原則が「他の原則に基づく一教説」に過ぎぬことを指摘し、更に、ラインホールトが「我々は事実から出発せねばならない」という「不当な前提」に立っていると批判する。「確かに我々は単に形式的ではない実在的な原則を有たねばならないにせよ、しかしこの原則は事実を表現すべきものではなく、事行をも表現できるのである[85]」。

哲学の出発点を成すこの原則については、次のようにも言われる。「私の体系は自由の最初の体系です。かの国〔フランス〕が人間を外的束縛から解放するように、私の体系は人間を物自体、即ち外的影響の鎖から解放し、その第一原則において人間を自立的存在者の地位につけます[86]」。「私は私の思惟において純粋我から出発し、それを絶対に自立的なものとして思惟せねばならない。物によって規定されたものとしてではなく、物を規定するものとして[87]」。「先験的観念論一般の本質、そして特に知識学におけるそれの叙述の本質は、存在の概念が第一の根源的な概念とは看做されず、単に派生的な、しかも活動という対立者によって導出された、それ故否定的な概念としてのみ看做されることに存する。観念論者にとって唯一肯定的なものは自由であり、存在は彼にとっては前者の単なる否定である[88]」。「哲学が事実から出発するならば、哲学は存在と有限性の世界の中に身を置き、従って哲学にとっては、この世界から無限者と超感性者に至る途を見出すことは困難となる。哲学が事行から出発するならば、哲学はまさに両世界を結合する地点の上に立ち、そしてこの地点から両世界は一望の下に見渡され得る[89]」。

フィヒテのこれらの言葉は、哲学の第一原則が存在でなく行為(活動)を、事実でなく事行を、必然性でなく自由を、そして自我の外にあるいは自我から独立に存在する物(物自体)でなく自我自身を表現すべきことを我々に教える。これが前期フィヒテの哲学的立場であり、それは同時にかの読み換えの必然性の理由でもある。「我在りを超出すれば、必然的にスピノザ主義に赴かざるを得ない。……完全に首尾一貫せる唯二つの体系のみが存在する。この限界を承認する批判主義的体系と、それを飛び越えるスピノザ主義的体系とである[90]」。そしてフィヒテが己れの「純粋我」をカントのそれと同一視している[91]ことを想起する時、我々はフィヒテの絶対我とはスピノザの絶対者(神)をカントの純粋我(純粋統覚)によって読み換えたものに外ならないと、結論することが許されよう。右の限りにおいてであるが、我々は「フィヒテの体系はある意味で、スピノザの学説をカントの方法論を基盤にして発展させたものと解され得る[92]」というギルントの見解に賛成である。

しかし、この読み換えによって成立した「絶対我」という出発点が前期フィヒテの知識学にいかなる解決不能な内的困難を齎したかは、我々の既に見たところである。行為の哲学は、行為の哲学である限りにおいて、存在を与え得ないという限界を有する。それは確かに存在を自我の行為の所産として語り、最も一般的なレヴェルにおいて存在を自我の行為から演繹することはできよう。しかし演繹が及ぶのはそこまでであり、個別的具体的現実的なレヴェルの存在については何事も語り得ず、かかる存在をそれとして提示することはできないのである。この点について、カントとヤンケの前期フィヒテ観は示唆的である。カントはフィヒテを評して「彼は常に一般的なものの所に止まっていて実例を与えないし、もっと悪いことに実例を与えることができない。それは彼の一般概念に該当するものが存在しないからである」[93]と語ったと伝えられる。一方ヤンケによれば、『基礎』は「絶対的反省の原理」[94]の上に成立しているが、この原理自身が吟味を要する。自我とその行為は決して自ら「生や現実性や実在性や真理」と関わっているわけではなく、むしろ自我はそれ自身では「己れの内に死」を有し、「空虚さ」[95]でしかない。「反省は己れの内に生への全ての本質的可能性を有するが、現実的生、時間における経験的生存のためには何か他のもの、即ち衝撃を必要とする」[96]。反省と生、反省と現実性、反省と実在性は互いに乖離し合うのであり、自己意識が己れの全実在性への要求を絶対化するならば、虚無主義へと転落する。「何故なら、自己意識はそれ自らでは実在性を有たず、己れの実在性を自らがそれの意識であるものから引き出すのだからである」[97]。そしてこの点にヤンケは前期フィヒテの「絶対的反省の限界」を認めるとともに、後期における「絶対者への知の転回」[98]への動機を見出すのである。

もし前期フィヒテに我々が推測したような、絶対者(神)は何らかの仕方で哲学において叙述されねばならぬという考えがあり、そして哲学は唯一の原則から出発して全体系はそれによって演繹されるべきであり、しかもこの出発点は自我でなければならない、とするならば、「絶対我」の概念は不可避的であったであろう。しかしフィヒテ自らが『基礎』の叙述を「極めて不完全で欠陥あるもの」と認め、「体系の最終的かつ完成せる叙述」に向けての「将来の改良」[99]を期したり、後年『基礎』を顧みて「それが書かれた時代と、その時代の哲学の手法の徴候を余りにも多く身に着け過ぎて、そのことによって難解になり過ぎている」[100]と評するところを見れば、『基礎』の叙述はフィヒテ自身にとってさえ決して唯一無二のものではなく、むしろフィヒテは終生かかる「体系の最終的かつ完成せる叙述」を追求し続けたのではないかと思われる。前期と後期の違いも、基本的には、「絶対者の叙述」という共通の「哲学の課題」における叙述形式の違いに帰着するものであろう。哲学における、絶対者(神)に相応しい叙述は果してそしていかにして可能か、——前期フィヒテの直面した(と我々は信じる)この問題は、換言すれば、思弁哲学は果してそしていかにして可能か、という問題であり、思弁哲学を標榜するドイツ観念論の哲学者全てに共通の問題である。

註

フィヒテからの引用方法については〈凡例〉を参照。左の略号によって書名(または論文名)を表示する。

EM＝Eigne Meditationen über Elementar Philosophie, 1793/94.〔Nachgelassene Schriften Band 3〕
PP＝Practische Philosophie, 1794.〔Nachgelassene Schriften Band 3〕
AR＝〈Rezension〉Aenesidemus, 1794.〔Werke Band 2〕
WM＝Über die Würde des Menschen, 1794.〔Werke Band 2〕
BW＝Über den Begriff der Wissenschaftslehre, 1794.〔Werke Band 2〕
GL＝Grundlage der gesammten Wissenschaftslehre, 1794/95.〔Werke Band 2〕
GR＝Grundriß des Eigentümlichen der Wissenschaftslehre, 1795.〔Werke Band 3〕
EE＝Versuch einer neuen Darstellung der Wissenschaftslehre (Erste Einleitung), 1797.〔Werke Band 4〕
ZE＝Zweite Einleitung in die Wissenschaftslehre, 1797.〔Werke Band 4〕
WV＝Wissenschaftslehre nach den Vorlesungen von Hr. Pr. Fichte, ca 1796–99.〔Kollegnachschriften Band 2〕
WL＝Die Wissenschaftslehre von 1804.〔Nachgelassene Schriften Band 8〕
Briefe Fichtes〔Briefe Band 1. u. 2.〕

（1） ZE, S. 210.
（2） Ebd., S. 251.
（3） BW, S. 141.
（4） Ebd., S. 142.

(5) Ebd., S. 143.
(6) ZE, S. 251.
(7) GL, S. 269.
(8) Ebd., S. 392.
(9) GR, S. 169.
(10) BW, S. 146.
(11) Ebd., S. 149.
(12) GL, S. 255.
(13) Ebd., S. 427.
(14) Fichte an F. V. Reinhard, 15. Jan. 1794, Bd. 2, S. 40.
(15) ZE, S. 229.
(16) GL, S. 262.
(17) GR, S. 144f.
(18) GL, S. 270f.
(19) H. Radermacher: Fichtes Begriff des Absoluten, 1970, S. 37.
(20) Ebd.
(21) Ebd., S. 38.
(22) GL, S. 255.
(23) Ebd., S. 272.
(24) GR, S. 143.
(25) GL, S. 363. vgl. BW, S. 148.
(26) GR, S. 143.
(27) GL, S. 362.
(28) ZE, S. 242.
(29) Fichte an F. H. Jacobi, 30. Aug. 1795, Bd. 2, S. 392.

(30) F.W.J. Schelling: Philosophische Briefe über Dogmatismus und Kritizismus, 1795, Bd. 1 (Werke — Jubiläumsdruck), S. 238.
(31) Ebd.
(32) Fichte an J. E. Ch. Schmidt, 17. Mär, 1799, Bd. 3, S. 213.
(33) Fichte an K. L. Reinhold, 21. Mär, 1797, Bd. 3, S. 57f.
(34) WV, S. 17.
(35) EE, S. 186f.; ZE, S. 211.
(36) EE, S. 204; ZE, S. 227.
(37) EE, S. 190, 188; ZE, S. 229.
(38) EE, S. 184; ZE, S. 221.
(39) ZE, S. 216ff.
(40) Ebd., S. 210f.
(41) EE, S. 188f.
(42) Ebd., S. 189, vgl. S. 188.「一つの哲学によって提示される、経験の説明根拠をこの哲学の客観と呼ぶことにしたい」。
(43) ZE, S. 217.
(44) Ebd., S. 218.
(45) Ebd., S. 219.
(46) Ebd., S. 224.
(47) Ebd., S. 225.
(48) GL, S. 396. Anm.
(49) Vgl. ZE, S. 254–257.
(50) EM, S. 141ff.
(51) AR, S. 57. 65.
(52) J. Stolzenberg: Fichtes Begriff der intellektuellen Anschauung, 1986, S. 165.
(53) T. P. Hohler: Imagination and Reflection: Intersubjectivity. Fichte's Grundlage of 1794, 1982, p. 99f.

(54) GL, S. 279f.
(55) Vgl. J. H. Loewe: Die Philosophie Fichtes nach dem Gesamtergebnisse ihrer Entwicklung und in ihrem Verhältnisse zu Kant und Spinoza, 1862, S. 259.
(56) 隈元忠敬、フィヒテ『全知識学の基礎』の研究、一九八五、六六頁。
(57) 同右、七〇頁。
(58) 同右、七二頁。
(59) GL, S. 410. Anm.
(60) AR, S. 65.
(61) WM, S. 89.
(62) Fichte an F. H. Jacobi, 30. Aug. 1795, Bd. 2, S. 392.
(63) ZE, S. 265f.
(64) Vgl. BW, S. 131. Anm.
(65) 極めて稀ではあっても『基礎』以前のフィヒテにおいても、神を指す「絶対者」という表現は存在する。Vgl. PP, S. 237f.
(66) WL, S. 10.
(67) GL, S. 427.
(68) Ebd., S. 279f.
(69) Ebd., S. 264.
(70) ZE, S. 260. Anm.; Vgl. EE, S. 188f.
(71) GL, S. 263; Vgl. S. 280.
(72) EE, S. 198.
(73) GL, S. 264.
(74) Ebd., S. 263.
(75) Ebd.
(76) Ebd., S. 281.

(77) Ebd., S. 392.
(78) AR, S. 65.
(79) Fichte an F. H. Jacobi, Bd. 2. S. 392.
(80) F.W.J. Schelling: Vom Ich als Prinzip der Philosophie oder über das Unbedingte im menschlichen Wissen, 1795. Bd. 1, S. 134.
(81) Fichte an K. L. Reinhold, 2. Jul. 1795, Bd. 2. S. 347f.
(82) GL, S. 261.
(83) H. Radermacher: Ebd., S. 37.
(84) Fichte an J. F. Flatt, Nov. od. Dez. 1793, Bd. 2, S. 18.
(85) AR, S. 46.
(86) Fichte an J. I. Baggessen, Apr./Mai 1795 (Briefentwurf), Bd. 2. S. 298.
(87) ZE, S. 219f.
(88) Ebd., S. 251f.
(89) Ebd., S. 221.
(90) GL, S. 264.
(91) ZE, S. 255.
(92) H. Girndt: Der Transzendentale Gedanke, hrsg. v. K. Hammacher, 1981, S. 420.
(93) Fichte in vertraulichen Briefen seiner Zeitgenossen, ges. u. hrsg. v. H. Schulz, 1923, S. 90〔vgl. Vorwort des Herausgebers zur GL, S. 209.〕
(94) W. Janke: Fichte. Sein und Reflexion — Grundlagen der kritischen Vernunft, 1970, S. 207.
(95) Ebd., S. 210.
(96) Ebd., S. 211.
(97) Ebd,, S. 212.
(98) Ebd., S. 210. 但し、ヤンケは我々の取扱った「内的困難」、「一七九七年における転換」、「『基礎』に〈知的直観〉が不在であることの理由」、「読み換え」等の諸問題には全く言及していない。

(99) GL, S. 252.
(100) Fichte an F. Johannsen, 31. Jan. 1801, Bd. 5, S. 9.

Ⅲ シェリング

第六章　経験論哲学と哲学的経験論の間

――ロック―カント―シェリング――

標題に言う「経験論哲学」とは、ロック等のそれを指し、「哲学的経験論」とは、シェリングのそれを指す。晩年のシェリングは『哲学的経験論の叙述』（一八三六年までにミュンヒェン大学で行われた講義、遺稿）において、「経験論哲学」の経験理論の制限を乗り越えてそれを基礎づける哲学的経験理論の構築を目指したが、「経験論哲学」と「哲学的経験論」の間には空隙があり、この企図は失敗に終わったと見られる。「哲学的経験論」が〈超越論〉の根本体制に従ったことが、失敗の原因と思われる。経験的立場の（ロックの）「経験論哲学」を基礎づけ得るのは、先験的立場の（カントの）「先験哲学」であって、超験的立場の（シェリングの）「哲学的経験論」ではなく、従って「先験哲学」の〈内在論〉が唯一妥当な哲学的経験理論であることも、そこから帰結すると考えられる。――以上を明示することが、本章の意図である。

一

シェリングによれば、「世界の本来的事実」を説明することが哲学の仕事である。「真の事実」は常に「何か内的なもの」であり、「外的に知覚され得るもの」ではない(S. 273)。勝利した戦の「事実」は個々の戦闘や攻撃ではなく、将軍の精神の内にのみ在る。書物の「真の事実」はそれを理解する人だけが知っている。自然における「事実」の発見が自然探究者に、歴史におけるそれが歴史研究者に属するように、「世界の大いなる事実」のそれは哲学に固有である。哲学史の始元は、「世界の本来かつ純粋な事実」の探究であった。諸体系は、様々な諸哲学ではなく、事実を発見するための、単に様々な諸試行に過ぎない(S. 274)。

ところで、彼自身の「自然哲学」は先行のどの哲学よりも深く、「世界の本来的事実」を把握し、それを初めて言表したとシェリングは言う。「全自然の生成は、人間的意識における、客観に対する主観の或る優越に基づく」――これが「世界の純粋な事実」である(S. 275)。しかし自然哲学は、「単なる事実」を超え出て、かかる「優越」の更なる根拠を示してはいないという「制限」を有しており、そこで「事実」に戻っての探究が企てられることになる(S. 278)。「世界(の生成)過程における、主観の客観に対する優越」という、自然哲学の洞察した「事実」におけるかかる「優越」の根拠は何か――これが同論文の解決すべき課題である。

シェリングは、認識能力の批判から哲学を始めたカントの正当性を認め、主観(認識するもの)と客観(認識され得るもの)の分析を以て考察を開始するが、認識するもの(精神的なもの)に「第一次的存在」を、認識され得るもの(非精神的なもの)には「第二次的存在」のみを認める、デカルトの敷いた「観念論」の傾向(以下、マルブランシュ、バークリ、更にはフィヒテへと続く傾向)には強く反対する(S. 280)。「物体界の否定」というやり方は、哲学を教える者と伝授される者の間に、世界の存在についての暗黙の一致がある筈だから、「約束違反」であり、世界の非認識者的部分にも存在を承認することから哲学を始めるしかなく、従って、カントのように「認識主観」からではなく、「自然」から出発する自然哲学がかかる「観念論」からの「転回点」であると言う(S. 281)。

彼によれば、「認識され得るもの」は「存在者」と看做されるが、「存在」がそれを伴って「存在者」の内に措定される「限定」や「規定」は、「限定・規定されるもの」(「限定を必要とするもの」)従って「無限定なもの」)からは由来せず、「存在に対立しそしてそれ故にそれを制限する原理」からのみ由来する。従って、「認識するもの」と「認識され得るもの」は、「それ自身としては限界も悟性も欠いた存在」(「単なる無限定な存在」)及びこれに対立する「原因」とを前提している。「無限定な存在」に対立する「原因」は、「世界のそれ自体は認識的ならざる部分」において「認識可能性の形式」を産出することによって「認識され得るものの原因」であるとともに、「認識するもの」の原因でもある。「認識され得るもの」は既に、「認識するもの、知性、悟性の刻印」を有っていなくてはならず、従って、「認識するもの」と「認識され得るもの」は、前者は単に「悟性」自身であるが、後者は単に「悟性の形式・刻印」を有する、ということのみによって区別される(S. 283)。「第一のもの、それ自身としては認識され得ないもの、それ自身は限度も規定も欠いた存在」は確かに存在するが、それは「物自体」ではない。「物自体は存在しない」。「我々にとって客観である全てのもの」は既に、「自己自身において主観性によって触発されたもの、即ち既に部分的には主観的に定立されたもの」なのであり、それは単に、「未だ全き主観性へと引き戻されてはいないもの」であるに過ぎない(S. 286)。

「主観性に対立するもの(盲目的に客観的なもの)」をいま自然哲学に倣って、「B」と呼ぶことにすると、この「B」は常に次第に「A」(主観的)になる。しかし、「最後のA、最高に主観的なもの＝認識するもの」も依然として尚も、「B、即ち単にAとして措定され、Aへと変ぜられたB」である。我々は自然の生成の全段階において唯、Bのみを有するが、「このBはしかし、様々な程度においてであれ、同時にAつまり主観的」である(S. 287)。「純粋なAも、純粋なBもない」(S. 276)。但し、「単に認識され得るもの」から、「既により多く認識可能性の諸規定を自己の内に採り入れているもの」へ、そして最後に「それ自身認識するもの」に至るまで、「実体」あるいは「基体」は常に同一に止まる。そして、「客観が全く主観となってしまう地点に至るまで、主観に対して不断に与えられる」のがかの、客観に対する主観の「優越」である（S. 275）。その際、「Bにおいて単に定立されている主観性」と「主観性という本来の原理」を区別すべきであると言われる。「主観性の原理」とは、「Aへと変ぜられた客観的なもの」ではなく、「Bにとって、Aへの変換の最近かつ直接的な原因であるもの」のことである（S. 288）。

かくて、二つの原理が発見されたことになる。(1)「段々にAとなる、しかし実体的には常に同一に止まる、そしてそれ自身としては盲目的で粗野で限界を欠いた存在であるところのB。プラトンのアペイロン」。(2)「それ自身が単にAとして定立されたB、Bにおいて産出されたAの限りではなく、それ自身においてBのいかなるものでもないA。Bの全き対立であり、言わばB＝Aを定立することしか意志しないA、それ故BのAへの変換の原因である限りのA」。シェリングはこの二原理を更に次のようにも表現する。(1)「盲目的で、それ自身としては限界も悟性も欠いた存在。これを実在的原理と呼ぼう」。(2)「第一のものの限界づけ、限度設定、認識可能性、一語で言えば主観化の原因。これを観念的原理と呼ぼう」（S. 288）。かかる両つの対立原理（両者の協働から初めて「認識するもの」及び「認識され得るもの」が生じる）の現存ということが、「認識するもの」及び「認識され得るもの」という両概念の単なる「分析」から得られた成果である（S. 292）。我々はここでは「単なる事実」の地盤の上に居るのであり、かの「BからAへの変換」は現在のところでは、「単に経験からのみ認識された、しかしそれ故に未だ理解されてはいない、かの、Bに対立する原理の結果」に過ぎない。何故、そしてどのようにこの原理がかかる結果を有するのかを、我々は未だ知らない。しかし上述の分析が我々を、原理の二性、「二元論」へと導いただけでいまは十分である、と言われる（S. 288）。

これまでに発見された「純粋な事実」は、「認識するもの」及び「認識され得るもの」は或る「過程」によって生じ、そしてこの「過程」は次の二つの「原理」なしには考えられ得ない、ということであった。(1)「過程において言わば質料、基礎、ヒュポケイメノンであるもの。段階的に主観的に定立され、限界づけられ、理解される、それ自身としては制限を欠いた存在」。(2)「原因として振舞い、第一のものに限度を与えるもの、規定するもの、あるいはそれにおいて主観性を産出するもの」(S. 292)。次いで、かかる「生成の過程」の「三原理」が取り出される。即ち、〈1〉「Bとしては在るべからざるもの。過程の動機、始元」。〈2〉「それ(第一原理)を止揚するもの。(過程の)手段」。〈3〉「在るべきもの。(過程の)目的」(S. 293)。上の第一原理は、「過程の質料、基礎、ヒュポケイメノン」であり、「始元」であるが、「過程における本来の実体」とも言われ得る。第二原理は、「BからAへの変換の原因」であるが、「在るべからざるもの」を否定し、それによって「在るべきもの」を媒介するものであるから、「過程において単に原因として(実体としてではなく)存在する」と言われ得る(S. 294)。第三原理は、「実体および原因であるもの」でのみあり得る。第三原理における「実体」は、「精神」である。かくて、第一原理は「非精神的なもの」であり、第二原理は「非精神的なものを克服して、精神を媒介するもの」であり、第三原理は「精神(過程の内に包括されているので、自立的ではないが)」である(S. 295)。

それらは、「我々が認識の事実の単なる分析によって導かれた、一切の生成の三原理」であり、そして「そこにおいては優越は総じて観念的原理の側に在る」ということが、「一般的生成の過程の内に含まれた本来的事実」である(S. 295)。かかる、観念的原理の側における「優越の単なる事実」を認識・承認することが重要である、と言われる(S. 296)。次いでシェリングは、プラトンを援用することによって、「至高の原因、即ちもはやそれ自身、自然つまり内的必然性に従って行為するものとは看做され得ぬ原因(自由な原因)」という「第四の概念」に到達する。プラトンは、「無限定なもの」（アペイロン）に「限界づけるもの」（ペラス）を対置し、更にそれらに対して「原因」（これをヌースと呼ぶ）を措定するが、この「ヌース」は（ドイツ語の）「悟性」だけでは表現できぬ語であり、それは「意欲する悟性」あるいは「悟性的意志」という概念を含んでいる（S. 299）。かかる「原因」の概念に我々はいまや、「普通の意識の事実ではなく、哲学的意識の事実」という「単なる事実」によって導かれたが、我々が「客観的なものに対する主観的なものの優越」をそれに帰する、そして「一切の現実的存在の真の原因」である、かの「原因」に、凡ゆる言語において相応しい名称は「神」である（S. 300）。

「神は主観性に、客観性に対する優越を普遍的に与える原因」であり、かかる「原因の現存在を我々は、既に事実的に証明した」（S. 301）。ところで、過程において「無限定なもの」が「在るべからざるもの」であるにも拘らず存在し、定立されているのは、単に克服されるためであるとすれば、「無限定なもの」は或る「原因」（何かを単なる「手段」として欲し得るところの）によってのみ定立され得ることは明らかである。従って、「意図に従って行為する自由な原因」が、相互に対立・矛盾する両原理（「無限定なもの」と「限定するもの」）の「積極的統一」であり、「主」であり、「原因」である（S. 304）。しかし、我々が「最高原因」の中へ置くことを強制されるこの（両原理の間の）「矛盾」は、「最高原因」が「単に実体的な原理」ではあり得ないことを示している。「無限定なもの」もそれの「限定」も欲し得る「原因」は、「超実体的」な、「絶対に自由な原因」でのみあり得る（S. 305）。そしてここで、「新たな反省」が必要とされる。

「存在を無限定なもの、および限定されたものとして定立」する「原因」は「自由」であり、「存在一般の定立者」ではなく、過程において先ず差当って「無限定性の定立者」であり、更なる帰結において、「限定性の定立者」である。ところで、「無限定の存在」を定立し、それを手段として己れに与え得るためには、「原因」はそれを根源的に所有していなくてはならず、しかも更に「限定されたもの」として、但し「それ自身(存在)によって限定されたもの」としてではないが「自己自身(原因)によって限定されたもの」として、所有していなくてはならない。しかし、我々はそれを「原因の活動、行為」によって限定されたものとしては考えることができない。何故なら、「原因の活動、行為」としては、我々はそれが「限定・限界の外で、無限定なものとして定立されている」と考えざるを得ないからである。「原因」は、それの始元が「無限定な存在そのもの」である「過程」の「原因」としてのみ規定され得る。「かかる無限定なものの定立」ということがそれ故、「原因」の最初の行為である。「原因」は従って、「存在」を根源的に、「行為」によってではなく――「行為」に対立するのは「本性」だから――「本性」によって所有する。「原因あるいは神」はそれ故、「己れの本性に従って存在を限定し、含むもの」である(S. 305)。

「神は根源的に、存在を本性によって限定し、所有する、存在の主であるべきである」というこの概念は既に大きな収穫である、と言われる。何故なら、それは神を単なる「存在そのもの」、「普遍的存在者」としてではなく、一層高次な、「超存在者的なもの」として捉えているからである。ところで、自由な「神」が根源的に、「存在」との関係において「存在の主」として規定されるとき、この「存在」は同時に、「神の必然的相関者」として説明されることになる。従ってこの見解によれば、「神」は言わば「それ自体においては無」であり、単に「存在」との関係においてのみ在ることになり、単に「関係的(相対的)なもの、関係においてのみ思惟され得るもの」に過ぎないことになろう。これは我々が通常慣れている、「端的に自立的なもの、端的に絶対的なもの、即ち一切の関係から自由なもの」という「神」とは違うのではないか、という疑問がここに生じる(S. 306)。しかし、右の見解が一種の「二元論」であることをシェリングは否定する。ここで「神」と呼ばれているものは、「存在からの抽象における神」ではなく、「存在を包含する限りでこの存在の主であり、存在そのものであることに加えて、存在の主である神」であり、それは「完全に自己閉鎖的なもの、自己終結的なもの、従って絶対的なもの(もはや相対的なものでなく)」である。確かに、「存在の主」と「存在そのもの」は異なるが、しかしそれは「二」ではなく、「一」における「二」である。むしろ、「困難は神の側ではなく、存在の側にある」(S. 308)。

シェリングによれば、「かの永遠にして必然的な相関者の神に対する関係」をめぐる問題に対して、古代から現代まで、未だ誰からも確かな解答が与えられていない。そこで彼は、先の「過程の三原理」がかかる「根源的関係」に関してどのように理解されるかを問う。神が存在に対する「根源的関係」において思惟されるとき、かかる存在は神に対して以下のような「三重の関係」にあるとされる。先ず最初に、存在は「神の内に在るもの、包含されたもの、神によって限定されたもの」として提示されるが、しかしこの「限定」は存在に対しては「無限定」として定立される可能性を排除してはいない(S. 314)。その限りで、我々はそれを「確かに未だ現実的には無限定ではないが、無限定であり得るもの」として規定できる〔存在の神に対する第一の関係〕。しかしまさにそれ故に、我々はそれに、「神に対する第二の関係」を帰さねばならない。ここではそれはいまや、「現実的に無限定なもの」である。しかし更に我々が、それは過程自身によって、無限定性から再び根源的限定へと還帰すると前提するとき、それを「神に対する第三の関係」において考えねばならない。ここではそれはもはや、「単純に単に限定されたもの」ではなく、「無限定性から、神における限定性へと還帰したもの」である。かかる「三形態」によって、存在は「神における三重の区別(過程において出現するところの)の定立者」である(ここで「定立者」とは、「隷従者」の意である)。この意味で、神の「土台」、「玉座」、「賞揚者」である存在は、「神の定立者」である(S. 315)。

二

しかし、神は「存在の主」であり、存在は「神の必然的相関者」であるとするこの見解には重大な難点があり、それは撤回されざるを得なくなる。というのは、「相関者」をどう規定しようと、それ(存在)は常に、「最高原因から独立の存在」であらざるを得ないからである。それは勿論、「神がなくとも存在できる」という意味においてではない。そうではなく、「それの純粋な実体に関しては、それは神的原因性の働きによって定立されてはいない」という意味においてである。それにおける、実体の上に附加わる一切、それにおいて規定である一切は、「単に神的に原因づけられたもの」に過ぎないとしても。何故なら、「神とは存在を、根源的に限定されたものとして、無限定なものとして、無限定なものから限定へと引戻されたものとして、定立するところのもの」だからである。「存在」とは、一切がそれの周囲を運動する言わば「中心」であるが、まさにそれ故に、それは「神的原因性から独立」なのである。それは言わば単なる、「一切のかかる諸規定が可能な、しかしそれ自身はそれらを欠いた裸の素材」に過ぎない。とはいえしかし、「神的原因性から独立な何ものも許さない」というのが、我々の身についた考え方である。我々は、神が「自らの働きの質料および形式(形態)」であることを欲する。しかし、先の分析が示したのは、「生成の過程を理解するためには、無限定の存在(アペイロン)が必要である」ということであった(S. 321)。この矛盾をどう考えればよいのか。

ここに至ってシェリングは、「従って、神がかの原理(無限定の存在)において自己自身をB(ヒュポケイメノン)ならしめる、と考える外はない。何故なら、かかる仕方でのみ、神は自己自身に己れの働きの素材を与えるのだからである」と言う。しかしこれは、普通の表象にとっては「極めて厳しい期待」である。神が自己自身を「Bに、従って一切の存在の素材、基礎に」することになれば、神はそれ自体において、そして自らの全ての行為に先立って、「かかる無限定の存在のポテンツ(勢位・潜勢・可能態)」であることになる。かくて神は「盲目的存在であり得るもの」であり、それが実際に過程に到達すると、「盲目的存在者」が、我々が一切の根柢に置く、そしてそこから一切が生成する、かの「宇宙(生成)的原理」であることになる(S. 322)。かかる表象以上に厭わしいものがあるだろうか。

しかし、神が「盲目的存在」であり、「B」であるとしても、それはしかし神がそれであるためにそうであるのではなく、それを克服して、それを「限定」へ、即ち「自己自身」へと連れ戻し、この否定を通じて自らを「精神」として定立するためにである。我々は従ってここで、「神的存在の三形式」を有する。即ち、神は(1)「Bあるいは盲目的存在」であり、(2)「この盲目的存在を否定するもの」であり、(3)「精神として定立されるもの」である。しかし、神はこれらの「三形式」のどれか一つであるのではなく、単に、「これらの三形式を貫くアクトゥス(働き・顕勢・現実態)」、「これらの三形式を貫通する過程の不溶的統一」である。従って、逆に言えば、「B」即ち「宇宙(生成)的原理」は「神」とは呼ばれ得ない。何故なら、神は「三形式において働き、不溶的として存立する統一」だからである。「B」も、「それを否定するもの」も、「精神として定立されるもの」も「神」ではなく、「これらの三形式における不溶的生命」が「神」である。かくて、「神の永遠にして必然的な相関者」としての「存在」は「消去」される。我々はいまや、神の「外」にも「先」にも何ものも有たず、ひとり唯「神」のみを有する(S. 322)。

「神=存在」とするこの見解(第二の表象)は、「神=存在の主」・「存在=神の必然的相関者」とする先の見解(第一の表象)の「上昇」したものであり、神はいかなる仕方で、根源的に限定されたものとして包含していた存在を無限定なものとして定立するのかについて、先には明確にできなかった困難が、神自身が無限定の存在として現れるここでは、解消する。というのは、そのためには、彼(神)の「意欲」以外は必要でないからである。かの「無限定の存在」とは即ち、「神の単なる意志によって定立されたもの」に外ならない。但し、かかる「意志」は第一の表象におけるように、「他動的な、己れの外なる存在を動かす意志」ではなく、「内在的な、単に自己自身のみを動かす意志」である。かかる「上昇」した第二の表象が第一の表象に対して占有する「決定的な優位」は、過程において第一原理が第二原理により克服の対象とされるとき、いかにしてそれが可能かをこの表象は説明できることである。何故なら、かの「盲目的存在者」は「意志」であり(S. 323)、そして「意志」とは、「唯一の、本来的に抵抗できるもの」、つまり「唯一の、本来的克服をなし得るもの」だからである。

かくて、「絶対的原因としての神」という概念が獲得されたが、果してこの「絶対的原因」という概念は、「それ自体で、そして自己自身によって最高の概念」、即ち「その許に静かに立ち、そしてそこから端的に出発することもできる概念」であるのか、という「新たな課題」が生じる。何故なら、この研究全体の最終目的は、「絶対的学問がそこから始まることのできる概念に到達すること」にあるからである。さて、「原因」の概念には「関係」が含まれており、それは「相対的(関係的)な、関係を内包する概念」であることによって、「絶対的原因」の概念もまた、「絶対的に最高の概念」ではない(S. 324)。「創造者」の概念も既に或る「関係」を内包しており、それは「最高可能の概念」ではない。従って、「原因概念」はたといそれが「己れの外なる何ものをも前提せぬ、絶対的原因」と規定されようとも、「神の最高概念」ではない。「神の最高概念」は、それによって神が「絶対的に自立的なもの」として規定される概念、即ち「実体概念」である。これによって神は「完全に自己内存在的、自己内還帰的なもの」として規定される。では果して我々は、第二の表象において、かかる「絶対的実体」としての「神」の概念に到達したのか。それに答えるために、そこで与えられた「神」概念がいかなるものかが知られねばならない、と言われる。

いま(第二の表象において)獲得された概念を手短かに言えば、「神は本質的に、己れの本性上、無限定なもの(B)であり得るものである」ということになる。このことを排除することは、何かを己れから始める一切の力、能力を神から奪うことである。「一切の始元はBに存する」のであり、「何も始めることができない」というのは、「最高の無力」である(S. 325)。そしてここでシェリングは、スピノザの「粗雑な汎神論」を批判する。スピノザにおいては、「神は本質的に延長せる実体である」が、シェリングにおいては、「神は本質的に、これ(B)であり得る、わけではない」。神は決して「本質的にではなく、単に現実的に、従って単に意欲的にのみ」Bであり得る。神が単に「Bであり得るもの」であるとき、彼は「排他的に」そうであるのではなく、彼は同様に本質的に、「このBを否定するもの」でもある。「単にBであり得るもの」は「Bを否定するもの」とは矛盾しない。「Bを否定するもの」はBが「現実的に」定立されているときに初めて現れて、それを「現実的に」否定することができるのだからである。それ故、「神は本質的にBを否定するものでもある」とは、「神はBを否定することのポテンツ(勢位・潜勢・可能態)である」(ここでは未だアクトゥス〔働き・顕勢・現実態〕は問題となっていない故)ということに等しい。かくて、我々はいまや、「経験的分析によって発見された諸原理を神における諸ポテンツとして有する」と言われる(S. 326)。

しかし、我々は未だ、「神自身」の概念を有してはいない。「神は本質的に、Bであり得るものである」等と語られるとき、それによって神が「Bであり得るもの」や「Bを否定するもの」であるところの「本質」とは何か。それが言表されるときに初めて、「神自身」は言表されることになる。しかし、我々が神を「かの諸ポテンツ」のみによって規定する限り、神は依然として唯「関係的(相対的)に」規定されるに止まる。ここでシェリングは、我々は単に「神はBであることのポテンツ、Bを否定することのポテンツである」と言っているのではなく、「神は本質的にこのことの一切である」と言っているのである、ということに注意を促す。では、「本質的」とは、「現実的」との対立において言われている。この意味においてはそれ故、神は本来、「現実的」には「Bであり得るもの」ではなく、「Bのポテンツ」ではない。神は単に「本質的」にのみそれである、即ち、単にそれであり得るに過ぎない。しかしこの「あり得る」を、神の「意志」以外の何に依存的として考えることができよう。従って、「神は本質的に、Bであり得るものである」とは即ち、「神はそれであることを意志するならばそれであることができる、という風にしてそれであるのであって、しかし神はそれであることを意志しないのにそれである、という風にしてそれであるのではない」ということであり、換言すれば、「神は自己自身を先ず、Bであり得るものとして定立する」ということに外ならない (S. 327)。

従って、「諸ポテンツは、ポテンツとしては、神の内に在ることができない」ということになる。それらは確かに神の内に在るかも知れないが、しかし「ポテンツとして」在るのではない。即ち、最高原因の内にそれの意志がなくとも、従って自体的に存在するような、「実体的なポテンツとして」在るのではない。もしもいま仮に、「将来の(未だ在らぬ)存在の諸原理が神の内に諸ポテンツ(この存在の諸可能性)として定立されている」とするなら、神はかかるポテンツによって既に、「将来の、確かに単に可能的とは言え、しかし既に可能的な存在に対する関係」を有することになる。しかし、神が他の存在の諸ポテンツを自らの内に、己れの意志から独立に有ったとしたら、神はこれらのポテンツを以て何かを始めなければならず、「自己とは異なる或る存在の産出のための、これらの諸ポテンツの適用」は、言わば神にとっての「必然性」である。従って、神における他の存在の「可能性」さえも、

「神自身によって定立され、意欲された可能性」であってこそ初めて、我々は神を「世界から絶対的に自由」なものとして思惟し、神を「世界から完全に解放」したことになる。神が「絶対的に自由」であるのは、神が単に諸原理即ち諸ポテンツを、それらが既に働き(現実態)において在る限りではなく、「ポテンツとして」定立するときに既に始まる。従って、「諸ポテンツは、神の意志なしには、ポテンツ(即ち、将来の存在の可能性)ですらない」ことになる(S. 328)。

かくて、先に第二の表象において、「神の永遠的・必然的相関者としての存在」が「消去」されたのに引続いて、いまや更に「ポテンツとしてのポテンツ」もまた、「消滅」せねばならない、とされる。これをシェリングは、第一の表象から第二の表象への「上昇」に倣って、「新たな上昇」と呼ぶ。かかる「新たな上昇」の有する意義は、それによって「無からの創造」の概念に新たな光を当てることが可能となることである。「無からの創造」には、「相関理論」(第一の表象)だけでなく、「生成の諸原理を神の内にポテンツとして置いた、第二の理論」(第二の表象)も対立する。「無からの創造」とは、「先行的に既に現存しつつ、創造者自身の意志によって初めて定立されるのではない何らかのポテンツ、というもののない創造」を意味するが、「相関理論」は「創造」と相容れないし、「第二の理論」は「先行的に現存するポテンツ」を前提しているからである(S. 328)。しかし、「創造者自身の意志によって初めて定立されるポテンツ」というものを考えれば、「無からの創造」も充分に受容可能となろう。ここでシェリングは、以下の三つの概念を区別する。(1)「在らぬもの、本来的な無。ウーク・オン」、(2)「単に在らぬもの(偶ま在らぬというだけのもの)」、メー・オン」、(3)「在りはするが在るべからざるもの、従って、否定さるべきもの、または、否定されたもの」(「何かであらぬもの」)。そして、「この、何かであらぬものこそ我々のBであり、それについては、それがポテンツとして神の内に受容れられ得るか否かは疑わしいが、それが素材として、従って質料的ポテンツとして現実的創造の根柢に置かれねばならないということについては、疑われ得ない」と言う(S. 331)。

「無からの創造」という表象は容易に拒絶され得ないが、しかし勿論それは説明を必要とする。シェリングは、我々が「無からの創造」を受容するとすれば、ポテンツは「神的概念からの帰結」ではなく、単に「神的意志からの帰結」でのみあり得る、と言う。そこで言われているのは、それらはポテンツとして、根源的に、神の意志から独立に、神の内に在るのではない、ということである。しかし、それらは「ポテンツならざるもの」として神の内に在るのではない、即ち神がそれらを単に随意に、気の向く儘にポテンツ(他の存在の可能性)と看做し、ポテンツとして取扱うところの「区別一般」として神の内に在るのではない、と言われているのではない。「神がそれらを初めてポテンツにする」のであって、それらが最初から「ポテンツである」のではない、という点が重要なのである。では、それらは単に「ポテンツとして」神の内に在るのではないとするなら、それらはいかにして神の内に在るのか、と問われる(S. 332)。

この問いに対する「経験論の回答」は、以下のようである。それらが「ポテンツとして、即ち或る他の存在、彼の外なる或る存在の可能性として」神の内に在るのではないならば、そしてこの存在は単に「生成する存在」としてのみ思惟され得るのだから、そしてそれらは最早「生成のポテンツ」としても神の内に在るのではないと我々は言うことができるのだから、それらは単に或る存在の「諸規定」として神の内に在るに過ぎない。しかもそれらは、単に「現在の、従って彼の固有な存在の諸規定」として、神の内においては、単に「純粋に内在的な(彼自身に関係する)諸規定」として、しかし「他動的な(彼の外なる何ものかに関係する)諸規定」としてではなく、在るに過ぎない。かくて我々は初めて、「神の一切の対外的関係」を廃棄したことになる、と言われる。神とは「絶対的に単に自己自身において在るもの、完全に自己還帰せるもの、最高の意味における実体、関係から完全に自由なもの」である。しかし我々がこれらの「諸規定」を、「純粋に内在的な、彼の外なる何ものにも関係せぬ規定」と看做すことによって、いまやそれらを「彼から」理解すべき要求が生じる。即ち、「彼」を諸規定の「先行者」として、従って一般に「絶対的な先行者」として理解すべき要求が。かくて「経験論」はその最終結論において、我々を「超経験的なもの」へと駆り立てる(S. 332)。

——以上が、シェリングの『哲学的経験論の叙述』の概要である。

三

シェリングの右の論文が、「哲学的経験論」なる名称の下で、デカルト以来の諸体系における経験理論を批判的に検討し、それらの制限を乗り越えて、思弁的見地に基づく新たな哲学的・経験理論の構築を意図していることは、その内容の示すところである。しかし我々がここで、シェリングが批判的検討の対象としている経験理論の代表として、特にロックのそれを持ち出すことの妥当性については、説明が必要であろう。というのは、同論文においてシェリングはロックの名を一度も挙げていないし、更にデカルトの他にも、マルブランシュ、スピノザ、ライプニッツのような所謂「合理論」の哲学者も区別なく検討の俎上に載せているし、それに抑も、「経験論」の語が、「事実」に関する「哲学的探究」一般に対して用いられていて、そこには哲学史的意味における「合理論」と「経験論」の区別もなく、言わば通常よりも広義に用いられているからである。しかし、同論文が「認識」あるいは「経験」の基礎づけを主題としており、そしてデカルト以来の「経験」の探究において(カントを除いて)言わば最深部に到達し、合理主義的・経験主義的の区別を問わず、その時期の経験理論一般の本質と制限を最もよく体現しているのがロックであってみれば、そのロックを同論文が看過ないし無視しているとは考え難い。実際、同論文の姉妹篇とも見るべき『近世哲学史』(一八二七)においてシェリングは、「当時、形而上学に反抗して、英国から、とくにJ・ロックによって、経験から独立の一切の概念の現存在を否定する経験論が蜂起しつつあった。そしてこの経験論から、人間の知識における一切の普遍者および必然者を疑う、ないしむしろ否認する、有名な英国の哲学者かつ歴史著述家D・ヒュームの教説が生じた」と述べて、「経験論」(狭義)の代表的存在としてのロックに大きな注意を払っている。同論文における、「経験」の基礎づけをめぐる考察において、ロックあるいは彼の直面した問題が、シェリングの念頭には常に置かれていたに相違あるまい。

ところで、「経験」とは〈外界における対象(客観)の性質・関係等に関する、自我(主観)による認識〉として、「対象(客観)」・「認識」・「自我(主観)」という三契機から成る。それ故、「経験の基礎づけ」とは、三契機に確かな保証を与えることに外ならず、具体的に言えば、(1)対象の現存在、(2)認識の実在性、(3)他我(他の多数の自我)の現存在(間主観性)、という三者の夫々に確実な根拠を保証する、という課題を負っている。例えば、シェリングが同論文において主題として掲げる「主観の客観に対する優越の根拠とは何か」という問題は、〈主観が自らの外なる客観を規定(認識)できる根拠は何か〉という問題であり、それは結局は(2)〈認識の実在性の根拠とは何か〉と同じ問題である。そして、(1)と(2)と(3)という三問題は相互に密接不可分の関係にあって、全体として「経験の基礎づけ」という根本問題を形成していることは言うまでもない。そして以下で見るように、ロックはこれらの三問題の全てに対して明確な解答を与え得ない(右の三者に対して確実な根拠を与え得ない)という制限を有しており、一方かかる制限を克服して、それらに確実な根拠を与えることを意図した筈のシェリングもまた同様に、その課題を果し得ていない、と思われる。

第一の〈対象の現存在〉の問題については、シェリングは先述の通り、「認識され得るもの」（非精神的なもの）に第二次的存在しか認めない、デカルトの始めた「観念論」の傾向を批判し、カントが「認識され得るもの」の根拠としていた「認識され得ぬもの」を捨てて、全てを「単なる主観性」へと変じ、「認識するもの」のみを残したフィヒテを「観念論の極端」（S. 287）として非難する。これに対してロックは勿論、「観念論」の系譜には属さず、デカルトの方法的懐疑のような探究方法とも無縁なので、対象即ち物体の現存在についての懐疑は彼には存在する余地がないと見えるかも知れない。しかし、ロックは外的個別的事物（物体）の存在について、「この存在について用いられる知覚（感覚）は単なる蓋然性を越えており、……知識の名で通る」（IV, 2, §14）と言って確かに、それについての知識（「感覚的知識」）を承認しているが、しかしそれは厳密な意味の知識ではない。「この知識はしかし、我々の感官を触発する個別的事物について用いられる感官の現在の証言の及ぶ限りであって、それ以上ではない。……もし私が、或る人間が一分前に一緒に存在しているのを見たが、今は私一人だとすると、私は同じ人間が今も存在していることを確実とはなし得ない。……幾百万の人間がいま存在していることは大へん確からしいとはいえ、私が一人でこれを書いている間は、私はそのことについて、我々が厳密に知識と呼ぶところの確実性を有たない。……それは蓋然性に過ぎず、知識ではない」（IV, 11, §9）。物体の存在についての感覚的知識は個別的知識に過ぎず、それは知識の本来有つべき普遍性と確実性（必然性）を欠いており、従ってロックは、物体という対象の現存在について、蓋然的な信念（臆見、意見）を与え得るに止まり、必然的な知識を保証できぬという制限の下に置かれているのである。

第二の〈認識の実在性〉の問題が、シェリングの主題である「主観の客観に対する優越の根拠」の問題と同じであることは先述したが、この問題に関してロックは、〈認識の実在性〉の根拠よりも前に、抑も〈認識の実在性〉そのものを保証できぬ、という制限を有する。というのも、ロックによれば、確実性だけでなく実在性も本来の知識の有つべき性格であるが(IV, 8, §13)、物体の第一次性質も、第一次性質と第二次性質の間の因果関係も、物体の複雑観念を形成する第二次性質相互間の必然的関係も我々には不可知であるために、物体に関する「一般的実在的知識」(実在性を有つ知識)は殆ど存在しないからである。かかる知識の例としてロックが挙げるのは二例(「形は必然的に延長を前提する」、「衝撃による運動の受容または伝達は固体性を前提する」(IV, 3, §14))だけであるが、これらはいずれも、第一次性質相互間の必然的結合に関する直覚的または論証的知識である。物体に関する個別的感覚的知識は本来、「実在的知識」即ち知識の名に値せず、火は人間を温め、鉛を流体化し、木材や炭の色や硬さを変える、とか、鉄は水中では沈み、水銀中では浮かぶ、といった、全ての時代の全ての人々の一般的同意と、我々自身の恒常的経験とが合致しているような、物体の確定的性質に関する命題でさえ、「蓋然性に過ぎない」(IV, 16, §6)。

第三の〈他我の現存在〉の問題に関しては、それに確実な根拠を与えることはシェリングの要求するところであった、と言えよう。何故なら、彼が「物体界の否定」の議論に対して、それは哲学を教える者と伝授される者との間に予めある筈の、世界の存在についての暗黙の一致に反する故、「約束違反」であると言うとき(S. 281)、同じ理由によって、両対話者ひいては人類一般の現存在も予め前提されている筈だからである。これに対してロックが、「神は人間を社交的な被造物であるべく意図し給うた」ので、「人間を作るに際して、……社会の大切な道具でしかも共通の絆である言語をも人間に備え給うた」(III, 1, §1)と言うとき、彼ももちろん独我論者ではなく、多数の自我の現存在を理論の前提としていたことは疑い得ない。しかし、自らの理論の内部では、ロックは他我の現存在に確実な根拠を与え得てはいないと思われる。というのは、我々は自己自身(精神としての)の現存在の知識を

「直覚」によって、神のそれを「論証」によって、他の事物(物体)のそれを「感覚」によって有つ(IV, 9, §2)と言われるが、〈他我の現存在〉についての知覚は、第一の問題の考察において見られたような、他の人間の現存在の知覚(感覚)を介して(他の人間に自らと同様の〈自我性〉を推測するという仕方で)行われるしかなく、従って、その知覚は感覚的知識(の確実性)を越えることはできず、しかるに第一・第二の問題に関して示されたように、感覚的知識は厳密な意味では知識(確実性・必然性)ではなく、臆見(蓋然性)に過ぎないからである。それ故、〈他我の現存在〉に関しても、ロックはそれについての知識即ち必然性の保証を与え得ない、という制限下に置かれている。

右のようなロックの態度には、思惟的自我(主観)即ち精神を出発点かつ不変の立場となすデカルト哲学の本質制限がその儘現れている。それ故、かかる制限を乗り越えて、「経験」の新たな基礎づけをシェリングが試みるのは、当然の企てであろう。しかし、三つの問題のどれについても、彼の企てが成功して、それによって「経験」に確実な根拠が与えられたとは、到底考えられ得ない。先ず第一の問題について、シェリングは、「カントのように認識主観から出発するのではなく、自然からの出発ということ、自然に与えられたこの優先権は、認識主観は認識客観を必然的に自らの前提として有する、ということによって正当化される」(S. 275)と言い、「世界の非認識者的部分の存在を承認することから、哲学を始めるしかない」(S. 281)と言うが、この主張は極めて疑わしい。何故なら、「カントが認識主観から出発」しているというのは、後述するように、事実に反するし、他方、「認識主観は認識客観を必然的に自らの前提として有する」という意見にも根拠がなく(というのは、逆に「認識客観は認識主観を必然的に自らの前提として有する」と言っても同じことだから)、シェリングの所説は、〈対象(客観)の現存在〉についても、客観(自然)からの哲学の出発ということについても、それらの必然性を保証するものではあり得ないからである。「物体界の否定」が日常的常識に対する哲学の「約束違反」であるのなら、〈物体の現存在〉の知識(必然性)の欠如も、日常的常識の哲学に対する期待への、哲学の「約束違反」であろう。

次に第二の問題については、シェリングが「一切の生成の三原理」に関して、「そこにおいては優越は総じて、観念的原理の側に在る」ということが「一般的生成の過程の内に含まれた本来的事実である」(S. 295) と語る件りで、「何らかの優越が諸原理のうちの一つの側に在らねばならない。何故なら、全き均衡状態においては、いかなる運動もないであろうから」(S. 296) と述べていることに注目すべきである。そこでは、主観の客観に対する「優越」ということが、認識を客観の主観化として捉えた場合の〈客観→主観〉という単なる(主観化の)運動の方向を表示する概念以上ではないことが語られている。即ち、認識の他の一切の把握を斥けて特にこの把握を選ぶべき必然性は示されておらず、従ってこの点に関するシェリングの所論は、仮に偶ま認識のかかる把握に従った場合には、という恣意性、偶然性を免れ得ない。シェリングのかかる理論が〈認識の実在性〉の必然性やその根拠を与えることは不可能であろう。

更に第三の問題については、シェリングはライプニッツのモナド論を批判して、「いかにして全ての主観の現存するこの世界において、或る主観が他の主観に対して客観的に、即ち認識可能的になるのかを説明すべき困難を彼(ライプニッツ)は有していた」が、結局「予定調和の体系に逃げ場を求めざるを得なかった」(S. 285) と述べている。しかし、シェリング自身はこの、〈他我の現存在〉の知識(必然性)とその根拠の問題に対して何らの解決法も提示してはおらず、ロックやライプニッツと同様の制限を免れていない、と思われる。

主観の客観に対する「優越」の根拠の解明を課題とする同論文において、シェリングは主観(認識するもの)と客観(認識され得るもの)の両概念の分析によって、それらの根柢に在る、「観念的なもの」と「実在的なもの」という両原理を発見する。次いで、両者(「認識するもの」と「認識され得るもの」)は或る「過程」によって生じることから、右の両原理を含む「一切の生成過程の三原理」を取出す。次いで、プラトンを援用して、「原因」としての「神」の概念に到る。「神」がかの「優越」の原因とされる。ここで、「存在の主としての神」・「神の必然的相関者としての存在」という思考が成立する(第一の表象)。しかし、この思考は「神」の他者への関係性即ち相対性を含むとして斥けられ、「神」自身が「存在」であると看做されることにより、「主」・「相関者」という思考は消去される(第二の表象)。更に、「本質的」と「現実的」の峻別により、「ポテンツとしてのポテンツ」も消滅し、「絶対的実体」としての「神」概念に到達する。――かかるシェリングの論述において最も注意に値するのは、それが専ら「神」の視点からなされていることである。このことは、シェリング自身が「第一の表象」における「意志」に関して、それを「他動的な、己れの外なる存在を動かす意志ではなく、内在的な、単に自己自身のみを動かす意志」であると述べている(S. 323)ことから明らかである。同様の表現は、論文の最終局面においても、存在の「諸規定」に関して、それが単に「純粋に内在的な(彼自身に関係する)諸規定」であって、「他動的な(彼の外なる何ものかに関係する)諸規定」ではない、とされる場面で再び現れる(S. 332)。ここで「己れ」・「自己」・「彼」とは「神」を指し、従って、事態は全て「神」の視点から見られ、語られていることになる。

　しかし、かかる「神」の視点からの論述は、「第一の表象」において突如始まったのではなく、それ以前の、「神」の概念が未だ現れていない場面でも、既になされていると思われる。というのは、「認識するもの」と「認識され得るもの」という両概念が提示される、考察の殆ど冒頭の部分で、「無限定な存在」に対立する「原因」は、「認識され得るものの原因」であるとともに、「認識するもの」の原因でもある(S. 283)と言われるが、この「原因」とは後の「神」に外ならないからである。従って、同論文は終始「神」の視点から叙述されている、と言えよう。それは何を意味するのか。それは外でもなく、ロック(そしてデカルト)の経験理論との全くの断絶である。というのは、ロック(そしてデカルト)における論述は専ら、〈我〉(思惟的自我＝人間精神)の視点からなされているが、両叙述は従って、相互に接続することがないからである。〈我〉は言葉や概念ではなく自己意識であり、自己を〈我〉として意識する当の主体にのみ帰属する。そして〈我〉は自己を「神」として意識することはない。何故なら、自己を「神」として意識するとき、〈我〉は「神」に外ならないからである。従って、〈我〉の視点の延長上に「神」はなく、同様に、「神」の視点の延長上に〈我〉はない。何故なら、「神」の視点が〈我〉の視点を生み出すためには、「神」が〈我〉の自己意識を有つこと、即ち「神」＝〈我〉でなければならないが、それはあり得ないからである。それ故、ロックの「主観」・「客観」とシェリングの「主観」・「客観」はその意味内容が異ならざるを得ない。後者の「主観」には、「人間」や「精神」や「悟性」等の一般的概念的規定を持ち込むことはできても、〈我〉という観念を〈我〉の外部から持ち込むことはできないからである。

実際シェリングは、自らの自然哲学の成果と制限を顧みた上で、新たなる固有の考察を開始するに際して、「主観」・「客観」の概念についても、「単に歴史的に伝統的で、周知のもの」としてのとは異なる意義にそれらを使用することを予告している(S. 278)。しかるに、(我々の右の推断に誤りのない限り)、〈我〉を欠く「主観」は、デカルトやロックの「主観」とは全く似て非なるものであり、従って、〈我〉という「主観」を出発点かつ不変の立場とすることから生じた、デカルトやロックにおける固有の困難や制限を、それと相接することのないシェリング的理論が解決したり、乗り越えることは不可能であろう。〈我〉という「主観」から生じた困難は、〈我〉という同じ「主観」の立場において解決されるのでなければ、デカルトやロックの哲学が〈乗り越えられた〉とは言われ得ない筈だからである。従来の諸体系の経験理論の制限を乗り越えて、それらの新たな基礎づけを企てたシェリングの構想は、元来無理な計画であったと考えられる。

同論文においてシェリングは、「主観」(「認識するもの」)と「客観」(「認識され得るもの」)の分析から出発して、そこに含まれているそれらの原理(「観念的原理」と「実在的原理」)を発見し、更にこれらの根拠としての「神」へと遡る。その限りにおいて、彼の理論は、我々の所謂〈内在論〉(経験内在的なものを経験の原理と看做す見解)に類するかに見えるかも知れない。しかし、実際はその反対である。というのは、考察の進展につれて、「認識するもの」と「認識され得るもの」の生成(S. 293)がそれに基づく、「一切の生成の三原理」(S. 296)と「神」との関係は、「神がかの原理(無限定の存在)において自己自身をBならしめる」と言われ、更に、「神」は「Bあるいは盲目的存在」、「この盲目的存在を否定するもの」、「精神として定立されるもの」であるとされることにより、「三原理」はかかる「神的存在の三形式」として読み換えられることになる(S. 322)。そして、かかる「盲目的存在」から始まって「精神」へと至る生成・運動は、「内在的な、単に自己自身のみを動かす意志」(S. 323)による、「神」の自己生成・自己運動に外ならず、従ってここでは経験(客観の主観化の生成・運動)は専ら、「超経験的なもの」(S. 332)としての「神」の「意志」に発する、因果論的生成の結果として語られており、しかるに「経験」のかかる説明様式は、我々の所謂〈超越論〉(経験超越的なものを経験の原理と看做す見解)に外ならないからである。

ロックの経験理論(「経験論哲学」)とシェリングの経験理論(「哲学的経験論」)の間には明らかな空隙・断絶があり、後者は前者を基礎づけ得ていないと思われる。そのことの原因は、後者の〈超越論〉に求められよう。対象は我々には経験においてのみ与えられるが、超経験的なもの(経験超越的なもの)は与えられ得ず、しかるに、自らに対して与えられ得ない対象について我々は何も確かなことを知ることができず、従ってそれを経験の原理とする経験理論を構築することも不可能だからである。「徹底的に瞑想的・観照的性格の哲学的経験論」(S. 306)に頼るのでもない限りは。

四

ロックの経験理論(「経験論哲学」)はカントの経験理論(「先験哲学」)によって、そしてそれのみによって基礎づけられ得る、と思われる。そのことを、前節の三つの問題に即して、以下で示そう。

第一の〈対象の現存在〉の問題に関して、ロックがそれを必然性を以て語り得ないのは、彼においては、物体(対象)は〈我〉(精神)の外に、〈我〉とは異なる本性を有って〈我〉とは独立に存在しつつ、感覚を介して因果的に〈我〉と関係するのみであり、従って感覚という絆を離れてはそれの現存在を保証する手だてはないからである。それ故、そこでは物体の現存在に関する、感覚を介しての〈我〉の経験は、自ら(経験)の外なる物体の現存在を確実性・必然性を以て保証することができないことにならざるを得ない。ロックにおいても、「経験」は単なる「感覚」とは違って、心による「抽象」等の知的能動的活動が加わっているとはいえ、しかしこの「経験」においても、心は直接的には単に自らの内なる観念に関与し得るのみで、己れの彼岸に超越的に外在する物体自身を自らに内在化させることはできず、個別的経験の対象としての物体は心の外に、実体的に現存する(と信じられる)のみである。現存する物体についての一般的知識としての「経験」という概念を形成する道はここにはない。「それの真理または虚偽に関して我々が確実な知識を有つことのできる普遍的命題は現存在には関係せず、一般的にされると確実でなくなるであろうところの全ての個別的な肯定または否定のみが現存在に関係する」(IV, 9, §1)。「物の本質(即ち、抽象的観念)に関する真理は永遠であって、かかる本質の観想によってのみ見出され得るのであり、この点は、物の現存在が経験からのみ知られ得るのと同様である」(IV, 3, §31)。

これに対してカントでは、物体は外的対象として感性を介して我々に与えられるときに既に、外的現象即ち外的直観の対象として、空間・時間という我々の感性の直観形式（従ってまた現象形式）に従っており、我々の心の内なる表象（表象されたもの、表象の対象）として、言わば心に内在化している。直観は未だ経験ではなく、物体の現存在の経験が成立するためには更に、「実体」や「現実性」のカテゴリー（悟性の思惟形式）の、現象（物体という）に対する適用、あるいはカテゴリーの下への現象の包摂が必要であるが、かかる手続きを経て形成された、物体の現存在に関する認識即ち「経験」は経験認識（経験判断）として、万人に対する普遍妥当性と必然性を有する確実な一般的知識である。外物の現存在の証明に関するカントの論述が、『純粋理性批判』の第一版（一七八一）と第二版（一七八七）の間で、様々な変化を蒙っていることは確かであるが、しかし外物の現存在に関する〈外的経験の直接性〉という証明根拠の核心部分については、両版とも全く変りがない。「両者〔外的対象および私の内官の対象〕は、それの直接的知覚（意識）が同時に両者の現実性の十分な証明であるところの表象に過ぎない」（A371）、「全ての外的知覚はそれ故、空間中の或る現実的なものを直接的に証明する」（A375）、「私自身の現存在の意識は同時に、私の外なる他の事物の現存在の直接的意識である」（B276）、「しかしここでは、外的経験が本来直接的であることは、証明されるのである」（B276f.）。そしてかかる〈外的経験の直接性〉は、外物が現象即ち我々の心の内なる表象（表象されたもの、表象の対象）に過ぎないことに基づいている。「物質は先験的観念論者においては単に、外的と呼ばれる一種の表象（直観）に過ぎない」（A370）。

第二の〈認識の実在性〉の問題に関して、物体認識の場合にはロックがそれの実在性を承認し得ない（物体の第一次性質に関する一般的知識の僅か二例を除いて）のは、第一次性質のみを有する物体それ自身と、物体に対応せず、単に心にのみ帰属する第二次性質の観念がそれの大部分を占める物体の観念との間の不一致・不対応を解消することができないからである。これに対してカントでは、かかる物体認識の実在性に関する一切の懸念ないし疑念は生じる余地がない。というのは、そこでは物体という所与対象（現象）とそれの表象である経験的直観との関係は、最初から完全な対応・一致の関係であり、更に認識（経験）のレヴェルにおいても、それについての客観的認識である経験（現象としての対象の客観的規定）との間にもいかなる不対応・不一致も生じ得ないからである。「経験的直観の未規定の対象を現象と称する」（A20/B34）と言われるが、経験的直観の根柢に横たわる直観形式（空間・時間）と現象の根柢に横たわる現象形式（空間・時間）は同一であり、他方、経験的直観の質料は「感覚」であるが、現象の質料は「現象において感覚に対応するもの」（A20/B34）とされていて、経験的直観と現象とは、同一の形式の下での、単なる質料の対応関係というだけの違いであり、要するに、同一の〈経験〉における主観（認識）面と客観（対象）面として相互に対応・一致しつつ、相対峙し合っているに過ぎないからである。

ロック（そしてデカルト）とカントとの最大の違いはそのように、物体とその観念（表象）の関係が前者では因果関係であるのに対して、後者では対応関係である点に存する。この違いは何を意味するか。それは外でもなく、「経験」を〈生成〉の文脈で理解するか、それとも〈存立〉の文脈で理解するか、の違いである。そしてカントは、「問題は経験の生成ではなく、経験の内に何が在るかである。前者は経験心理学に属する」（*Prolegomena*, §21a）と述べて、経験の〈生成〉ではなく、経験の「内に存するもの」によるそれの〈存立〉の解明が問題であり、経験の〈存立〉の文脈の考察が彼の一貫した態度であることを表明している。そして、経験を〈存立〉の文脈で理解するためには、経験の説明から、生成過程や主観の認識能力の働き等の、因果性を含む一切の概念を排除することが必要である。何故なら、それらの混入によって、説明は〈存立〉から〈生成〉の説明へと変じてしまうからである。経験の〈存立〉にとって、生成過程や認識能力の作用等の介在する余地はない。何故なら、経験は既に成立し、〈存立〉

してしまっている以上、そこには最早、生成過程や能力の作用はその痕跡を止めていない筈だからである。そのことは更に、主観(認識)と客観(対象)の関係も、相互に全く対等の関係でなければならないことを意味する。能動・受動等の不均衡な関係は、生成・運動を惹起せずには措かないからである。カントにおいて、経験の主観と客観が対等の関係に置かれているのは、そのためである。「ア・プリオリな形式」・「ア・ポステリオリな質料」という対概念に従って、「形式」面では主観に、「質料」面では客観に優位が与えられているとしても。「経験」は〈経験されたもの〉(対象)を〈経験すること〉(認識)として、主観と客観、意識と世界はかかる「経験」の内に、ともにそれの不可欠の構成要素として含まれている。即ち、「経験」とは〈経験されたもの〉を〈経験すること〉であるという規定の中に〈認識の実在性〉が含意されており、それ故、かかる「経験」を文字通りに達成することが〈認識の実在性〉を実現することに外ならず、従って、かかる「経験」理論を〈内在論〉(経験内在論、認識も対象も経験に内含されているとする見解)と称するとすれば、かかる〈内在論〉こそは、〈認識の実在性〉を最も確実に保証するための、唯一無二の思考法であろう。

更に第三の〈他我の現存在〉の問題に関しても、ロックがそれに確実な根拠を与え得ないのは、彼がデカルトと同様に〈我〉(思惟的自我、人間精神)の立場に立ち、しかも〈我〉から出発するからである。〈我〉から出発する限り、感覚を介して〈我〉の彼岸に超越的に外在する物体(他者の身体)を〈我〉が直知する術はなく、しかも更に感覚知の対象である他者のこの身体に、〈我〉の場合との類推に従って〈我〉と同様の〈我〉性(精神性、自我性)を、即ち他〈我〉性を推定するとすれば、〈我〉による他我(他の〈我〉)のこの認識は、かかる二重の〈間接性〉を免れないからである。一切をモナド(「自我性」)と看做すライプニッツは、世界における諸々の主観相互間の客観的関係即ち認識可能性を説明できず、「予定調和説」に逃避せざるを得なかった(S. 285)とするシェリングの批評は的確であるが、しかし彼はそう批評したに止まって、そこに現れているライプニッツの制限を乗り越えて、〈他我の現存在〉の証明を試みてさえいないのは、(それが彼の一つの課題であった筈であるから)不徹底と言わざるを得ない。「神」の視点(立場)に立つシェリングにとっては、先述の通り、それの延長上に〈我〉はなく、従って他我(他の〈我〉)もまた同様であるとしても――。

これに対してカントが次のように語るとき、カントもまたロックと同様ではないかと、見えるかも知れない。「私は或る思惟的存在者について、外的経験によっては最少の表象をも有し得ず、それを有するのは単に自己意識のみによってである。それ故かかる対象は、私のこの意識の他の事物への転移に外ならず、これらの事物はそれ〔転移〕によってのみ思惟的存在者として表象されるのである」(A347/B405)。他者が私と同様の思惟的存在者として表象されるのは、「外的経験」によって認識される外的対象としての事物(他者の身体)に対して、私が自らの自己意識を「転移」することによってである、とここで言われており、従ってそれはロックの場合と同じではないかと、見られるかも知れない。確かに、ここでの「私」はデカルトやロックと同様の〈我〉〔厳密に言えば、「(単に霊魂が、ではなくむしろ)人間が思惟する」(A359f.)と言うカントでは、「私」とは「人間」であって「精神」ではないが、しかしそれは勿論スピノザやシェリングの「神」とは全然異なっており、ここでは両者(ロックとカント)の相違は無視可能である〕であり、かかる「私」の視点に立つ限り、〈他我の現存在〉の認識は上述のような制限を免れない。しかし、カントはロックとは違って、〈我〉の視点に立ちつつも、それを出発点としてはいないという決定的差異を有する。第一および第二の問題に関して見られたように、カントの出発点は〈我〉ではなく、既に〈存立〉している「経験」であり、かかる「経験」を出発点とする〈内在論〉によってこそ、〈対象の現存在〉も〈認識の実在性〉も初めて確実に基礎づけられ得たのである。それ故ここでの〈他我の現存在〉に関しても、それらと同様の成果が期待できよう。しかし、果してそしていかにして、それは可能か。

カントによれば、「そこにおいては全ての知覚が汎通的かつ合理的連関において在るものとして表象される、唯一の経験のみが存在する」のであり、それは恰も、「そこにおいては現象の全ての形式と、存在または非存在の全ての関係が生起する、唯一の空間・時間のみが存在する」のと同様である。「異なる諸経験について語られるとき、それらは単に、一つの同じ普遍的経験に属する限りの諸知覚に過ぎない」(A110)。かかる「唯一の普遍的経験」と「異なる諸経験」の関係は、〈全体と部分〉の関係として捉えられている。「与えられた各々の経験(即ち、全可能的経験の部分)」(A645/B673)、「各々の個別的経験は、それの領域の全範囲の単なる一部分に過ぎない。全可能的経験の絶対的全体はしかし、それ自体はいかなる経験でもなく、理性にとっての一つの必然的問題である」(*Prol.*, §40)。ところで、我々が〈内在論〉という仕方で「経験」の考察を遂行する際の出発点としての、既に〈存立〉している「経験」とは、〈部分〉としての「各々の個別的経験」であって、〈全体〉としての「唯一の普遍的経験」、「全可能的経験の絶対的全体」ではない。「全可能的経験の絶対的全体は……それ自身はいかなる経験でもない」からである。そして、かかる〈全体〉としての「唯一の普遍的経験」は〈部分〉としての「個別的諸経験」に先行してこれを可能ならしめる、と考えられる。「一切の可能的経験の全体の内に我々の全認識は存しており、そして一切の経験的真理に先行してこれを可能ならしめる先験的真理は、それとの普遍的関係において存立する」(A146/B185)。「経験の絶対的全体は不可能であるとはいえ、原理に従う認識一般の全体という理念は、それのみが認識に対して或る特殊な統一、即ち一つの体系という統一を供給し得るところのものである」(*Prol.*, §56)。

この点(〈全体〉としての「唯一の普遍的経験」の、〈部分〉としての「個別的諸経験」に対する先行的・前提的関係)については、「唯一の空間・時間・経験」として、「経験」と並列的に論じられていた「空間・時間」に関する、以下のカントの叙述が参考となろう。「……唯一の空間のみが表象され得るのであり、多くの諸空間について語られるときは、一つの同じ唯一の空間の諸部分がそこでは理解されているに過ぎない。これらの諸部分はまた、一切を包括する唯一の空間に、言わばそれの構成要素(そこからそれの合成が可能となるところの)として先行することはできず、唯それの内において思惟され得るのみである。空間は本質的に唯一であり、空間中の多様、従ってまた諸空間一般の普遍的概念は専ら、制限にのみ基づくのである」(A25/B39)。〔「時間」についての同様の論述は、(A31f./B47f.)を参照〕。「空間の諸部分は単に全体においてのみ可能なのであって、全体が各部分によって可能なのではない」(A438/B466)。カントは実際、〈全体〉としての「唯一の普遍的経験」に関しても、次のように述べている。「(現象における)物自身を形成するもの、即ち実在的なものは現象において与えられていなければならない。……しかし、全ての現象の実在的なものが与えられるのは、一切を包括する唯一の経験のみにおいてであるから、感官の全対象の可能性のための質料は、一つの総括において与えられているものとして表象されねばならない、そしてそれ〔総括〕の制限にのみ、経験的諸対象の全ての可能性、相互の区別、およびそれらの汎通的規定は基づくことができる」(A581f./B609f.)。(「異なる諸経験」とは「唯一の普遍的経験」における「諸知覚」に過ぎぬ、と先に言われたことをここで想起すべきである)。

それ故、我々が「経験」の〈内在論〉的考察において、「経験」という出発点に立つとき、我々は既にこの「経験」が〈全体〉としての「経験」ではなく、〈部分〉としての「経験」であり、従って前者においてしかもそれの制限によって成立していることを知っていなければならない。何故なら、後者は先行する前者においてのみ可能なのだからである。それは何を意味するのか。それが意味するのは、ここで〈独我論〉は既に否定され、乗り越えられている、ということであろう。というのは、ここでの〈部分〉としての、我々の「経験」とは、我々が(経験の)主観として、(経験の)客観としての対象との相関関係を保持しつつ、ともにそこに内含されている「経験」であり、それは無数にある、〈部分〉としての他の「諸経験」と同様の一つの「経験」であり、そして他の無数の、各々の「経験」もまた悉く、我々の「経験」と全く同様に、(経験の)主観および客観によって内的に形成されていなければならず、従って、他の無数の「諸経験」及びそれらの夫々の内部における、無数の(経験の)主観の現存在は必然性を以て、「経験」という表象を有する我々に既に予め知られていなければならないからである。そしてこの〈必然性〉は、我々が「経験」を〈内在論〉的に考察することによって初めて生じるのではなく、むしろ逆に、かかる〈必然性〉こそが我々をして「経験」の〈内在論〉的考察へと赴かしめるのである。従って、ロックと違ってカントでは、〈他我の現存在〉は、我々の「経験」の場面において直知され得る。何故なら、外的経験を介して我々は外的対象としての、他者の身体を認識するが、その対象に我々は、「経験」の本質への右の先取的理解に基づいて既に知られている〈他者の現存在〉の必然性の認識を直ちに適用して、躊躇なく、そこにおいて〈他我〉を認識するからである。しかもここに在るのは、ロックのように、二重の〈間接性〉ではなく、二重の〈直接性〉である。何故なら、カントにとっては、「外的経験」は〈直接的〉であり、〈他我の現存在〉の必然性の認識もまた、右に見られたように、「経験」の表象を有する限りの万人に対して〈先取的・直接的〉だからである。

D・デイヴィドソンは『主観的なもの、間主観的なもの、客観的なもの』という論文において、「我々自身の心(主観的なもの)」、「他者の心(間主観的なもの)」、及び「自然(客観的なもの)」についての「我々の知識」という三種の経験的知識の間の相互関係について考察している。論文の意図は、これら三種の知識がいずれも「不可欠」(p. 160)かつ「相互依存的」(p. 155)で、「三脚」(p. 176)を成しており、それらのどれもが他の一者ないし二者に「還元され得ない」(pp. 157, 160)ことを示すことに在る。とくに、主観的なもの(自己知)に客観的なもの(外界の実在性の知）ひいては間主観的なもの（他者の心の知）に対する「優位」（p. 175）を認める伝統的思考法を覆すことが、論者の狙いである。その際、他者の心の知識の、外界の知識への依存性の根拠が、「他者の心の知識は、ひとが世界の知識を有する限りでのみ可能である」（p. 167, cf. pp. 156, 160, 173, 176）ことに求められている点に注目すべきである。そのことは、「恐らくはそれの直接性と確実性の故に、自己知を第一次的と看做し、次いでそこから外界の知識を引き出すことを企て、最後に他者の心の知識を行為の観察に基づける」という、「三種の知識の間の優位性をめぐる問題に対する、常套的対処法」（p. 156f.）をデイヴィドソン自身、一方でその儘受容れ、同時に彼は他方では別の論脈においてではあるが、「相互伝達〔コミュニケーション〕」、およびそれが前提している他者の心の知識は、我々の『客観性』の概念、および偽と真の信念の区別の再認識の基礎である」（p. 173）等と説くことによって、それらの間の「相互依存」関係を論じていることを示唆する。しかし、先に我々が確かめたところでは、感覚を介しての「外界の知識」は〈他我の現存在〉即ち「他者の心の知識」の根拠ではあり得ず、むしろ反対に、（それが唯一の根拠とするならば）〈独我論〉への道を拓くものでしかなかった。我々とデイヴィドソンとの間のこの大きな懸隔をどう解すべきか。

デイヴィドソンが三種の経験的知識の間の相互依存的関係について論じるとき、各々の知識の知識としての基礎づけが意図されているわけでは全くない。各々が知識として既に成立していることは、常識に従って前提されており、それら相互の依存的関係もまた、常識に従って論じられているに過ぎない。「客観的なものと間主観的なものは、我々が主観性と呼び得る何ものかにとって必須的であり、それ〔主観性〕がそこにおいて形を取るところの文脈を構成している」（p. 175）。これが主観的なものの、客観的なもの及び間主観的なものに対する依存性の根拠とされているのであり、それを単なる常識的議論と評せざるを得ない所以である。しかし、それが厳密な意味での知識としての基礎づけを欠くとき、それらは常識的意味における依存的関係を相互に維持しつつ、全体が一挙に単なる蓋然的な信念に転落してしまう懸念を免れないであろう。デイヴィドソンによれば、三種の知識は「同じ実在性の諸局面に関わり、実在性への接近の様式において異なる」(p. 156)に過ぎない。そこで彼の狙いは、三種の知識の全てを収容し、しかもそれらの相互関係の道筋を明らかにする、一枚の全体画を描くことである。「このような一般的な画がなければ、同じ世界が我々にはそのように三種の異なる仕方で知られるということに、我々は深く悩まされざるを得ない」(p. 159f.)。しかし、〈我〉を出発点とする、哲学史的に「常套的な対処法」を採用するデイヴィドソンによっては、三種の知識の実在性も、相互の依存性も、還元不可能性も必然性を以て基礎づけられ得るとは思われない。それに対して彼がもしも、三種の知識がそれについての知識である「世界」または「実在性」〔より正確に言えば、〈我〉と「世界」または「実在性」がその内にともに内含されている「経験」〕を出発点とし、それの内的可能性の解明へと向かったならば、三種の知識の実在性も、相互の依存性も、還元不可能性も、常識的議論に訴えるまでもなく、必然性を以て語られ得たことであろう。

シェリングやデイヴィドソンのように、〈我〉(「精神」)から出発し、しかも、「全ての主観の現存するこの世界」(S. 285)、「(私と他者によって)共有されている物理的世界」(p. 173)、「(我々と他者とが共有する)自然的世界」(p. 176)のような仕方で、同一の「世界」の中に我々と他者(全ての主観)がともに現存している、という前提に立つ限り、「観念論」(S. 279)ひいては「観念論の極端」としてのフィヒテ(S. 287)、更には〈独我論〉への傾向は不可避であり、〈独我論〉を免れるためには結局のところ、ライプニッツ的な、「神」による「予定調和」に逃避せざるを得まい。何故なら、「世界」及びそこにおける〈他者〉は〈我〉の外的経験の対象として、「経験」の内なる単なる「客観」でしかないのに対して、〈他我〉は、他〈我〉である限り、我々の〈我〉と同格の、自らの「経験」の

「主観」でなければならない「「間人格的なもの」(p. 176) となれば尚更である」が、かかる〈他我の現存在〉を必然性を以て確証できる術が彼らには欠如しているからである。物心二元論・独我論という、デカルト以来の意識（自我・主観性）の哲学のかかる制限を乗り越えて、「経験」に確実な基礎を与え得る道はそれ故、カントの〈内在論〉（経験内在論）を措いて他には考えられ得ない。我々は他者（他我）と、「一つの同じ世界」の中でというよりもむしろ、「一つの同じ普遍的経験」の中で、二重の〈間接性〉ではなく、二重の〈直接性〉の重ね合わせを介して、直接的に出会っているのである。

引用文献

J. Locke: *An Essay concerning Human Understanding*, 1690.
I. Kant: *Kritik der reinen Vernunft*.
I. Kant: *Prolegomena*, 1783, Bd. 4.
F.W.J. Schelling: *Darstellung des philosophischen Empirismus*, Bd. 5, 1927.
D. Davidson: *Subjective, Intersubjective, Objective*, in: *Current Issues in Idealism*, ed. by P. Coates and D. D. Hutto, 1996.

第七章　人間的自由の本質をめぐって

――スピノザ―カント―シェリング――

一

シェリングは『人間的自由の本質、及びそれと関連する諸対象についての哲学的探究』(以下、『自由論』と略記)(一八〇九)と題する論考において、人間・自由・神・悪・汎神論、等に対する深遠な洞察を含む、独自の自由論を展開している。「自由」の概念が既に独特で、彼は「善と悪との能力」を「自由」の「本来的概念」となすのである。そこでの探究の焦点は、スピノザの決定論とカントの自由論であり、これら二つの理論の論駁がシェリングの自由論の二本柱を成していると見られる。しかし我々には、シェリングの考察の立場と出発点には無理があり、その結果として、論考は自らの課題を達成し得ていないと思われる。そこで我々は、以下の論述を次の順序で進めたい。(1) シェリングのスピノザ批判、(2) シェリングのカント批判、(3) スピノザの側からの反論、(4) カントの側からの反論、(5) シェリングの挫折の原因。

(1)　論考の冒頭でシェリングは、「万人の内に直接的に刻印されている自由の感情」を「自由の事実」(S. 228)として認め、「自由の概念と世界観の全体との連関」を「探究の課題」(S. 230, vgl. S. 228)として立てる。次いで彼は、「理性の唯一可能な体系は汎神論である。しかしこれは不可避的に宿命論である」(S. 230)という「意見」を持ち出して、吟味にかける。ハイデガーによれば、これは〈汎神論は本来スピノザ主義であり、スピノザ主義は宿命論であり、そして宿命論は無神論である〉というヤコービの意見を指している(S. 115)。シェリングはヤコービの名を挙げていないが、このような世間周知の偏狭な意見をわざわざ持ち出して、しかもそれを「異常な主張」(S. 231)と呼んでいることからも明らかなように、シェリング自身は論考の冒頭ではスピノザに対しても、汎神論に対してもむしろ好意的弁護的であり、それらに対する当時の一般的「誤解」(S. 233)を払拭しようとする態度が歴然としている。

シェリングは「汎神論」をその語義(神=全て)に従って、「諸物の神における内在の教説」(S. 231)として規定し、この規定に従って「汎神論」の意味を確定しようとする。シェリングによれば、この定義に従えば「すべての理性的意見は何らかの意味でこの教説に引き込まれざるを得ない」が、ここには意味の区別があり、「宿命論的意味」がそれと本質的には結合されているのでないことは、「非常に多くの人達がまさに自由の生命的感情によってかの(神的存在者の)見解へと駆り立てられたことから明らか」である。つまり、人間の自由と神の全能の力との対立は考えられない以上、「人間は神の内に在り、彼の全活動は神の生命に属している」(ebd.)と考える以外に、人間の自由を救う道はない。かくして、「汎神論」(諸物の神における内在の教説)は、人間的自由と対立するどころかむしろ、それにとって必然的な教説であると、シェリングは言う(S. 232)。

次いでシェリングは、「普通はより妥当と信じられて」いる、汎神論の「別の説明、即ち汎神論は神の諸物との全き同一化、被造物の創造者との混淆に存する」という説明を検討する。そして、「汎神論にとって古典的と看做されているスピノザ」におけるそれより以上に、諸物と神との完璧な区別は考えられ得ない、とスピノザを擁護する。即ち、シェリングによれば、スピノザにおいて諸物と神は単なる程度上の差異に過ぎぬと見える外見に反して、実際には諸物は神においてそして神によってのみ在り得る限りにおいて、神とは「絶対的に分離」されており、また、普通に称されるようには、全ての諸物の集合は全体としての神を構成できない（何故なら、神は全体として、諸物に概念上必然的に先行するから）のである（S. 232f.）。あるいは、上の説明の支持者が尚もそれに固執して、「汎神論においては、神が全てである、ということが問題なのではなく、諸物は無であるということ、即ちこの体系は全ての個体性を廃棄する、ということが問題なのである」と言おうとするならば、この規定は先の規定と矛盾することになる。何故なら、もしも諸物が無であるならば、神をそれらと「混淆」することはいかにして可能であろうか（S. 235）という仕方で、シェリングはかかる異論を斥ける。

そしてシェリングは、「スピノチスムスについての我々の確定的見解」を以下のように表明する。「ハイデガーによれば、「汎神論論争以来、スピノザの汎神論が古典的汎神論として通っており、それ故、スピノチスムスと言われるとき、汎神論一般が意味されている」（S. 124）」。「この体系は宿命論ではない。何故なら、それは諸物を神の内に内包せしめるし、そして汎神論は、少なくとも形式的自由を不可能ではないとするからである」（S. 241）。「感性的原理および欲望に対する叡知的原理の単なる支配において存立する自由ならば、スピノザからさえ容易に導出され得る。それ故、一般的に自由の否定または主張ということは、汎神論（諸物の神における内在）の採用または不採用ということとは全く別の根拠に基づくように思われる」（S. 237）。従って、ハイデガーの言うように、「彼〔シェリング〕は、汎神論は決して必然的に自由の否定へと導くことはなく、むしろ逆に自由の根源的経験は、汎神論を要求するということを示そうと試みている」（S. 128）と言えよう。

ところで、シェリングのスピノザに対するかかる肯定的態度に代って否定的態度が現れるのは、神を「死者達の神ではなく、生者達の神」とする「遙かにより高次な立場」(S. 238)においてである。それはいかなる仕方でか。シェリングによれば、「創造的な統一」(S. 237)というのは、「依存性は自立性を廃棄するものの、根拠(永遠なもの)と帰結(依存的なもの、自由をも廃棄するわけではない」。それは存在者を規定せず、単に、依存的なものはそれが依存するものの帰結としてのみ在り得る、というだけだからである。「個々の有機体は生成したものとして、単に他者によってのみ在り、その限りで生成に関して依存的である。しかし存在に関しては依存的ではない」とシェリングは言う。「或る人間の息子が彼自身人間であることは少しも矛盾ではない」(S. 238)。反対に、依存的なものあるいは帰結するものが自立的でないとするなら、これは矛盾である。それは依存するもののない依存性、帰結するもののない帰結ということになるからである。同じことは、他者の内に含まれることにも妥当する。個々の分肢、例えば眼は一個の有機体の全体においてのみ可能である。それにも拘らず、それは自らの一つの生命を、否、一つの自由を有する、それの罹る病気が証明するように。もしも他者の内に含まれているものがそれ自身生命的でないならば、含まれるもののない内含、即ち何も含まれていないことになろう。かくして、それの理念が或る、自立的なものの産出ないし措定ならざる帰結とは全く矛盾する神的存在者それ自身の考察は、或る「遙かにより高次な立場」を確証する。

神を「死者達の神ではなく、生者達の神」と見るこの立場においては、「最完全な存在者がいかにして可能な限り最完全な機械にも快を見出すであろうかは、洞察できない」。「神からの存在者の帰結の仕方がいかに考えられようとも、それが機械論的であることはできない。産出されたものがそれ自身としては無であるような単なる産出ないし製作などは存在せず、流出するものがそこから流出したものと同一で、従って何らの固有なもの、自立的なものでもないような流出も存在しない」。神からの諸物の帰結は、「神の自己開示」である。神はしかし、「神自身に似ているもの、即ち自己自身から行為する自由な存在者（それらの存在の根拠は神以外にはないが、それらは神と同様に存在する）においてのみ自己を開示し得る」。「神は諸物それ自体を直観する。自体的であるのは、永遠なもの、自己自身に基づくもの、意志、自由だけである。派生的な絶対性あるいは神性の概念は少しも矛盾的ではなく、むしろ全哲学〔哲学全体〕の中心概念である。かかる神性が自然には帰属している。神における内在と自由とは決して矛盾せず、まさに自由なものだけが、しかもそれが自由である限りにおいて、神の内に在る。自由でないもの〔不自由なもの〕はそれが不自由である限りにおいて、必然的に神の外に在る」。そしてこれをシェリングは、自由の「かくも普遍的な演繹」(S. 239) と呼んでいる。

あるいはシェリングは、「この体系は宿命論ではない。何故なら、それは諸物を神の内に内包せしめるし、そして汎神論は少なくとも形式的自由を不可能ではないとするからである」という先述の、「スピノチスムスについての我々の確定的見解」の表明に続けて、「それ故に、スピノザは全く別の、そしてそれとは独立の理由によって宿命論者でなければならない」(S. 241) と言う。「彼の体系の過誤」は決して、彼が「諸物を神の内に措定すること」にあるのではなく、「それらが諸物であること、即ち世界存在者の、否、彼にとってはまさにそれもまた物である無限な実体それ自身の抽象的概念」のうちに在る。それ故に、「彼の反自由論〔自由に対する駁論〕は全く決定論的であって、決して汎神論的ではない」。彼（スピノザ）は「意志」をも「事物」として取扱い、そして甚だ自然なことに、「意志はその全ての働きかけにおいて、或る他の事物によって規定されなくてはならず、そしてこの他の事物は再び他の或る事物によって規定されている、という具合に無限に進行することを証明する」。このような視点からシェリングは、スピノザの「体系の没生命性、形式の無情性、概念および表現の無味乾燥さ」、そして更に

「彼の機械論的自然観」をも批判する。「スピノチスムスの根本的諸見解は、自然の力学的表象によって既に本質的に変革されねばならない」。「もしも全ての諸物の神における内包という教説が全体系の根拠であるのならば、それが一つの理性体系の原理とされ得る前に、少なくとも先ず生気づけられ、抽象化から引き離され、救出されねばならない」(S. 241)。「一言で言えば、それ〔スピノザの体系〕は一面的＝実在論的体系である。この表現は、汎神論よりも遙かに正しくそれの固有性を表示している」(S. 242)。

シェリングによれば、「端的に自由で意識せる意志」は「愛の意志」であり、「それから帰結する開示」は「行為」である。全自然は「単なる幾何学的必然性によって現存するのでは決してなく、それの内には純然たる純粋理性ではなく、人格性と精神」がある。創造は「いかなる出来事でもなく、行為である。普遍的諸法則からのいかなる帰結もなく、神即ち神の人格が普遍的法則であり、生起する一切は神の人格性によって生起する」。そしてシェリングは、ライプニッツの哲学を、それが「抽象の精神によって支配され過ぎている」面を指摘しつつも、「自然法則を幾何学的＝必然的でも、また恣意的でもなく、道徳的＝必然的な法則として認定している」点を「極めて喜ばしい一面」として評価している。というのも、ライプニッツはシェリングの引用によれば、「自然において現実に証示されるべき諸法則はしかし、絶対的に証明可能であるというわけではない。しかしこのことはまた必要でもない。確かにそれらは様々の仕方で証明され得るであろうが、しかし常に、幾何学的に必然的ではない何かが前提されねばならない。それ故、これらの諸法則は絶対的必然性の体系に抗する、或る最高の、叡知的で自由な存在者の証明である」と語っているからである。そしてシェリングは言う。「力学的説明仕方の最高の目標は外でもなく、自然法則のかかる心情、精神および意志への還元である」(S. 288)。

シェリングによれば、開示とは神の「意識せる、道徳的＝必然的な行為」であり、「神における開示という行為は単に道徳的＝必然的、即ち善と愛に関して必然的」（S. 289）であって、この「道徳的力学的必然性」という点においてシェリングはスピノザの「機械論的幾何学的必然性」と真っ向から対立する。シェリングは、「神的本性〔自然〕から一切は絶対的必然性を以て帰結する。即ち、それによって可能的である一切は、現実的でもあらねばならず、そして現実的でないものは実践的に不可能でもあらねばならない」という命題は、そこでの「必然性」を「道徳的必然性」と解しさえするなら「不可疑」となる、と言う。「スピノチスムスは決して、神におけるかかる確固不動の必然性というその主張によって誤っているのではなく、この必然性を没生命的かつ没人格的と解することによって誤っているのである。何故なら、この体系〔スピノチスムス〕は絶対者一般の単に一側面、即ち実在的側面、あるいは神が単に根拠において働く限りの側面を把握しているだけなので、かの諸命題は結局盲目的で没悟性的な必然性へと導くからである。しかし、神がもしも本質的に愛であり善であるならば、神において道徳的＝必然的であるものもまた、真なる形而上学的必然性を以て帰結する」（S. 289）。

シェリングはまた、「近代の全ヨーロッパ哲学はデカルトによるそれの開始以来、自然が現前しておらず、生命的根拠を欠くという共通の欠陥を抱えている。それによって、スピノザの実在論もライプニッツの観念論も、極めて抽象的である。観念論は哲学の霊魂であり、実在論は肉体である。両者が一緒になってのみ、一つの生命的全体が形成される。実在論は原理を与え得ないが、それは観念論がそこにおいて現実化され、肉と血とを受取るところの根拠かつ手段でなければならない」（S. 248）と言う。他の箇所で、「〔全自然の〕存在者、とくに有機的存在者の形成において必然性と結合して現れる非合理的なものと偶然的なものは、ここで働いたのは単に幾何学的必然性ではなく、自由、精神および我意が一緒に活動していたことを証明する」（S. 268）、「神の自然との紐帯によってのみ、神における人格性が基礎づけられるということは確かである。何故なら、反対に純粋観念論の神も、純粋実在論の神も必然的に没人格的な存在者であるからである。そしてフィヒテおよびスピノザの概念はこのことの最も明瞭な証明である」(S. 287) 等とシェリングが語るのも、それと同趣旨の言明である。

以上を要するに、神を「単なる存在ではなく、生命」(S. 295) と解するシェリングからすれば、神を単なる「存在」、「物」と解するスピノザにおいては、かかる神に内在する人間に自由を認め得る余地はなく、スピノザにとっては決定論(宿命論)は不可避である――これがシェリングのスピノザに対する批判の核心と言えよう。

二

(2) シェリングは彼固有の「自由」、即ち「善と悪との能力」としての自由の「本来的概念」に到達するまでの自由論の前史を、言わば三期に分けて回顧している。シェリングは先ず、「観念論が発見するまでは、自由の本来的概念は近代の全体系(ライプニッツでもスピノザでも)には欠けている」が、「感性的原理及び欲望に対する叡知的原理の単なる支配において存立する自由ならば、スピノザからさえも容易に導出され得る」(S. 237) と言う。次いで、上述の、自由の「かくも普遍的な演繹」から明らかになることとして、「形式的自由の否定ということは汎神論とは必ずしも結びつかない」(S. 239) と言う。あるいは、「汎神論は少なくとも形式的自由を不可能ではないとする」(S. 241) とも言われる。更にシェリングはカントについて、「カントは先ず、物自体を現象から単に消極的に時間からの独立性によって区別」した後で、「時間からの独立性と自由とを現実に相関概念として取扱った」が、「この唯一可能な積極的〈自体〉概念を諸物へと転移しようという思想に進まなかった」ために、「彼はより高次な考察の立場へと、彼の理論哲学の特性である消極性を超えて上昇することはなかった」(S. 243f.) と述べる。そして観念論については、「観念論は一方では単に自由の最普遍的な概念を与え、他方では自由の単に形式的な概念を与える。しかし、実在的でかつ生命的な概念は、それ〔自由〕が善と悪との能力であるということなのである」(S. 244) と言う。

以上のシェリングの叙述をハイデガーは次のように説明している。「ところでしかし、観念論まで、即ち移行を成すカントまでは、全ての体系は自由を本来的には未だ措定しなかった。というのは、それらは自由の『本来的』な、『形式的な概念』を未だ形成できずに、非本来的な概念の中を動いていたからである」、「自由の非本来的概念と本来的『形式的』概念とのこの区別はいかに解さるべきか(『形式的』の形式〔形相〕とは規定するもの、本質一般の意である)」(S. 144)、「しかし、それ〔感性に対する精神の単なる支配〕で以ては自由の『本来的』概念は未だ把握されておらず、本質、形相、本質根拠は未だ見出されていない。それに初めて到達したのはカントと観念論である」(S. 145)、「自由の形式的概念は、自己の本質法則の中に自ら立つこととしての自立性である。それが本来的意味における自由であり、歴史的に言えば、観念論的意味における自由である。カント哲学は非本来的から本来的自由概念への移行を成す。……自由のカント的概念においては、人間的自由の形相的本質の限界づけが未だ成就されていない。何故なら、カントはこの自由を自律として、専ら人間の純粋理性の中に置く。この純粋理性は感性、『自然』と区別されているだけでなく、根柢において分離されてさえいる。……ここでは自然は消極的なもの、単に克服されるべきものに止まり、ともに人間の全き本質の固有の根拠となることはない。しかし自然が単に克服されるべきものとしてではなく、ともに規定するものとして理解されるときに、自由とのより高次な統一が出現する。……自由のかかる十全的普遍的本質概念への歩みを初めてシェリングが、フィヒテを乗り越えることにおいて達成した」(S. 145f.)。

ハイデガーのこの説明にはしかし、重大な誤りがあると思われる。彼は「形式的自由」をシェリングの「本来的」自由と解しているが、しかし実際には「形式的自由」はシェリングにとって〈非本来的〉(自由の「本来的概念」という言葉はシェリングにもあるが、〈非本来的概念〉という言葉はない)な自由に過ぎず、「本来的」自由はむしろ「実在的自由」でなければならない。何故なら、「形式的自由」はシェリングにおいて汎神論(スピノザ)にも観念論にも認められているが、「実在的自由」だけはそれらの何れにも認められておらず、それ故シェリング以前の汎神論、カント、観念論(フィヒテ)が未だ〈非本来的〉自由に止まっているとされる〈非本来的〉自由とは「形式的自由」であり、シェリングに固有な「実在的自由」こそが「本来的」自由でなければならないからである。確かにシェリングは観念論について、それが「自由の本来的概念を発見した」と積極的に評価する反面、それは「自由の単に形式的な概念」を与えるのみで、(「本来的」な)「実在的でかつ生命的な概念」を与えていないという消極的評価に止まるという曖昧さを残しているが、かの「発見」の内実については何も言及しておらず、観念論は未だ「形式的自由」の段階に止まっていると看做すしかない。〈非本来的〉自由と「本来的」自由、「形式的自由」と「実在的自由」という一目瞭然たるこの対比を、ハイデガーならずとも看過できる筈はなく、それ故彼のそれは意図された誤解、曲解と看做すしかないが、ハイデガーが「形式的自由」の「形式的」formell とは「形相(本質)」forma に由来すると言って、それを「人間的自由の形相的 formal 本質」(S. 144) と勝手に言い換えさえしているのは、強引に過ぎる逸脱であろう。かかる曲解、逸脱へとハイデガーを誘ったのは、〈人間的自由の本質〉と〈人間的本質〉の把握は直結しているとする見地に立って、カントが〈人間的自由の本質〉を把握できなかったのは、〈人間的本質〉を、「感性」を無視して専ら「純粋理性」の中に見出す彼の人間把握に起因する、という見方に相違あるまい。しかし、ハイデガーのこの曲解が、カントとシェリングの間の「自由」をめぐる真の争点を見失わせる結果となっていることは否定できない。

シェリングは先の叙述に続けて、「これこそ〔悪の問題を指す〕は、あれこれの体系ではなく全体系が出会う、自由の全教説における最深の難点である」(S. 244) と述べた後、約三〇頁にわたって、悪の諸問題(起源・概念・可能性・存在理由・根拠等)について詳論する。〔例えば、「悪の実在性が否定されると同時に、自由の実在的概念は消失する」(S. 245) という言明は、「実在的自由」が悪の問題と本質的関連を有する「本来的」自由であることの証であろう〕。その上で、「我々はここまで自由の形式的本質をより少なく視野に捉えて来た。それの理解は自由の実在的概念の説明よりもより少ない困難と結合している、とは思われないのであるが」(S. 274) と述べて、以下「形式的自由」について議論を展開する。そしてその箇所で、シェリングのカントの自由論との根本的対立点が明らかとなる。

シェリングは先ず「普通」の自由概念を〔そこでは自由は、規定根拠なしに、矛盾対立する両者の何れかを意志する全く無規定の能力の中に置かれる〕、それの非決定性、恣意性に関して批判する (S. 274)。この概念の唯一の証明は、例えば誰でも自分の腕を思い通りに伸縮できるという事実を引証することに存するが、それは規定根拠の不知からそれの非存在を推論する「悪しき証明法」である。何故なら、逆にそこから行為の被規定性を推論することも可能な筈だからである。問題はこの概念が個別的行為の全くの偶然性を導入する所にある。しかし、「偶然」ということは不可能で、理性および全体の必然的統一に反する。自由がもしも行為の全き偶然性によってしか救われないのであれば、自由はおよそ救われ得ない。恣意の均衡のこの体系と、一切の行為の経験的必然性を主張する決定論とが対立するが、もしもより一層高次な体系が存在しないならば、両体系は同じ立場に属することになろう。というのは、「偶然からも、強制あるいは外的被規定からも等距離に隔たっており、むしろ或る内的な、行為者自身の本質に淵源する必然性である、より一層高次な必然性」(S. 275) があるが、それは両者に等しく不知だからである。

ここでカントが登場する。シェリングはカントの思考を、彼の言葉通りでないと断りつつ、次のように表現する。「各々の物の叡知的本質、とりわけ人間のそれは、一切の時間の外またはそれを超えて在ると同様に、一切の因果連関の外に在る。それ故それ〔叡知的本質〕は何か或る先行者によって規定されて在ることはできない。というのは、それ自身がむしろそれの内に在るないし生じる、他の一切のものに時間上というよりは概念上絶対的統一として先行するからである。そしてこの絶対的統一は、個別的行為ないし規定がそれにおいて可能であるために、常に既に全体的かつ完結的に、現存していなければならない」(ebd.)。しかし(カントの)この思考が想定されると、以下の推論が生じるとシェリングは言う。「自由な行為は人間の叡知的なものから直接的に帰結する。しかしそれは必然的に或る一定の〔規定された〕行為、例えば手近な場合を引用すれば、或る善いあるいは悪い行為である。しかるに、絶対的に無規定なるものから規定されたものへの移行は存在しない。叡知的本質は純然たる無規定性を抜け出して、いかなる根拠もなしに自己自身を規定する、とでも言うとすれば、上述の、恣意の均衡性の体系に戻ってしまう。自己自身を規定できるためには、それ〔叡知的本質〕は既にそれ自身において規定されていなければならないであろう、そしてそれは勿論外からではない(それの本性に矛盾する故)、しかしまた内から何らかの単に偶然的ないし経験的な必然性によってでもない(かかる心理学的なものも物理的なものもそれに下属する故)、かくしてそれ自身は己れの本質即ち己れの固有の本性として、自己に対して規定であらざるを得ない。それは決して無規定の普遍者ではなく、この人間の叡知的本質を規定する。……叡知的本質はそれ故、それが単にそれに固有の内的必然性のみに従って行為すればするほど、端的に自由かつ絶対的に行為することができる。即ち、行為はそれの内なるものから単に同一性の法則のみに従って、そして絶対的必然性を伴って帰結することができる。そしてこの絶対的必然性のみがまた絶対的自由である。何故なら、己れの固有の本質の法則に従って行為し、自己の内なるまたは外なるいかなる他者からも規定されていないものだけが自由だからである」(S. 276)。

ここには、人間的自由の本質をめぐっての、シェリングのカントに対する対立点が鮮明に語られている。シェリングによれば、個別的行為は必然的に或る規定された行為である以上、それを規定する根拠を必要とするが、しかるにカントにおける、人間の叡知的本質は「無規定の普遍者」に過ぎず、かかる規定根拠であり得ない。「絶対的に無規定なるものから規定されたものへの移行は存在しない」からである。カントの自由はそれ故、偶然性あるいは恣意性に基づく自由、つまり伝統的な〈無差別選択の自由〉の域を出るものではないことになろう。彼の自由は「恣意の均衡性の体系に戻ってしまう」ことを免れないからである。これに対して、シェリングにおいては、人間の叡知的本質は「既にそれ自身において規定されて」おり、それ自身は「己れの本質即ち己れの固有の本性として、自己に対して規定」であり、「或る内的な、行為者自身の本質に淵源する必然性である、より一層高次な必然性」を有する。ここには、「人間の本質は本質的に彼の固有な行為」である (S. 277) というシェリングの独特の行為観が根柢に存する。

シェリングによれば、人間は「根源的創造においては非決定的〔決定されざる〕存在」であり、「彼自身だけが自らを決定」できる。「しかし、この決定は時間内には収まり得ず、それは一切の時間の外に在って、第一の創造と一致する。人間は時間中に生まれるとはいえ、創造の始元(中心)へと創られている。それによって彼の生が時間中で規定されている行為それ自身は、時間には属さず、永遠に属する。行為は生に時間上は先行せず、時間を貫いて(時間に捉えられることなく)一つの本性上永遠なる行為として先行する。行為を通して人間の生は創造の始元にまで達する。それ故人間はそれ〔行為〕によって諸々の被造物の外でも自由であり、それ自身永遠なる始元である。

……それ故、全ての行為の不可疑の必然性にも拘らず、そして誰しも自分が決して偶然的ないし恣意的に善あるいは悪であるのではないことを自認せざるを得ないにも拘らず、例えば悪人は強制されてではなく、彼の行為を意志を以て為すのであり、意志に反して為すのではない。ユダがキリストの裏切り者となることを、彼自身も創造者も変更できなかったが、しかし彼は強制されてキリストを裏切ったのではなく、意志と充分な自由を以て裏切ったのである」(S. 277)。

シェリングが強調するのは、人間の行為の時間を超えた永遠性であり、彼はこの見地から「自由」と「予定」、あるいは「自由」と「必然性」との両立を図ろうとする。「予定説の創始者達は、人間の行為が永遠に規定されていなければならないと感じてはいたが、しかし彼らはこの規定を、人間自身の本質を成す、創造と同時的な永遠的行為の内には求めなかった。……我々もまた永遠説を主張するが、しかしそれは全く別の意味、即ち、人間がここで行為する通りに、彼は永遠にそして既に創造の始元において行為したのである、という意味においてである。彼の行為は、彼自身が道徳的存在者として生成するのでないように、生じるのではなく、本性上永遠的なのである。それとともに、かのしばしば聞かれる、〈何故にこの人は悪しくまた放埒に行為するように定められ、かの人は敬虔にかつ誠実に行為するように定められているのか〉という難問も消滅する。何故なら、この問いは、人間が既に最初に行為であるのではなく、また彼が精神的存在者として彼の意志に先立って存在を有すると(それは不可能であるのに)前提しているからである」(S. 279f.)、「必然性と自由は、ひとつの存在として相互貫入的である。即ち、単に異なる側面から見られるときに一方あるいは他方として現れるそれ〔存在〕が、自体的には自由であり、形式的には必然性なのである」(S. 277)。

三

(3)　シェリングにおいては、「神」や、神における諸物の「内在」や、ひいては「汎神論」等の諸概念が不判明・不明確であるために、「一面的＝実在論的体系」という彼のスピノザ批評が果してそしてどの程度まで妥当であるかは判然しない、と思われる。

シェリングは「我々の時代の自然哲学は、実存する限りの存在者と、単に実存の根拠である限りの存在者との区別を提示した」と言い、それが「スピノザの道から最も判然と逸れるのは、まさにこの点においてである」とも言う(S. 249)。そして、「神が自己の内に有する、彼の実存の根拠」は、「絶対的に見られた、即ち実存する限りの神」ではないとする。何故なら、「それ〔根拠〕は単に彼〔神〕の実存の根拠」であり、「神の内なる自然」であり、「彼〔神〕から確かに不可分ではあるが、しかし区別された存在者」であるからである。そして、両者〔根拠としての神と実存としての神〕の関係は「自然における重力と光の関係と類比的に説明できる」と語っている(S. 250)。しかし、考察が更に先へと進んで、「全探究の最高の地点」(S. 298)という段階に到ったところでは、「一切の根拠および実存に、それ故およそ一切の二元性に先行して、或る存在者が存在せねばならない」と言われる。それが「原根拠」あるいは「没根拠」(無底)である。ここには三番目の「神」概念が現れている。それはまた、「端的に見られた絶対者」(S. 300)とも呼ばれている。

この「無底」(没根拠)を大橋良介氏のように、「神(テオス)でもなく有(オン)でもなく」(138頁)、「単に悟性的ないし思弁的な思想にとどまらず、キリスト教的伝統に強く刻印された『宗教的』経験」(139頁)、「具体的な生ける生命経験」ないし「死の経験」(142頁)のように解することには賛成できない。「無底」(没根拠)と言っても、それは

「一切の根拠に先行するもの」として、普通の意味での「根拠」とは呼ばれ得ないものの、「原根拠」とも言い換えられているように、「根拠」ならざる一定の「根拠」であって、「無底」という言葉で連想されるような〈無規定なもの〉、〈非合理なもの〉ではない。「無底（没根拠）はしかし自己を二つの等しく永遠な始元へと分化する」（S. 300）と言われるように、それは明確に規定された思弁的概念である。それが「具体的な生ける生命経験」等と解されるのは、それが現れる「全考察の最高の地点」が大橋氏によって、『『自由論』全体の主題である『神の自己啓示』の最終段階」（130頁）と解されることと関連があるのかも知れないが、しかしこれは誤解であろう。論考の最終場面において到達されるこの「最高の地点」とは「神の自己啓示の最終段階」ではなく、むしろ逆に、人間や世界において自己を啓示すべき神自身の本質規定という、言わば自己啓示のための出発点の段階であろう。シェリングは悪や自由の問題の考察を通じて、根源へと遡行し、体系全体の根本原理に論考の最終段階において初めて背進的に到達したと解される。「無底」（没根拠）をめぐって大橋氏によって批判されているハイデガーのように、「しかし神は常に、根拠および実存によって規定されるもの、かかるものとして——一切の根拠および一切の実存に、それ故一切の二元性に先行して——彼〔神〕の本質であるところの《原本質》〔原存在者〕である。シェリングはそれを《原根拠あるいはむしろ没根拠（無底）》と呼ぶ」（S. 213）と解するのが正しく、そこに何らかの経験的内容を読み込むべきではあるまい。

「神」だけでなく、シェリングにおける、諸物の神における「内在」の概念もまた極めて不判明・不明確である。「神における内在と自由とは決して矛盾せず、まさに自由なものだけがしかもそれが自由である限りにおいて、神の内に在る。自由でないもの〔不自由なもの〕はそれが不自由である限りにおいて、必然的に神の外に在る」（S. 239）と言われるが、「自由でないもの」は必然的に「神の外に在る」というのは、不可解な表現であろう。何故なら、スピノザの「汎神論」においては、〈全てのものは神の内に在り、神なしには在ることも考えられることもできない〉筈であり、従って〈神の外に在るもの〉は在り得ない筈だからである。それに伴って、「汎神論」もまたシェリングにおいては不確定的・浮動的な概念であらざるを得ない。というのも、スピノザの幾何学的・機械論的自然観と違って、力学的・生命論的自然観を取るシェリングにおいては、神とそれに内在する諸物との関係が静止的・無時間的ではなく、力動的・行為的〔例えば、神の自己開示という行為〕だからである。そこで、「内在」の概念は、「それによって諸物の神における死せる内含が表現されるべき限りは除去されるべき」であり、むしろ「生成」の概念が「諸物の本性に唯一適合した概念」であるとさえ言われることになる（S. 251f.）。とはいえ、シェリングが「汎神論」という探究の場面を途中のどこかで放棄したわけではなく、論考の最終段階でも、「絶対者との関係において端的に見られると、全ての対立は消失するという理由で、この体系を汎神論と呼びたければ、そうしてもよい」（S. 301）と言っているように、「汎神論の本来的性格」（S. 237）を規定しようとする意図は、『自由論』において終始一貫して維持されていると見られる。

このような両者（スピノザとシェリング）の諸概念をめぐる大きな差異を背景として、「一面的＝実在論的体系」という評語は慎重かつ客観的な吟味を要するであろう。シェリングがスピノザの体系をそのように評したのは、スピノザの「機械論的・没生命的・没人格的自然観」の故を以てであるが、この評価は余りにも唐突で、極論の誹りを免れまい。何故なら、かかる自然観や幾何学的秩序による叙述は確かに、体系の思考・叙述様式を深く規定するには違いないが、さりとて概念の内容にまで影響を及ぼして、「生者」を「死者」へ、「生者達の神」を「死者達の神」へ、「神」や「意志」を「物」へと変えてしまうとは到底考えられ得ないからである。スピノザにおいても、シェリングにおけると同様に、「神」はまさに「神」であり、「生者達の神」であって「物」ではなく、「精神」はまさに「精神」であり、「知性」・「意志」・「感情」を有する、生ける「精神」であって死せる「物」ではない。スピノザを「一面的＝実在論的体系」として難じることは、スピノチスムスの体系を「神を諸物と、被造物を創造者と混淆し、一切を盲目的・無思想的必然性の下へと隷属せしめる体系」と解するヤコービの主張を厳しく批判したシェリング自身の立場（S. 239f.）とも相容れないであろう。

極論と言えば、「神は死者達の神ではなく、生者達の神である。最完全な存在者がいかにして、可能な限り最完全な機械にも快を見出すであろうかは、洞察できない。神からの存在者の帰結の仕方がいかに考えられようとも、それは機械論的であることはできない」（S. 238）と、「神は生命であって、単に存在ではない。しかるに、一切の存在は運命を有し、受難と生成に隷属する。それ故、神が人格的となるために先ず光と闇の世界を分離したときに既に、神はそれ〔受難と生成〕にも喜んで服従したのである。……人間的に受難する神という概念がなければ、全歴史は理解できない」（S. 295）という二箇所は極論であり、シェリングの過度の〈擬人法〉であると、スピノザの側からは反論されよう。ハイデガーには、シェリングの〈擬人法〉を擁護する議論があるが（S. 282–285）、それにしてもこれらの二例は度を過ぎている、と見られよう。シェリングが非難を免れないと思われるのは、これらの箇所においては〈擬人法〉が比喩的説明のために用いられるというよりも、それ自身が説明根拠の役割を演じているからである。

シェリングにとってより一層深刻な問題は、「神の人格性」をめぐる困難である。シェリングによれば、「人格性」は「或る自立的なものの、それとは独立な根柢との結合」に基づく。そこで、「神は自らにおける観念的原理の、（それとは）独立な根拠との結合によって、最高の人格性である」と言われる。更に、「両者〔実存と根拠〕の生命的統一が精神であるとすれば、両者の絶対的紐帯としての神は、卓越したそして絶対的意味における精神」である。かくして、「神の自然との紐帯によってのみ、神における人格性が基礎づけられるのであれば、純粋観念論の神も、純粋実在論の神も、フィヒテおよびスピノザの〔神の〕概念がそのことの極めて明瞭な証明であるように、必然的に没人格的存在者である」(S. 287) と言われる。「全自然は我々に、それが決して単なる幾何学的必然性によって現存するのではないと語る」のであり、「それの内には純然たる純粋理性ではなく、人格性と精神が存在する」と言われ、「創造は出来事ではなく、行為」であり、「神、即ち神の人格が普遍的法則であって、生起する一切のものは神の人格性によって生起する」(S. 288) と言われるのも、更には、スピノチスムスは「(神における確固不動の)この必然性を没生命的かつ没人格的と解することによって、誤って」いるのであり、それは「絶対者一般の単に一側面、即ち実在的側面、あるいは神が単に根拠において働く限りの側面を把握しているに過ぎない」(S. 289) と言われるのもすべて、上述の、神における「人格性」、「精神」の規定に基づいている。

しかし、シェリングのこの、神における「人格性」、「精神」の規定は、実存と根拠、観念的原理と実在的原理の二元的区別を前提した上での、両者間の「結合」あるいは「紐帯」として成立している点に、深刻かつ克服不能とも見える困難を内包していると思われる。というのは、究極原理へと遡る背進的考察がかかる二元的区別を越えて更に進み、二元的に区別された両者の更なる根源としての、両者に先行する根源的一者、即ち「端的に見られた絶対者、没根拠」(S. 300) に最終段階において到達したとき、この一者には、自らの自己分化による派生的・二元的区別に基づいて初めて成立する「人格性」や「精神」が帰属し得ないことは明らかであり、根源的一者である「神」は前進的進行の出発点において、自らの「人格性」、「精神」を果してどこから得るのか、という難問が不可避的に生じるからである。これは、スピノザの幾何学的な「存在」の「汎神論」にはない、シェリングの力学的な「生成」の「汎神論」に固有の困難であろう。何故なら、スピノザにおいては、神と個物の関係は、根拠と帰結の関係と言っても、幾何学的・無時間的な、全体と部分の関係に類比的な、言わば双方向的な関係であり、全体から部分へと進むことも、逆に部分から全体へと進むことも等しく自由で、単に同じ道路上での逆方向の進行というだけであるが、シェリングの場合は、両者間の関係は「生成」による関係である以上、不可逆的・一方向的な関係で、根拠から帰結への唯一の進行方向だけがあって、同じ道を逆方向に進むことは不可能である。背進の道と前進の道が同じであり得ない以上、背進の途上で得られた概念をその儘、根源的一者の地点で反転する前進の道で再び使用できないのは当然であり、それは新しい道において新しい仕方で獲得されねばならない筈である。自らの「汎神論」にとって致命傷とも見えるこの困難をシェリングは自覚しており、論考の最終局面において、絶望的な呟きを洩らす。「没根拠あるいは無差別においては、確かにいかなる人格性も存在しない。しかし、出発点は全体であろうか？」(S. 304)。しかし、シェリングのこの弁解は、スピノザの側からは受入れられまい。むしろ、「スピノザの神は没人格的である」とシェリングは言うが、シェリングの神もまた、「汎神論」は背進と前進の二つの道の円環構造が完成して初めて成立する以上、それが人格的、精神的であることは証明されてはいないではないか、と反論されよう。これに対してシェリングが再反論できるとは考え難い。

肝腎の〈自由論・決定論〉についても、〈シェリングの自由論・スピノザの決定論〉のような顕著な対立が二人の間に果して本当に存在するのか、が問われなければならない。というのも、〈自由・決定〉というこの問題に関して、子細に見ると、二人の間の対立は愚か、区別さえ必ずしも明らかではないと思われるからである。シェリングは既述のように、「普通」の自由概念をそれの「恣意性」、「偶然性」の故に批判し(S. 274f.)、かかる「恣意の均衡性の体系」〔偶然性の立場〕と「一切の行為の経験的必然性を主張する決定論の体系」〔強制または外的規定の立場〕とを、「より一層高次な必然性(内的な、行為者自身の本質に淵源する必然性)」を知らない点で「同じ立場」と看做した（S. 275）。

シェリングがカントに仮託して語るように、「自己固有の本質の法則に従って行為し、自己の内なるまたは外なるいかなる他者からも規定されていないものだけが自由」なのであり、それ故「絶対的必然性のみがまた絶対的自由」（S. 276）であるとすれば、シェリングにおいて、「必然性と自由は相互浸透的」であり、「異なる側面から見られる限りで一方または他方として現れるだけで、自体的には自由、形式的には必然性であるひとつの存在」に外ならない（S. 297）。ここには、「人間の決断〔決定〕は時間に属することはできず、全ての時間の外に在り、それ故第一の創造と一致する」、「行為はそれ自身時間には属さず、永遠に属する。……行為によって人間の生は、創造の始元にまで達する。それ故に彼は行為によって自由であり、永遠の始元でさえある」（S. 278）、「人間の本質は、本質的に彼の固有な行為である」（S. 277）という、シェリングの独自の視点があることは言うまでもない。

これに対してスピノザも、シェリング（S. 274）と同じく「ブリダンの驢馬」の例を引いて（Pars II, Propositio 49, Scholium, Tome 1, p. 228）、人間における自由意志（恣意による自由）の存在を否定（P. II, Prop. 48, T. 1, p. 218f.）する。偶然についても、「自然の内にはいかなる偶然なものも存在せず、全てのものは一定の様式において存在しかつ作用するように、神的本性の必然性によって決定されている」（P. I, Prop. 29, T. 1, p. 78）と言われ、更に、「或る物が偶然と呼ばれるのは、我々の認識の欠陥に関して以外のいかなる理由によるのでもない」（P. I, Prop. 33, Schol. 1, T. 1, p. 88）とも言われる。スピノザの体系が恣意も偶然も関与する余地のない必然的決定論の体系であることは明らかである。とは言えしかし、スピノザは同時に、「我々の精神が永遠であることの経験」についても語る（P. V, Prop. 23, Schol., T. 2, p. 208）。彼は、物を「或る永遠の相の下に知覚すること」が「理性の本性」に属し（P. II, Prop. 44, Corollarium 2, T. 1, p. 212）、そして「理性の指令に従って行動する限りにおいてのみ、人は自由と言われる」(P. IV, Prop. 72, Demonst., T. 2, p. 140) と言う。「理性に導かれる人」は「自分自身以外の何ぴとにも従わず、人生において最重要であると自らが認識し、そしてそれ故に自らの最も欲する事柄だけを為す」のであり、「自由人」と呼ばれる (P. IV, Prop. 66, Schol., T. 2, p. 132)。スピノザによれば、「自己の本性の必然性のみに従って存在し、また自己自身のみによって行動へと決定されるものは自由である」と言われ、これに対して、「或る一定の様式において存在し、また作用するようにと他から決定されるものは必然的である、あるいはむしろ強制される」と言われるのである (P. I, Definitio 7, T. 1, p. 20)。スピノザにはまた、「神の観念は、人間が自由になるための唯一の基礎である」(P. IV, Prop. 68, Schol., T. 2, p. 134) という言葉もある。してみると、〈自由論・決定論〉の問題に関して、〈スピノザ=決定論者、シェリング=自由論者〉とも単純には言い難く、汎して、『自由論』においてスピノザの「決定論」はシェリングの「自由論」によって覆えされた、という主張はスピノザならずとも到底容認し難いであろう。

四

(4) 第二節で見たように、シェリングは〈非本来的〉な「形式的自由」概念の立場の代表としてカントを念頭に置き、「本来的」かつ彼固有の「実在的自由」概念によってそれを超克しようとしたと見られる。その際、カントがシェリングによって、「実在的自由」ではなく「形式的自由」の側に配当された理由を正確に把握する必要があろう。というのは、ハイデガーのシェリング誤解はこの点の、微妙でしかし決定的な誤解に起因すると思われるからである。「形式的自由」から「実在的自由」への移行過程について、シェリングが言及する箇所を再度精しく見てみると、彼は先ず、「自由がそこでのみ可理解的である領域へと、自由論をそもそも初めて高めたのは観念論である」(S. 275)と言う。それに続けて、「各々の物の叡知的本質、とりわけ人間のそれはこれ〔観念論〕によると、一切の因果連関の外に、一切の時間の外または上にと同様に、在る」と言われ、更に、「それ故、それ〔叡知的本質〕は何らかの先行者によって規定されていることはできない。何故なら、それ自身がむしろ自らの内に在るないしは生じる一切の他のものに、時間上というよりもむしろ概念上、絶対的統一として先行しているからである。そしてこの絶対的統一は、個別的行為ないし規定がそれ〔絶対的統一〕において可能であるために、常に既に、全体的かつ完結的に現存していなければならない」と続く。そしてこの条こそ、シェリングが「カントの思考」(カントの言葉通りではないと言いつつも)と呼んでいる箇所である。この引用文のどの部分にまで「カントの思考」の範囲が及ぶのか、即ち文中の「観念論」に「カント」が含まれるのか否かは議論の余地があるとしても、シェリングが両者、即ち観念論とカントを少なくとも同質的(異質的ないし対立的とではなく)と看做していること、そして自由論がその本来の領域へと高められたとは、行為が「因果連関および時間」を超えて、「絶対的統一」としての「人間の叡知的本質」によって規定されるものと看做されることになったことを指していること、は確かであろう。

ハイデガーも勿論この点に注目して、カントを積極的に評価しつつ、しかし同時に彼の人間的本質の把握が不徹底に終ったことを批判しているのであるが、しかしシェリングのカントに対する否定的評価は、カントにおける人間の叡知的本質がハイデガーの指摘するように、「純粋理性」に求められた点にではなく、むしろそれが「無規定」に止まった点にこそあると解されよう。もしもそれが「規定的」でさえあれば、「純粋理性」であっても何ら差支えはなかったと考えられる。というのも、先の引用に引続いてシェリングは、かかるカント的思考を想定することから生じる推論として、「自由な行為」は「人間の叡知的なもの」から直接的に帰結するが、それは必然的に「或る一定の行為」であり、例えば「或る善きまたは悪しき」行為である。しかるに、「絶対的に無規定なもの」から

「規定されたもの」へのいかなる「移行」も存在せず、そこで、「叡知的本質は純然たる無規定性を抜け出て、一切の根拠なしに自己自身を規定すべきである」ということになれば、「恣意の均衡性の体系に戻ってしまう」と述べているからである。これに対して、カントにおいて「人間の叡知的本質」が「純粋理性」であったからこそ、それが「絶対的に無規定なもの」に止まらざるを得なかったのであると、ハイデガーは尚も言うに違いない。この指摘はカントについては部分的に当たっているかも知れないが、しかし、ハイデガーのように、シェリングにとっての「本来的」自由とは人間的本質に基づく「形式的自由」であり、しかもそこでの「人間的本質」は「感性に対する純粋理性の支配」に存するのではなく、むしろ「自然」を「人間の全き本質をともに規定する根拠」(S. 145f.) として把握すべきである、となすことは反って、『自由論』全体の論脈を狂わせることとなろう。何故なら、シェリングはこの論考において、非本来的な「形式的自由」から本来的な「実在的自由」への移行的展開という形で、彼自身の固有な、「善と悪との能力」としての「実在的自由」概念の確立を意図していると解されるが、しかるにハイデガーの解釈路線に従えば、テキストの叙述に反して、スピノザ等における「形式的自由」の存在は否定され、他方肝腎の「実在的自由」については、ハイデガーの論考全体を通じて一度も言及されないという異様な事態が出現せざるを得ないからである。

「実在的自由」を「形式的自由」から分かつ標識がかかる、〈行為を「因果連関および時間」を超えて、「人間の叡知的な」根拠によって規定されたものとして把握すること〉に存することは、「実在的自由」即ち「善と悪との能力」における、「悪」の規定からも確認され得る。シェリングによれば、「神においては不可分である〔光と闇、実存とその根拠、観念的と実在的という両原理の〕統一が人間においては可分的でなければならないこと」が「善と悪との可能性」(S. 256) であり、「悪は両原理の積極的転倒ないし逆転に基づく」というのが、「悪の唯一正当な概念」（S. 258）なのである。そこで、シェリングは「意志は、普遍的意志としての自己を同時に個別的かつ被造的ならしめるために、己れの超自然性から歩み出て、両原理の関係を逆転し、根拠を原因の上に高めようと努める。……そこから、意志自身の内と外に、混乱が生起する」（S. 257）とも語っている。シェリングからすれば、カントは行為を規定する、「絶対的統一」としての「人間の叡知的本質」を「因果連関の外」に想定している限りで、「実在的自由」の思考圏に極めて接近しているものの、それを「絶対的に無規定なもの」に止めることによって、「恣意の均衡性の体系」という「形式的自由」の思考圏に再び戻ってしまった、ということであろう。

　してみると、先述の、「恣意の均衡性の体系」〔偶然性の立場〕と「一切の行為の経験的必然性を主張する決定論の体系」〔強制または外的規定の立場〕という対立と、それを超えた「より一層高次な必然性（行為者自身の本質に淵源する、内的な必然性）の体系」という三者は夫々、カントとスピノザとシェリングを指しており、前二者は〈因果連関〉の下で行為を規定しようとする「形式的自由」の思考圏内に在る限りで「同じ立場」であり、シェリングのみは、因果を超えた〈根拠〉との連関において行為を規定しようとする「実在的自由」の立場である、ということになろう。三者の相互関係がシェリングによってそのような仕方で捉えられるとすれば、カントの側からかかるシェリングに対して、ではシェリング自身において果してそしていかにして「必然性」と「自由」は区別され得るのか、という反論が提起されよう。というのも、カントは対象の世界を、経験において与えられ得る対象（現象）の世界（感性界）と、経験においては与えられ得ない対象（物自体）の世界（叡知界）に区別し、他方因果性を自然の因果性（自然必然性）と自由による因果性（自由）に区別し、前者の感性界（自然界）には自然の因果性、後者の叡知界（道徳界）には自由による因果性を配当することによって、自然必然性と自由の矛盾的対立、即ち「二律背反」（A444/B472）を解消し、両者をともに可能ならしめることを企図した。従ってカントにおいては、同一の人間が現象および物自体の両側面を有しており、それがいずれの側面によって捉えられるかに応じて、結果としての同一の行為（現象）が自然必然性によって生じた行為と見られることも、自由によって生じた行為と見られることも、ともに可能なのである。しかし、かかるカント的な現象と物自体の区別、即ち二世界説を拒否するシェリングには、同一の行為に関する必然性と自由の区別を説明することが困難であるに違いない。勿論、二世界説を採らない点ではスピノザも同様であるが、スピノザはシェリングとは違って、行為の因果連関的な把握を否定していない（というよりも積極的に肯定している）点で、スピノザの場合は外的強制という形で行為の必然性の説明が容易である上に、神（無限な実体）と人間（有限な様態）の間の本質的差別が判然としている点でも、この点に関しては全く曖昧なシェリングに比して、必然性と自由の区別をめぐる困難は遙かにより少ないと考えられる。

行為の因果連関的な把握を排し、専ら「根拠」との関連において行為を規定しようとするシェリングにおいては、同一の行為に関する「必然性」と「自由」の区別は結局、「行為は生に時間上は先行せず、時間を貫いて（時間に捉えられることなく）一つの本性上永遠なる行為として〔先行する〕」、「全ての行為の不可疑の必然性にも拘らず、……例えば悪人は強制されてではなく、彼の行為を意志を以て為すのであり、意志に反して為すのではない。ユダがキリストの裏切り者となることを彼自身も創造者も変更できなかったが、しかし彼は強制されてではなく、意志と充分な自由を以てキリストを裏切ったのである」（S. 277）という仕方で語られることになる。かかる行為の〈変更不能〉という意味の「絶対的必然性」は確かに、過去の（既遂の）行為については完璧に妥当する。しかし、未来における（未遂の）行為もまた行為であり、またいかなる既遂の行為も遂行以前は未遂であった以上、曾て未遂でなかった行為は一つもなく、この側面を全ての行為は本質的に内包している筈である。従って、行為の「絶対的必然性」を行為一般について無条件的にシェリングが語るのは、不当な一般化であろう。他方、過去の（既遂の）行為についてもそれが全て、「意志と充分な自由を以て」為されたとされるが、それが本当に「自由」に為されたことの保証はどこにもないのではないか。「行為者自身の本質に淵源する、内的な必然性」(S. 275)、「人間の本質は、本質的に彼固有の行為である」(S. 277)と言っても、かかる「必然性」、「行為」の保証はどこにもなく、むしろそれは、スピノザの所謂「誤謬」(P. II, Prop. 35, Schol., T. 1, p. 190)の一語によって雲散霧消してしまう恐れを常に免れないであろう。

シェリングはそのように、「人間が既に最初に行為であるのではなく、また彼が精神的存在者として彼の意志に先立って存在すると(それは不可能であるのに)前提する」(S. 279f.)ことの誤りを戒めつつ、全ての行為を「永遠な行為」として、即ち専ら過去の(既遂の)行為としてのみ解すべきことを主張する。というのも、それが全ての行為の「絶対的必然性」を主張するためには譲歩できない、彼の前提条件だからである。それにも拘らず、他方でシェリングが、「かかる〔罪と死との〕普遍的必然性にも拘らず、悪は常に、人間の固有な選択である。悪そのものを根拠は作り得ず、各々の被造物は自らの固有な責任によって〔悪に〕陥るのである」(S. 273f.)、「彼〔人間〕は〔善と悪の〕分岐点に立っている。彼が何を選択しようとも、それは彼の行為となるであろう。しかし彼は不決断に止まることはできない」(S. 266)と言うのは、自己矛盾であろう。何故なら、ここでは「善と悪との能力」としての「本来的」自由、即ち「実在的自由」が、個人における行為の「選択」に基づく自由であることが明言されているが、「選択」は勿論、未来における(未遂の)行為に関してのみ用いられ得る言葉の筈だからである。

シェリングはこのように、本来過去の行為についてのみ「絶対的必然性」は語られ得、未来の行為についてのみ「絶対的自由」は語られ得るという根本的条件を全く無視して、全ての行為について一般的に「絶対的必然性」と「絶対的自由」を同時に語ることによって、全ての行為は「必然性」と見れば「必然性」であり、「自由」と見れば

「自由」であるという、殆ど無意味な理論的帰結に終っていると言わざるを得まい。シェリングが「必然性」と「自由」の区別を示し得なかったのは、過去と未来の分岐点である現在の地点に不断に立つ、行為主体としての人間的実存の(実践的)視点が彼には欠落しており、人間の全行為を理論的・思弁的に、超越的・絶対者的視点から俯瞰せざるを得なかった彼の立場的制約によるものであろう。そしてかかる、行為者の実践的視点の有無に、カントとシェリングの本質的差異も求められ得る。それにしても、「必然性」と「自由」を明確に区別できない哲学的体系においては、明確な「決定論」も「自由論」も期待できず、「汎神論」における「自由論」というシェリングの『自由論』の根本的構想に、破綻の原因は求められねばならない。

五

(5)　『自由論』の意図は、スピノザの決定論とカントの自由論を超克して、シェリング固有の自由論を確立することにあったと見られる。しかし実際には、既に見たように、スピノザの決定論の批判にも、カントの自由論の批判にも、そして彼固有の自由論(「実在的自由」論)の確立にも、シェリングは成功していない。挫折の原因は、問題の設定と、問題解決のための方法と、またそのための立場の夫々に、無理があったことに帰せられよう。『自由論』は予め失敗を約束された企図であったと非難されても、止むを得まい。

シェリングが論考の冒頭部分で、「自由の概念と世界観の全体との連関」を(哲学の)「必然的課題」(S. 230)と呼ぶとき、この「課題」はまさに、近世初頭以降の全ての哲学者の一般的課題であったと言われ得る。しかし、この「自由」がやがて、シェリングに固有な「実在的自由」、即ち「善と悪との能力」と看做されるとともに、それは単にシェリングという一人の思弁的哲学者にとってだけの「課題」に過ぎないものとならざるを得まい。というのも、この「自由」概念それ自身が、彼に固有な(一般性を欠いた)思弁的概念に外ならないからである。否、「自由」だけでなく、それとの対立関係に置かれる「必然性」もまた、行為を永遠な行為として把握する彼に固有の視点から生じる、「絶対的必然性」という独自の思弁的概念であって、時空世界の因果連関的必然性に支配されるという意味における、普通の「経験的必然性」ではない。かかる独特の「自由」と「必然性」の間の矛盾的対立の調停という「課題」もまたそれ故、シェリングだけの「課題」でしかなく、それに対して哲学の一般的問題としての普遍的・必然的課題性を要求するのは、過大で無理な要求と言わざるを得ないであろう。

「自由」も「必然性」も、そして両者間の対立の調停もそのように、専ら思弁的に規定された概念であり問題提起であるとすれば、それに対する問題解決の方法と立場が思弁的・理論的であらざるを得ないのは、不可避的と考えられよう。シェリングは、「自由がそれと両立する何らかの体系が、少なくとも神的悟性においては現存していなければならない」とする主張を採用して、「かかる体系には人間悟性の洞察は到達できない、とは一般的には主張できない」と言う。そして、セクストゥスの、「同じものは同じものによって知られる、という古来の説の存在を知る人は、哲学者がかかる(神的)知を主張することを理解するであろう。何故なら、哲学者だけは悟性を純粋に保ち、内なる神で以て外なる神を理解するからである」という言葉を援用している(S. 229)。シェリングが『自由論』において、「汎神論」を問題解決のための方法として採用することの根拠は、この箇所に在ると見られる。しかし、「自由」と「必然性」の対立の調停という問題の解決のための方法として、「神的悟性」が導入されるというのは、甚だ異様な光景である。何故なら、人間理性が「二律背反」によって代表される一連の形而上学的諸問題に悩まされざるを得ない「特殊な運命」(A VII)を背負っているのは、人間が両世界に跨がる、感性的かつ理性的存在者であるからであり、「自由」と「必然性」の「二律背反」もまたそのことに起因する以上、ここには人間的ならざる神的悟性の出る幕はない筈だからである。神が「必然性」と「自由」の「二律背反」に陥るという事態は思考不能であり、従ってこの問題に関して、神に援助を求めることは、自然や芸術作品の美的判定を神的悟性に委ねることが無意味であるのと同様に、無意味であり、問題の解決ではなく、混乱を招来するだけであろう。先に(第三節)シェリングの〈擬人法〉を批判したが、むしろ逆に『自由論』の全論考を蔽うかかる〈擬神法〉〔人間を神に擬すること。人間の問題をあたかも神の問題であるかのように取扱うこと〕こそ、本来的にはより大きな非難に値しよう。

一方、シェリングが全論考を通じて思弁的・理論的な立場を貫こうとしていることは、例えばカントに対する彼の次のような評言からも窺うことができよう。即ち彼は、カントが「現象」と「物自体」を単に「消極的」に区別しただけで、「自体」の「唯一可能な積極的」概念である「自由」を諸物へと転移しようとしなかったことによって、「より一層高次な考察の立場」へと、彼〔カント〕の理論哲学の特性である「消極性」を超えて上昇することができなかった、と言う(S. 244)。シェリングはここで、カントが自らの理論哲学における消極的立場を脱して、より一層高次な積極的立場へと上昇したならば、積極的な「自由」概念に到達できたであろうにと語っているのであり、そこにはシェリングにおける理論的立場に対する堅固な確信が看取され得る。これに対して、自らの過去の行為に関しては完全に自然必然性によって支配・決定されているが、他方未来の行為に関しては完全に自由であるという仕方で、時間的存在者としての人間の実践的視点の導入により、完全な決定論と完全な自由論との完全な両立を図ることがカントの立場であった。人間の自由であれ、神の自由であれ、自己の未来における(未遂の)行為に関するかかる実践的視点(行為者としての視点)を欠いては、「自由」について語ることはできまい。過去には必然的決定しかなく、自由は未来にしか求められ得ないからである。シェリングもまたその例に洩れない。彼の自由論が一見成立しているかに見えるとすれば、それは彼が思弁的・理論的立場にのみ立つという建前に反して、密かにかかる実践的視点を混入しているからであろう。即ち、彼は先述のように、「選択」(S. 266)という、専ら実践的場面においてのみ妥当する概念を用いて、「自由」を説明しているのである。しかし、「汎神論」における「自由論」というシェリングの理論体系においては、個人的行為者の実践的視点の関与できる余地は認め難く、それはこの体系においては本来、輸入を禁じられた禁制品であろう。

『自由論』の中心主題は「本来的」自由、即ちシェリングに固有な「実在的自由」(=「善と悪との能力」)の確立であるが、考察の過程で展開される、古今の伝統的な悪論に対するシェリングの徹底的な吟味と厳格な批判は、鋭い洞察・発見・示唆を含み、諸説の問題点や限界を剔抉して余す所がなく、独立した悪論の一研究とも看做し得る程の内容として、高く評価されるべき成果である。それに比すると、かかる考察を経た上で形成・提示されるシェリング固有の悪論は平板・陳腐で、論理的考迫力と現実感を著しく欠くものに終っている。この落差は余りにも大きく、論考の問題提起、解決方法、立場をめぐる、上述の様々な無理がそれに影響を及ぼしたと解するしかあるまい。

シェリングによれば、悪は「いかなる存在者でもなく、単に〔善との〕対立においてのみ、即ち自体的にではなく、実在性である非存在者」(S. 301)であり、「神においては不可分である、両原理の統一が人間においては可分的であらざるを得ないこと」が「善と悪との可能性」(S. 256)である。そして、「悪は両原理の積極的な転倒あるいは逆転に基づく」というのが「悪の唯一正当な概念」(S. 258)であり、「悪の概念と可能性を第一根拠から導出する理論の普遍的基礎」は「実存するものと、実存の根拠であるものとの間の区別」に存する(S. 265)とも言われる。しかし、悪の「概念」や「可能性」を解明することは、単に「両原理の転倒」のような仕方で悪を説明することではなく、かかる「転倒」が何故在るのか、の根拠を示すことでなければなるまい。シェリングもこのことを認めて、最大の問題は、「いかにして悪は普遍的原理として、創造に基づいて現れ得たか」であると言う（S. 265）。「悪は少なくとも普遍的対立として現実的であるから、悪が神の開示のために必然的であったことは疑われ得ない」。しかし、この問題に対するシェリング自身の回答は甚だ物足りない。「人間は〔善と悪の〕分岐点に立っている。彼が何を選択しようとも、それが彼の行為となるであろう。しかし彼は不決断の状態に止まることはできない。何故なら、神は必然的に自己を開示せねばならず、そして創造一般においてはいかなる二義的なものの占める場所もあり得ないからである」。この言葉は、現実の世界においては、善または悪のいずれかがその都度存在せざるを得ないこと、そして悪一般が存在しないならば、善一般もまた存在し得ないであろうことを述べてはいても、しかし悪それ自身のそもそも存在すべき積極的理由については、何も語ってはいないのである。

悪の現実性と神との関係という、弁神論的な問題領域においても、シェリングの議論はライプニッツよりも遙かに後退した、説得力に乏しい議論に終っていると見られる。シェリングは、「神は自らの自己開示から少なくとも派生的に、悪が帰結することを必然的に予見していたにも拘らず、何故に自己を開示しないことを優先させなかったのか」という問いは「反論に値しない」と言う（S. 294）。「何故なら、それは愛の対立物が在り得ないためには、愛自身が在るべきでない、即ち、絶対的に積極的なものは対立物としてのみ実存を有するものの、永遠なものは単に時間的なものの、犠牲となるべきである、と言うのと同じだからである」。それ故、「神がもしも悪のために自己を開示しなかったとするなら、悪が善と愛とに勝利したことになろう」。そして、「世界の可能な限り最大の完全性のための必要条件としての悪」というライプニッツの見解については、次のように言う。「創造のための意志」においては、悪は「手段」としても、ライプニッツの所謂「必要条件」としても、考慮されない。「必要条件としての悪というライプニッツの概念は、単に根拠に対してのみ適用され得る。即ち、根拠はそれの下でのみ愛の意志が現実化され得る条件として、被造的意志(悪の可能的原理)を刺激するのである。何故に神は根拠の意志を抑止ないし廃棄しないのかを、我々は既に示した。神がもしもそうしていたら、神は彼の実存の条件、即ち彼の固有な人格性を廃棄していたであろう。それ故、悪を存在せしめないためには、神自身が存在すべきでない、ことになろう」(S. 295)。

ライプニッツの見解には、夫々の具体的な悪は必ず何らかの具体的な善のための「必要条件」の役割を演じている筈であるという、具体的・個別的な悪に対するライプニッツの明確な主張が含まれていると思われる。そしてこの主張が、悪についての有意味かつ積極的な規定を含んでいることは疑い得ない。これに対して、神は何故に悪の存在を許容している(としか思われないが)のかという問題に関して、シェリングのように言わば悪一般のレベルにおいて、悪が一般に存在すべきでないと言うなら、善も悪も常に相互の対立関係においてしか現実には生起し得ない(現実には善自体も悪自体も存在し得ない)という制約の下では、それに伴って善一般の存在も否定せざるを得なくなる、即ち善が悪の犠牲とならざるを得なくなるが、それでもよいのかという仕方で論を立てるのは、無意味かつ非論理的であろう。何故なら、悪の存在根拠が問題となる場面において問われているのは専ら、悪の内包的意味であり、そしてこの問題は、もしも悪一般が存在しないなら善一般もまた存在し得なくなるから、という空虚な形式的議論によっては決して答えられ得ないからである。それに、神の全能を以てすれば、そしてそれを神がもしも欲しさえすれば、上述の「制約」を破ることなど神にはいとも容易であった筈ではないのか、との当然と思われる異論をシェリングは全く考慮していないからである。善にせよ悪にせよ、それは開示されるべきであったが故に開示されるのであり、そしてかかる自己開示のためにこそ神は現存する筈であるが、この関係を逆転させて、悪が存在するのは神が現存するためである、とシェリングのように解するのは、本末転倒であろう。しかも、先述のように、我々の見るところでは、シェリングは神が人格的であるべきことの必然性を証明してはいないのである。ライプニッツに比して、シェリングの見解は悪の現実的存在ということに対して何らの積極的根拠も提示しておらず、換言すれば、悪に対していかなる積極的規定も与えていない、と言わざるを得まい。

シェリングはまた、通常の「変容された二元論」に、彼固有の「唯一正当な二元論、即ち、同時に統一を許容する二元論」を対置する。そして、「前者に従えば、悪原理は善原理と並置ではなく、それに下属させられる。……そして下属するものは常に、〈本質的に悪〉なる原理であり、それ故にそれの神からの由来に関しては全くの不可知に止まる」(S. 251) と言う。これに対して、一切の根拠および一切の実存、即ち一切の二元性に先行する「ひとつの存在」(「原根拠」ないし「没根拠」)が両者の「絶対的無差別」と呼ばれるとき、「無差別」は「諸対立の所産」ではなく、そこには「内含的にも諸対立は含まれて」おらず、それは「一切の対立から切離された、固有の存在」であり、「対立なき存在」である。「没根拠」が両者の「絶対的同一性」である場合は、「それは同時に両者でのみあり得る」〔同一性は両者の同一性であり、常に両者を前提・内包している故〕、即ち対立し合う「両者がそれについて述定」されざるを得ず、そのことによって両者は再び「一者」となる。これに対して、「あれでもなくこれでもないという〔二重否定の〕無差別からは直接的に、二元性が出現」する〔対立を超えた無差別の存在が、同時にではなくその都度、対立する両者の一方または他方であることは矛盾ではない故〕のであり、かくして、「無差別なくして、即ち没根拠なくして、諸原理の二性は存在しない」(S. 299) と言われる。しかし、かかる「唯一正当な二元論」の提唱によって、悪の存在根拠の理解のための新たな道が提示されたとは到底思われない。しかもそこには、悪の問題にとって本質的と思われる、神的悟性と人間悟性の区別についても全く閑却されている。シェリングの悪論を平板と評する所以である。

シェリングは人間的自由の本質ではなく、自由を課題として不可避的に課せられている人間的実存にとってはという意味での、人間的本質としての自由をこそ問うべきであったであろう。

引用文献

（1）B. d. Spinoza: Ethica ordine geometrico demonstrata, texte latin et traduction par Ch. Appuhn, 1953, Tome 1, 2.
（2）I. Kant: Kritik der reinen Vernunft.
（3）F. W. J. v. Schelling: Philosophische Untersuchungen über das Wesen der menschlichen Freiheit, 1809, Werke, 1965, Bd. 4.
（4）M. Heidegger: Schelling: Vom Wesen der menschlichen Freiheit (1809), Gesamtausgabe, Bd. 42, 1988.
（5）大橋良介：「シェリングの無底と体系——ハイデッガーの解釈との対決——」、渡邊二郎・山口和子編著『モデルネの翳り——シェリング「自由論」の現在——』所収、一九九九。

Ⅳ　ヘーゲル

第八章　ヘーゲルの経験理論とその挫折
――『意識経験学』から『精神現象学』へ――

周知のように、ヘーゲルの『精神現象学』（一八〇七）という書名は、当初の『意識経験学』が印刷の段階で急遽変更されたものである。同書においてヘーゲルは、物自体を認識不可能となすカントの経験（認識）理論に対抗して、絶対者の認識（絶対知）こそ哲学の仕事であるとの立場から、絶対者（精神）の認識を内容とする「意識経験学」なる新たな経験（認識）理論を構築し、これによってカントを超克しようとしたと見られる。従って、書名のこの急な改変、つまり『意識経験学』という書名の撤廃・廃棄は、ヘーゲルのこの新たな経験理論の挫折・蹉跌を意味すると我々には思われる。そのことを明らかにし、併せてこの挫折がドイツ観念論（「ドイツ思弁的観念論」というのが本来の呼称である）の思弁哲学の〈超越論〉という根本体制に起因することを示すことが、本章の目的である。

一

『精神現象学』は執筆の順序から言えば、緒論 Einleitung、本文、序言 Vorrede の順番になるが、「経験」や「意識経験学」について論じられるのは、最初に執筆された緒論においてである。その緒論は冒頭に、「哲学においては、事柄自身つまり真理のうちにあるものの現実的認識へと赴く前に、それによって絶対者が捉えられる道具、あるいはそれによって絶対者が見通される手段と看做されている認識について予め、理解しておくことが必要である、とする自然的表象がある」(S. 63)[1]という一文を掲げている。この〈認識＝道具〉あるいは〈認識＝手段〉説がカントの批判哲学を意識したものであることは、「この〔カント〕哲学の全課題および内実は絶対者の認識ではなく、かかる主観性の認識あるいは認識能力の批判である」[2]という、『信と知』(一八〇二)におけるヘーゲルの評言を想起するだけでも自明であろう。

　次いでヘーゲルは、「もしも認識が絶対的存在者を捉えるための道具」であるのなら、「或る道具を或る事象に適用」することによって「それ自体在るが儘の事象」を捉えようとするのは(「適用」によって「事象」に「変化」が生じる筈だから)「矛盾」しているし、他方「もしも認識が我々の活動の道具ではなく、それを通して真理の光が我々に到達する受動的媒体」であるとしても、「我々はやはり事象をそれ自体においてではなく、この媒体を通してそしてこの媒体において受取る」(S. 64)ことに変りはないとして、〈認識＝道具〉あるいは〈認識＝手段〉説を批判する。「むしろ、我々が手段を用いることが矛盾なのである」。道具の作用様式についての知によってこの窮境を脱しようとしても、うまく行かない。何故なら、我々が道具(認識)によって絶対者から受取った表象の中で、道具に帰属する部分を結果から差引いて真なるものを純粋に確保しようとしても、我々は結局出発点に逆戻りするだけだからである。「我々が媒体として表象している認識の吟味が、我々にそれの屈折の法則を教えるとして、この屈折を結果から差引くことは何の役にも立たない。何故なら、光線の屈折ではなく、それによって真理が我々に触れる光線そのものこそが認識だからである。そして認識が差引かれたならば、我々には純粋な方向または空虚な場所しか指示されないだろう」(S. 64)。

この説はヘーゲルによれば、「道具そして媒体としての認識という表象と、我々自身とこの認識との区別を前提」(S. 65) しており、「とくに、一方の側に絶対者が在り、他方の側に認識が独立にかつ絶対者から切離されてしかも何か実的なものとして在る」ことを、従って「認識は絶対者の外に、更に真理の外にすら在ることによってそれにも拘らず真なるものである」ことを前提している。そこで、かかる「偶然的で恣意的」かつ「無益な」説に代ってヘーゲルが提起するものが、「現象する知の叙述」(S. 66) である。〔「叙述」Darstellung には「提示」の意味もある〕。「この叙述は現象する知のみを対象として有するが故に、それ自身は自由にして自らの固有な形態において運動する学ではないように見える。そうではなく、それはこの〔学の〕立場からは、真なる知へと突き進む自然的意識の道程と解され得る、あるいは、自らの本性によって己れの前に差し出される宿駅としての己れの諸形態の系列を遍歴し、自己自身の十全的経験を介して自らがそれ自体において何であるかの知へと到達することによって精神へと純化される、魂の道程と解され得る」(S. 67)。

〈認識＝道具〉あるいは〈認識＝手段〉説とは違って、ここには認識と対象(絶対者)との分離・対立は存しない。認識者である「意識」あるいは「魂」の「それ自体」あるいは「純化」されたものが「精神」(絶対者)であり、両者は本来同一だからである。「意識」は「自己自身の十全的経験」を介して、「精神」(絶対者)へと「純化」されるのである。自然的意識は「知の概念」に過ぎず、「実在的知」ではないが、しかし自己を実在的知と看做しているために、この道程は彼にとって否定的意味を帯びる。「何故なら、彼はこの途上で自らの真理を失うからである」(S. 67)。道程は「懐疑の道程」あるいは「絶望の道程」とさえ看做され得る。しかしそれは、「実際には実在化されざる概念に過ぎないものを最も実的なものと看做している、現象する知の非真理性への意識的洞察」なのであり、「意識がこの途上で巡行する彼の諸形態の系列はむしろ、意識自身の、学への陶冶の委曲を尽くした歴史」である。そして、「非実在的意識の諸形式の十全性は前進と連関それ自身の必然性によって明らかとなる」(S. 68)と言われる。何故なら、「真ならざる意識の非真理性の叙述は単なる否定的運動」であるのではなく、帰結において生じている無は「規定された、それがそこから帰結したところのものの無」であって、「純粋の無」であるわけではない。従ってそれは実際は「真なる帰結」であり、「或る規定されたもの」であり、「或る内容」を有する。そして帰結がこのように「規定された否定性」と解されるとき、「それとともに直接的に或る新たな形式が生成しているのであり、従って否定性において、それによって諸形態の十全的系列を通じての前進が自ら明らかとなる移行がなされている」(S. 69)のだからである。更に、「目標もまた、前進の系列と同様に知に対して必然的に差し入れられている」と言われる。「それは知がもはや自己自身を超え行く必要のないところ、知が自己自身を見出し、概念が対象に、対象が概念に対応しているところ、に在る。この目標への前進はそれ故抑え難く、手前の宿駅で満足されることはできない」。

それに引続いて、「実行の方法」(S. 70)についてヘーゲルは重要な説明を行う。「この叙述は現象する知に対する学の態度として、更に認識の実在性の探究および吟味として表象される限り、尺度として根柢に置かれる何らかの前提なしには生じ得ないように思われる。何故なら、吟味は或る想定された尺度をあてがうこと、吟味されるもののこの尺度との一致または不一致、つまりそれの正当または不当の決定において存立するからである。従って、尺度一般およびもしもそれが尺度である場合には学は、その際本質として又は自体として想定されている。しかし学が初めて現れるここでは、学自身もその他の何ものも本質として又は自体として正当化されてはいない。しかるに、これ〔本質または自体〕なしにはいかなる吟味も生じ得ないように思われる」。この「矛盾」の解消のためにヘーゲルは先ず、「知と真理の、それらが意識において現れる際の抽象的規定」に対して注意を促す。「意識は、自らが同時にそれに対して関係している或るものを、自己から区別する。換言すれば、それは意識に対する或るものである。そしてこの関係の、あるいは或るものの意識に対する存在の規定された側面が知である。我々はしかし、他者に対するこの存在から自体存在を区別する。知に対して関係づけられたものはまたそれ〔知〕から区別され、この関係の外でも存在するものとして措定される。この自体の側面が真理である」。ところで、我々が知の真理を探究するとき、知がそれ自体において何であるかを我々は探究しているように思われる。「しかしこの探究において、知は我々の対象であり、知は我々に対して存在する。従って、明らかとなる事柄の自体とはむしろ我々に対してのそれの存在であろう。我々がそれの本質として主張する事柄はむしろそれの真理ではなく、それについての我々の知に過ぎないであろう、本質あるいは尺度は我々の側に帰することになろう。そしてそれと比較され、更にこの比較によって決定されるべきものは、それを必ずしも承認する必要はないことになろう」(S. 71)。

ここに現れている困難は、先の「矛盾」と同様に、真理や本質や尺度の有つべき〈自体性〉をいかにして確保・保証し得るかという困難である。何かが意識または我々の対象とされるとき、この何かは意識または我々に対する存在として相対化され、それ自体としての在り方を失う。我々は探究の対象の真理・本質の有つべき〈自体性〉をどこに求め得るのか。ヘーゲルはこの問題を、「意識」と「我々」の次元の区別によって解決しようとする。意識は「自己」と「対象」とを区別する。しかし、この「対象」において「対他存在」と「自体存在」とを区別するのは「意識」ではなく、「我々」(叙述者・意識観察者・哲学者)である。そしてこの区別によって、意識に対する「対象」が「対他存在」としての相対的性格を失うことなく同時に、(我々にとっては)「自体存在」として措定され得るのである。それ故にヘーゲルは言う。「しかし、我々の探究する対象の本性は、〔自体存在と対他存在という〕この分離ないし分離および前提のこの外見を免れている。意識はそれ自身において自らの尺度を与えるのである。そこで探究はそのことによって意識の自己自身との比較となるであろう。何故なら、いま為された区別は意識の側に帰するからである。意識において一者は他者に対して在る、あるいは、意識は知の契機という規定性を自らにおいて有する。同時に、意識にとってこの他者は単に自己に対して在るだけでなく、この関係の外即ちそれ自体においても在る、即ち真理の契機として。それ故、意識が自らの内部で自体(的なもの)あるいは真(なるもの)と宣するものにおいて我々は、彼の知をそれによって測るための、意識自身の提示する尺度を有する」と。我々はもはや外から、「尺度を持ち込む必要がない」(S. 72)のである。

しかし、「我々の付加」が無用であるのは、「概念と対象、尺度と吟味さるべきものは意識自身の内に現存する」という面だけではなく、我々は「両者の比較と本来的吟味の労でさえ免れており、従って、意識は自己自身を吟味するので、この面についても我々には唯、傍観することだけが残されている」と言われる。「というのは、意識は一方では対象の意識、他方では自己自身の意識である。つまり、彼にとって真であるものの意識であり、かつ、それについての彼の知の意識である。そして両者は意識に対して在るのだから、意識自身が両者の比較である、からである。対象についての彼の知が対象に対応しているか否かは、意識に対して生じる」。確かに、対象は意識に対しては、意識がそれを知る限りの姿でのみ在り、意識はそれの背後に回って、意識に対してではなくそれ自体在るが儘の対象を捉えることはできず、従って彼の知もかかる対象に即して吟味することはできない、ように見える。「しかし、意識がそもそも或る対象について知るというまさにこの点に、彼にとって或るものが自体であり、しかし知即ち対象の意識に対する存在は別の契機であるという区別が既に現存している。そして、現存しているこの区別に吟味は基づく。この比較において両者が対応していないなら、意識は対象に一致させるために、自らの知を変化させねばならないように思われる。しかし知の変化において、意識に対して実際には対象自身もまた変化する。

何故なら、現存する知は本質的に対象についての知であるからである。知とともに対象もまた別の対象となる。何故なら、対象は本質的にこの知に属していたからである。かくて、意識にとって、彼にとって曾ては自体であったものはそれ自体において在るのではない、即ち、それは単に彼に対して自体であるに過ぎなかった、ということが生じる」。

以上の論議を経て、「意識が自己自身において、即ち彼の対象および知において、そこから彼に対して新たな真なる対象が生じる限りで、営むこの弁証法的運動が本来、経験と呼ばれるものである」(S. 73) と言われる。意識は何ものかを知る。この対象は本質あるいは自体である。それはしかしまた、意識に対しての自体である。それとともに、この真なるものの二重性が生じる。我々は、意識がいまや二つの対象を有つことを観る。即ち、「第一の自体」と「この自体の対意識存在」である。後者は差当り、意識の自己内反省、即ち対象ではなくかの第一の対象についての彼の知の表象に過ぎないように見える。しかし、先程示されたように、意識にとってその際第一の対象は変化するのであり、それは自体であることを止めて、意識にとって単に意識に対してのみ自体である対象になる。それとともにしかし、この「自体の対意識存在」は真なるもの、本質、彼の対象なのである。「この新たな対象は第一の対象の虚無性を含む。前者は後者〔第一の対象〕に関してなされた経験である」。「第一の対象およびその知から、経験がなされた、とそれに即して言われる他の対象への移行は、次のように陳述された。即ち第一の対象についての知、あるいは第一の自体の対意識存在は第二の対象それ自身となるべきである、と」。

そこで、次のように言われる。「最初に対象として現れていたものは、意識にとってはそれについての知へと沈み、自体は自体の対意識存在となることによって、これは新たな対象である。それとともに、意識の新たな形態も現れる。この新たな形態にとっては、先行形態にとってと別のものが本質である。この状況こそは、意識の諸形態の全継起を必然性の形において導くものである。この必然性のみが、あるいは、意識に対してはそれが彼にとっていかにして生起するかを知ることなしに提示される新たな対象の生成のみが、我々にとって言わば意識の背後に回ることである」(S. 74)。「そのことによって、彼の運動の中に、自体存在あるいは対我々存在の契機が生じる。それは、経験それ自身に従事している意識に対しては提示されない。しかし、我々に対して生成するものの内容は意識に対して在り、我々はそれの形式的なもの即ちそれの純粋な生成だけを理解する。意識に対してはこの生成したものは単に対象として在り、我々に対しては同時に運動および生成として在る」。「この必然性によって、学へと到るこの道程はそれ自身既に学であり、その内容から言えば従って、意識の経験の学である」。

以上が緒論における、「意識(の)経験(の)学」と称する、「精神」(絶対者)に関するヘーゲルの経験(認識)理論の概要である。

二

ヘーゲルが同書に与えた最初の書名は『意識経験学』であったが、印刷の段階で『精神現象学』への変更が著者によって突如指示され、しかしこの指示が手違いによって中途半端にしか実行されなかったために、同書の初版(一八〇七)の少なくとも一部は両タイトルの併存という異様な姿で出版されることになった、という事実経過については、その点に言及するヘーゲル自身のシェリング宛書簡等の資料によって既に確認されている。[3]〔ヘーゲルが生前に準備し、死後間もなく出版された再版(一八三二)では『精神現象学』が唯一のタイトルである〕。問題は専ら書名のこの置換ないし変更の解釈・評価に係るが、ここには「意識経験学」なるヘーゲル固有の経験理論の挫折・破綻が露呈している、と我々には思われる。とはいえ、我々の関心は書名の急な変更というこの出来事にでははなく、『意識経験学』という同書の最初の書名にこそ存する。この出来事は必然的であったが、仮にこの出来事が起らず、『意識経験学』という最初の書名の通りに同書が出版されていたとすれば、不適当な、否誤った書名の著作の著者としてヘーゲルは非難を浴びることになったであろう、と我々には思われる。それは何故か。

それは外でもなく、「意識経験学」なるものは文字通りの形では実際には存在し得ないからである。「意識経験学」が一見文字通りの形で、即ち「意識」のみの働きによって成立するかに見えるのは、――「真なる知へと突き進む自然的意識の道程」とは「自らの本性によって己れの前に差し出される宿駅としての己れの諸形態の系列を遍歴し、自己自身の十全的経験を介して自らがそれ自体において何であるかの知へと到達することによって精神へと純化される、魂の道程」(S. 67) であるが、「概念と対象、尺度と吟味さるべきものは意識自身の内に現存」しており、「意識は自己自身を吟味する」(S. 72)。ところで、「意識が自己自身において営むこの弁証法的運動」が「経験」(S. 73)、「意識が自己自身に関して為す経験」(S. 74) であり、「〔運動および生成の〕この必然性によって、学へと到るこの道程はそれ自身既に学であり、その内容から言えば従って、意識の経験の学である」――等と言われているからである。しかしそれは錯覚であって、「自己自身の十全的経験」の「十全性」にせよ、「〔運動および生成の〕この必然性」の「必然性」にせよ、「意識」の全く関知せざるものである。何故なら、「非実在的意識の諸形式の十全性は前進と連関それ自身の必然性によって明らかとなる」(S. 68) と言われるが、「〔意識の諸形態の全継起の〕この必然性のみが、あるいは、意識に対してはそれが彼にとっていかにして生起するかを知ることなしに提示される新たな対象の生成のみが、我々にとって言わば意識の背後に回ることである」(S. 74) と言われるように、この「必然性」は自己の背後に回ることのできぬ「意識」によっては認識されず、「意識」の観察者である「我々」によってのみ認識され得るのだからである。

意識の運動即ち経験の必然性も、意識の諸形態あるいは経験の十全性もそれ故「意識」ではなく、「我々」によってのみ認識され得るが、しかし単なる「傍観」を事とするに過ぎない「我々」がかかる必然性や十全性の根拠であり得ないことは自明である。このような根拠であり得るものは「精神」(絶対者)を措いて他になく、従って「精神」の働きなくして「経験」も「学」も、即ち「意識経験学」なるものは存立し得ない。ハイデガーが「我々の許への絶対者の臨在[4]」や、「絶対者の威力[5]」や、「絶対者の意志[6]」を強調する所以である。〔緒論には「理性の威力」(S. 69)という言葉はあるが、「絶対者」の「臨在」・「威力」・「意志」という言葉はない〕。これに対して、「ハイデガーは、本書の課題は絶対者の現在を明らかにすることである、とする。この読み方を誤りと断定することはできないが、誤導的な解釈である。神または精神の現在は我々の探究の前提となってはいない[7]」とハリスのように言うのは、説得的ではない。何故なら、「精神」の働きを前提しない限り、右の「必然性」や「十全性」、ひいては「経験」や「経験学」は理解できないからである。「意識経験学」は文字通りの形では実際には存在し得ないのである。

「意識経験学」が事象の一面的規定に過ぎないことは、研究者が一様に指摘するところである。例えば、W・マルクスは、『精神現象学』は徹頭徹尾「意識の経験学」であるとともに、同時にまた「精神の現象学」でもあると言う[8]。ハインリクスは、『精神現象学』の方が『意識経験学』よりも、「現実的自己意識と絶対的自己意識の二重運動」を「より良く表現している。何故なら、後者(の書名)は「自己経験と対象経験の一面的前進」しか表現していないが、宗教的発展が「経験史」と解されるとき、それはもはや「現実的意識という意味の意識の経験ではなく、精神という意味の意識の経験、即ち現象意識の経験」だからであると言う[9]。ハイデガーも、緒論において経験が「弁証法的運動」と言われるときの「弁証法的」(対話的)を、「自然的意識と絶対知との対話[10]」と解する。あるいは、「意識の経験の学」における二つの「の」(属格)はいずれも、主格的属格と対格的属格の両方の意味を有しており、「意識」は「経験」の、「経験」は「学」の主体かつ客体である、つまりここには「存在」と「存在者」の間の、「前進」と「後退」という「反対関係」が同時に指示されている、とも言う。(11)「精神」の語を欠いた「意識経験学」という表現が不充分・不適切であることは明らかであろう。

そこでヘーゲル自身もこの表現の不備を自覚して、序言においてその欠陥の是正・補完を余儀なくされた、と我々には推測される。〔序言が緒論の補完の役割を果たしている点については、マルクスにも指摘がある〕(12)。即ちヘーゲルは序言で次のように語る。「精神の直接的定在即ち意識は、知および知に対して否定的な対象性という二つの契機を有する。この基盤において精神は自己を展開し己れの諸契機を開示することによって、諸契機にはこの対立が帰属するのであり、それらは悉く意識の諸形態として現れる。かかる道程の学が、意識が為すところの経験の学である。実体は、自己およびその運動が彼〔意識〕の対象である通りに、観察される。意識は自らの経験の内に在るものしか知らず、理解しない。何故なら、かかる経験の内に在るものは精神的実体だけであり、しかもそれ〔実体〕の自己の対象としての精神的実体だけだからである。しかし、精神が対象となるのである。何故なら、精神とは、自己に対して他者即ち自らの自己の対象となり、そしてかかる他者存在を止揚するこの運動だからである。そしてまさにこの運動が経験と呼ばれる」(S. 32)。ここ(序言)では緒論と違って、「意識」も「経験」も「精神」の側から語られている。これに対して緒論では逆に、「精神」は「意識」の側から(「意識」の「それ自体」という仕方で)語られ、しかも「経験」に関しても、「精神」の介入・関与の必然性については言及されることもなく、それが恰も「意識」のみの働きの成果であるかのように語られていた。しかも序言には更に、「精神の経験の体系」(S. 33)という表現さえ見出される。「経験」が単に「意識」の働きの成果ではなく「精神」の働きも必然的にそれに加わっていること、否むしろより正確には〈意識の経験〉とは〈精神の経験〉に外ならないことを明示する必要があり(この点が緒論には全く欠如していた)、緒論におけるこの不備の是正・補完の意図が序言のヘーゲルにあったことは、疑いの余地がない。

「意識経験学」という表現の不備を(少なくとも序言では)極めて明瞭に自覚し、それの是正に努めてさえいながら、それにも拘らずヘーゲルが序言の執筆後(即ち同書全体の完成後)も印刷の段階に至るまで、『意識経験学』という書名に固執し続けていたのは驚くべきことと言う外はない。この書名の余りにも遅すぎる断念の背景にあるものをしかし、我々は容易に想像することができよう。緒論で示されているように、物自体を認識不可能となすカントの経験(認識)理論と対決し、これを克服することによって、精神(絶対者)の認識を内容とする新たな経験(認識)理論を構築することがヘーゲルの課題であったが、それは〈認識=道具〉あるいは〈認識=手段〉と看做すカント的な「経験」(認識)観を打破し、それに代る新たな「経験」(認識)観を提示することによって為される。その際自らの提示する「経験」概念が通常の「経験」概念と異なることをヘーゲルは明言している(S. 73)。但し注意すべきは、自らのこの新たな「経験」概念についてヘーゲルは、ハイデガーの言うような、「形而上学的に思惟された経験[13]」等の特別の形容を全く付していないことである。通常の「経験」とヘーゲルの「経験」の違いは、前者が、我々は経験において対象を「偶然的な仕方でしかも外的に言わば見出す」のに対して、後者では、「第一の対象」が「第二の対象自身であるべきである」という点にのみ求められている。後者が前者とは言わば別次元の、即ちより高次の原理に基づく〈形而上学的〉「経験」ではなく、むしろ〈通常の〉「経験」理論と同じ足場に立っていることが、ヘーゲルにとっては重要なのである。何故なら、より高次の原理に基づく〈形而上学的〉「経験」ということになれば、その途端にカントの〈通常の〉「経験」とは別次元の「経験」理論となって、同じ足場に立ってこれを批判することができなくなるからである。ヘーゲルが「意識経験学」という表現に固執し、「精神」という形而上学的・思弁的概念の導入に最後まで抵抗せざるを得なかったのはそのためと考えられる。

ハイデガーは「意識経験学」というタイトルを「自然的意識の習慣に従って読んでは理解できない[14]」と言うが、しかしヘーゲルの意図としてはむしろ、そのように読まれることこそが重要だったのである。「意識経験学」が文字通りに、意識の、意識自身による、意識自身に関する「経験」理論として理解されることが、意図されていたのである。しかしそれにも拘らず、実際にはハイデガーの言うように、「意識経験学」は文字通りに理解されることのできぬ、(「精神」という)それ以上の内容を否定し難く含んでおり、従って両者間の、即ち「意識経験学」の〈名と実〉のこの乖離こそは、ヘーゲルが最初構想した「意識経験学」という新たな経験理論の挫折・破綻を告げる証拠と言わざるを得ない。しかし、それにしても何故、『意識経験学』は最終的には放棄・断念されなければならなかったのか。この点に関して、ハイデガーの解釈は示唆的である。彼はヘーゲルの「経験」を「認識の様式」ではなく、専ら「存在者の存在[15]」と解する。その際、「存在者」とは「意識に対して直接的表象作用において対象となるもの」であるが、「この対象的なものは、表象作用ないし表象者を顧慮せずに、対象という一面だけに従って表象されたもの」であり、一方「存在」とは「未だ真ならざる実在性[16]」の意である。そこで「経験」とは、「絶対的主体という意味の存在者の存在者性[17]」、「主体性に基づいて主体として規定される存在者の存在者性[18]」、「存在の様態[19]」、「絶対的主体の主体性」、「絶対者の臨在」、「絶対者の定在」、「絶対者の絶対性[20]」とも解される。このように、ヘーゲルの「経験」の〈認識〉の面には全く目を塞ぎ、〈存在〉の面のみを最大限に強調するところに、ハイデガーの解釈の著しい特色がある。彼は、「経験において支配している、絶対者の威力が意識を彼の真なる現実存在へと駆り立てる[21]」と言う。彼によれば、「経験」とはカントにとっては「存在者の唯一可能な理論的認識」を表示する名称であるが、ヘーゲルにとっては「存在者の存在[22]」に対する名称なのである。

しかしそのようにヘーゲルの「経験」の〈対象〉あるいは〈存在〉の面のみを強調し、〈認識〉の面を無視するハイデガーの解釈には、疑問なきを得ない。何故なら、〈認識〉の面が無視されることになれば、ヘーゲルの「意識経験学」の構想の主要動機であった筈(と我々は解する)の、カントの経験(認識)理論との対決とその超克という、同書における重要な(最重要ではないとしても)問題性が消滅してしまうからである。ハイデガーによれば、「ヘーゲルによって思惟された経験」即ち「形而上学的に思惟された経験」は、「経験と呼ばれるものについて自然的意識の有つ表象に背馳」し、「自然的意識にとっては接近し難いもの」に止まる。「普通の経験」においては、「我々がそれについて経験を為そうと欲する、古い対象の非真理性は、我々が直接に表象している新たな対象において示される」。これに対して、ヘーゲルの「経験」においては「逆の関係」になる、とハイデガーは言う。そこでは、「我々が或る対象の対象性を表象するとき、経験は古い対象においてなされる、しかも、まさに古い対象において新たな対象即ち対象性が生成する、という仕方でなされる[23]」のである。「古い対象」と「新たな対象」の関係が「偶然的・外的」に止まる「普通の経験」に対して、ヘーゲル的「経験」においては〈必然的・内的〉であるというこの違いは、「意識自身の転倒」によって「意識自身の背後」に回る「我々」の働き(S. 74)によって達成されたものである。それ故、この「意識自身の転倒」が「意識の経験の根本特徴[24]」であり、「経験を決定づけるもの[25]」であるとハイデガーは言う。しかしそうであるとしても、ヘーゲルのこの「経験」が普通の「経験」とは別次元の、即ちより高次の原理に基づく形而上学的・思弁的「経験」であるかの如くに語られているとは思われない。「意識自身の転倒」は「我々の付加」(S. 74)とされるが、それは何らかの原理等を「付加」するのではなく、「このような事象の観察」が「付加」とされているのであり、むしろ「我々」は事象に対して一切何も「付加」しないことが指摘・強調されているに過ぎないのである。従ってハイデガーのように、ヘーゲルの「経験」における〈認識〉の面に目を塞ぎ、〈存在〉の面即ち「存在者の存在者性」にのみ注目するのは、無理な見方と言わざるを得ない。

しかし、〈存在〉一辺倒のハイデガーのかかる「経験」解釈には確かに無理があるとはいえ、それの過度の〈存在〉への傾斜には、ヘーゲルの経験理論それ自身に起因する一面があることもまた看過されてはならない。即ち、ハイデガーの「経験」解釈の過度の〈存在〉への傾斜、換言すれば、「意識の経験」の〈存在〉一辺倒の解釈は、ヘーゲル自身の「精神の現象」概念の使用の過度の抑制(というよりも、この概念は緒論には一度も登場していない)によって不可避的に招来されたという一面も有するのである。つまり、「精神の現象」によってあるいはそれについて語られるべき事態が、この概念の欠如のために止むなく「意識の経験」概念の拡張的使用によって語られるしかなく、その結果として後者の概念の解釈における、〈存在〉への過度の傾斜が不可避的となった、と考えられる。書名の変更の理由についてハイデガーの語るところは、この問題に関して就中示唆的に思われる。「ヘーゲルは何故、最初に選ばれた『意識経験学』というタイトルを放棄したのか。我々には判らない。しかし推測することはできる。彼は彼自身によって強調的に中央に置かれた『経験』の語に対してたじろいたのだろうか。……思索の間耳の奥に響いていたであろう、『経験する』の根源的意味の響きを、手を伸ばしつつ入手するという新たな響きへともたらすのは余りにも冒険的、と彼には思われたのだろうか(26)」。「余りにも冒険的」の内容はともあれ、それが我々の所謂「意識経験学」における〈名と実〉の乖離を指すことは間違いあるまい。注目すべきは、ヘーゲルの「経験」概念についての同論文の全体を通じて殆ど批判めいた言辞のない、言わばそれの全面的支持者・理解者としてのハイデガーが、書名の変更について〈不必要〉とは言わず、むしろそれを肯定的に受容していることである。それはヘーゲルの経験理論が「余りにも冒険的」な理論であり、経験理論としては挫折していることを暗に認める発言であろう。ヘーゲル自身も、書名の変更が最初に意図された「意識経験学」という名に相応しい経験理論の挫折・破綻を直ちに意味することを充分に自覚しつつも、この「余りにも冒険的」という現実の前に、最終的には最初の書名の放棄・断念を余儀なくされたのではないであろうか。

三

「意識経験学」という経験理論の構造において、「精神」とともに「我々」もまた不可欠の役割を担っていることは、緒論の叙述に明示されている。「意識が自己自身において……営むこの弁証法的運動が本来、経験と呼ばれるものである」(S. 73) という「経験」の固有の規定の後でヘーゲルは、この「経験」は通常「経験」と解されているものと「ひとつの契機」によって一致しないように思われる、と言う。「ひとつの契機」とは何か。通常の「経験」においては、「我々は我々の第一の概念の非真理性についての経験を、我々が偶然的な仕方で外的に言わば見出す別の対象に即して為す」(S. 73)。しかしこれに対してヘーゲル固有の「経験」では、「新たな対象は意識自身の転倒によって生じたものとして示される」(S. 74) のである。「事象のこの観察こそは我々の付加である。これによって意識の諸経験の系列は学的進路へと高められる。従ってそれ〔観察〕は、我々の観察する意識に対して在るのではない」。「新たな対象」の生成とともに、「意識の新たな形態」も生成するのであり、従ってここに提示されている状況は、「意識の諸形態の全継起を必然性の形において導く」ものである。そして「この必然性のみが、あるいは、意識に対してはそれが彼にとっていかにして生起するかを知ることなしに提示される新たな対象の生成のみが、我々にとって言わば意識の背後に回ることである」。「そのことによって、彼の運動の中に、自体存在あるいは対我々存在の契機が生じる。それは、経験それ自身に従事している意識に対しては提示されない」。この「自体存在あるいは対我々存在の契機」こそ、先の、通常の「経験」とヘーゲル固有の「経験」とを分かつ「ひとつの契機」に外ならない。そして更に次のように言われる。「しかし、我々に対して生成するものの内容は意識に対して在り、我々はそれの形式的なもの即ちそれの純粋な生成だけを理解する。意識に対してはこの生成したものは単に対象として在り、我々に対しては同時に運動および生成として在る」。「この必然性によって、学へと到るこの道程はそれ自身既に学であり、その内容から言えば従って、意識の経験の学である」(S. 74)。

「意識経験学」において「我々」の果たすべき役割の不可欠性は明らかであろう。「意識が自己自身において、即ち彼の対象および知において、そこから彼に対して新たな真なる対象が生じる限りで、営むこの弁証法的運動」が「経験」として規定されたが、自己自身の背後に回ることのできぬ「意識」は偶然的・外的に現れる対象を単に対象として表象するだけで、この〈新たな〉対象が実は意識自身の転倒によって〈古い〉対象の生成したものに過ぎないことを知る由もなく、新たな対象、従って新たな形態の「生成」も、意識自身の「運動」も彼の全く関知せざるものである。意識の運動の中に生じる「自体存在あるいは対我々存在の契機」は、「意識に対しては提示」されず、意識の対象において「対他存在」(「対意識存在」)と「自体存在」(「対我々存在」)を区別する「我々」の働きのみによって生じる。そしてこの契機によって、知の測定・吟味のための尺度(真理・本質)の〈自体性〉が保証され、「経験」も初めて可能となる。これこそは、「新たな対象は意識自身の転倒によって生じたものとして示される」、「[事象のこの観察という我々の付加によって]、意識の諸経験の系列は学的進路へと高められる」、「我々にとって言わば意識の背後に回る」(S. 74) 等と語られる事態に外ならない。「経験」、汎して「経験学」の成立のために「我々」の働きが必要不可欠であることは明らかである。

ヘーゲルは、「意識経験学」において果たすべき「我々」の役割について、「意識」のそれと言わば対比的に語っている。意識の運動における「自体存在あるいは対我々存在の契機」は「意識に対しては提示されない」と語った後で彼は、「我々」に対して生成するものの「内容」は「意識」に対して在り、「我々」はそれの「形式的なもの」即ちそれの「純粋な生成」だけを理解する、「意識」に対してはこの生成したものは単に「対象」として在り、「我々」に対しては同時に「運動および生成」として在る、この必然性によって、学へと到るこの道程はそれ自身既に学であり、その「内容」から言えば従って、「意識の経験の学」である、と語る。即ち、〈我々に対して生成するもの〉の「内容」・「対象」に関わるのが「意識」の働きであり、「形式的なもの」・「生成および運動」に関わるのが「我々」の働きであるとして、対比的に語られている。しかしこのことを以て、「経験」または「経験学」を言わば同一平面における「意識」と「我々」の共働作業の成果として捉えようとするなら、それは誤りであろう。何故なら、ここには「意識」の働きを「生成・運動」として「観察・叙述」する「我々」の働きがあるだけで、二つの働きがあるわけではないからである。「意識」の働きは「観察・叙述」という「我々」の働きの中に既に解消されてしまっており、「経験」または「経験学」の「叙述」の中で、それの「内容」または「対象」という一つの契機を成しているに過ぎない。そして「経験」にせよ「経験学」にせよ、「内容」の契機だけでは成立せず、「形式」の契機をも更に必要とすることを考えれば、「意識経験学」という表現が自己矛盾的表現であることがここには露呈しているのである。何故なら、この表現には「形式」の契機に関する言及が欠けているからである。〔しかし、この矛盾を免れるために、「形式」即ち「我々」の働きに関する言及を付加しようとすれば、「精神」への言及が不可避となる。何故なら、単なる「傍観」者に過ぎぬ「我々」によって〈傍観されるもの〉をそれとして整備・調達・供給できるものは「精神」を措いて他にないからである〕。

この点に関して決定的に重要なのは、「学へと到るこの道程はそれ自身既に学であり、その内容から言えば従って、意識の経験の学である」(S. 74)とヘーゲルが語っていることである。「意識経験学」は「学」の「内容」に関する規定に過ぎないことがここには明言されており、従って「形式」に関する規定が「学」(「内容」・「形式」とも に完備している筈の)には更に付加されるべきであるが、それが付加されるときは勿論、「意識経験学」という名称は当然変更されねばならない、これはそれ故言わばそれまでの一時的暫定的な名称に過ぎないということがここで言われているのである。そうだとすれば、「意識経験学」という名称は(「内容」・「形式」兼備の)「学」の正式名称としては不適切・不適格であることをヘーゲル自身認めていることになる。緒論の、しかも「意識経験学」という表現が規定されるべき当該箇所において、この名称が「学」の正式名称としては不適切・不適格であることがヘーゲル自身の言明において言外に語られているのである。

ところで、「我々」の役割は「意識」の「経験」の「叙述」であるが、それは誰か或る人の既に成立した、あるいは現に進行しつつある「経験」を他人事のように言わば外から「観察」して「叙述」することを意味しない。何故なら、「経験」が「弁証法的運動」と解されるとき、この「運動」は「観察」および「叙述」という「我々」の働きなしには成立せず、従って「我々」の「観察」および「叙述」を自らの成立条件として前提しているからである。「叙述」という「我々」の働きは、「経験」の形成にそれの内的制約として「意識」や「精神」とともに先行的に関与していなくてはならず、従って「叙述」が「経験」を可能ならしめるのであって、その逆ではない。「経験」形成の内的先行的制約という、「我々」(の働き)のこの最重要な本質はしかし、例えば、「我々即ち現象学者の役割」について詳論するマルクス[27]において、正しく把握されているとは思われない。何故なら、彼(マルクス)の研究において、「意識経験学」と「精神現象学」の「同一性」という主張[28]と、「我々即ち現象学者の役割」に関する考察は相互に結びつけられていないからである。即ち、前者の主張は「我々」を無視して「意識」および「精神」だけによって(両者の「同一性」という仕方で)行われ、他方後者の考察において、二つの「学」の「同一性」という前者の論点には言及されることがないのである。しかし、「我々」の役割が正当に把握されるならば、「意識経験学」であれ「精神現象学」であれ、それらの形成にそれが関与しない筈はあるまい。マルクスは「我々現象学者の役割の一面」を、「己れの経験を実際に構成しているものが何であり、何がそれを生ぜしめるのかを知らない現象的意識の素朴さを透視すること」[29]に見出す。しかしこのような、「経験」を言わば外から「観察」して「叙述」する態度は、「テキストの最悪の誤解」というハイデガーの厳しい批判を免れまい。「ここで思惟されるべき経験」は「叙述に内属する」のではなく、「叙述が経験の本質に内属している[30]」。

一方、『精神現象学』における「我々」を更に「著者の立場」と「読者の立場」に区別するハインリクスの見解[31]も、容認し難い。彼によれば、「著者の立場」とは「学の立場」、「読者の立場」とは「同時代的哲学的意識の立場」であり、これらは「その都度の自然的意識の立場」とともに「三角構造」を成す、とハインリクスは言う。しかし「我々」がそのように読まれ得る箇所が仮に本文中にあるとしても、少なくとも緒論の「我々」はそのようには読まれ得ない。緒論の「我々」は何よりも先ず「意識」と「精神」の言わば媒介者の役割を演じており、従ってハインリクスのように「我々」を更に「著者の立場」と「読者の立場」に分けてしまえば、緒論における「意識」と「我々」と「精神」の相関関係は反って混乱し、理解不能となることが必至である。これらの三者を夫々別の人格のように最初から相互に切り離してしまえば、三者間に同時に存する或る一体性・統一性はもはや回復不能とならざるを得まい。

これに対してハイデガーは、緒論における「我々」の「意識」および「精神」との夫々の関係に全考察を集中している。彼によれば、「我々」は「自分自身は意識[32]」でありつつ、「叙述者[33]」であり、「転倒において直接に、現象するものではなく現象するものの現象〔作用〕」を観る。「我々は意識の背後で生起しているものを観る。そこには転倒も属している。転倒によって現象するものの現象〔作用〕は叙述へと到達する」[34]。ヘーゲルは確かに、「我々は尺度を持ち込んだり、探究において我々の着想と思想に訴えたりする必要はない。つまり、我々はそれらを除去することによって、現象を即自かつ対自的に在るが儘の姿で観察することを獲得する」(S. 71f.) と語っているが、しかし「一切の付加の除去によって我々は、現象するものが自ら己れの現象〔作用〕において現れることを獲得すべき」であり、「しかるに除去は自ら為されるのではない」から、「除去」は「我々」の「行為」、「付加の行為」[35]であるとハイデガーは言う。しかしだからと言って、「付加が叙述にとって必須の純粋な傍観を廃棄することはあり得ない。むしろ付加において、そして付加によって、純粋な観察は始まる」[36]。「自然的意識が故意に比較を遂行することは決してない」[37]とも言われる。他方、「我々」の「精神」との関係についてはどうか。ハイデガーによれば、「経験」が「意識が自己自身において営む運動」と言われるときの「営み」とは「絶対者が己れの絶対性において我々の許に現在することを意志する、絶対者のこの意志の威力の支配」のことである。「絶対者がそれであるところの意志は、経験という様態において支配する」。「我々の許に在ろうとする、即ち我々に対して現象しようとする、絶対者の意志は経験として支配する。我々に対しては、我々が転倒という付加を為す限りで、現象するものはその現象〔作用〕において提示〔叙述〕される。この付加はそれ故、絶対者の意志を意志している。……意識の転倒は我々の側から絶対者への、何らかの利己的なものの付加なのではない。それは我々を、絶対者の臨在の内に現在することに存する我々の本質へと遡行させる。このことは我々にとっては、臨在を叙述することを意味する」[38]。ハイデガーのかかる見解に大過のない限り、「経験」または「経験学」を「意識」のみによって、即ち「我々」や「精神」へ言及することなしに語ることは殆ど不可能であろう。

「経験学」が「意識」のみによって語られることの不可能性は、「意識経験学」という名称の不完全性、書名としてのそれの不適切性・不適格性を意味する。これに対して、「意識経験学」が少なくともこの「学」の「内容」に関する規定であることは確かである以上、この書名は許容可能であり、それを強ち〈不適格〉、汎して〈誤った〉書名と呼ぶには及ばないのではないか、と反論されるかもしれない。しかし、この反論は成り立たないと思われる。その名称は例えば、〈幼児の富士登山〉という表現に譬えられよう。それが実際には両親や同伴の大人に手を引かれての登山であったとしても、このことが付加的・明示的に言及されていない限りは、右の表現は文字通りに、そしてそれが現実には仲々困難であるとしても少なくとも思考可能である以上は、幼児の〈独力による〉富士登山と解されるしかない。意味の伝達は言語表現の機能であるが、自らの含意しない意味を伝達する機能は言語には属さないからである。それ故、誤解の生じない、事態の正確な表現のためには、〈大人に手を引かれての〉という付加的限定が右の表現には不可欠である。それと同様に、「意識経験学」も、「我々」や「精神」が付加的・明示的に言及されない限り、そしてそれが充分に思考可能である以上は、「意識」の〈独力による〉「経験学」形成と解されるしかない。しかし実際には、「意識」の独力によってではなく、「我々」や「精神」の共働によってのみ「経験学」は可能である以上、〈我々および精神の働きに基づく〉という付加的限定をこの表現に明示的に加えない限り、誤解は不可避である。何故なら、「意識経験学」という表現は、実際とは反対に、「意識」のみの働きによる「経験学」と解すべきことを万人に強要しているからである。厳密性・精確性を身上とする哲学書の書名にはこのような、名実の乖離・不一致による不明確さは許されず、従って『意識経験学』という誤導的な書名は（それが書名として採用されることになれば）、誤った書名として非難されるべきことは当然なのである。

四

「意識経験学」は文字通りの形では実際には存在し得ない、というこれまでの考察が物語るのは、この名称の下での名実一致した経験（認識）理論の構築を意図したヘーゲルの構想が内的に挫折・破綻しているという事実である。何がヘーゲルの思考をかかる挫折へと導いたのか。その第一の原因はヘーゲルのカント誤解にあった、と我々には思われる。(a)カントは二元論であり、(b)彼はこの二元論に基づく認識観（〈認識＝道具〉、〈認識＝媒体〉説）のために、物自体の認識の不可能性という帰結へと必然的に導かれた。それ故、(c)それに代わる新たな、一元論的な認識観によって精神（絶対者）の認識を達成せねばならない――というのがヘーゲルの構想であった。しかし我々の見るところでは、(a)と(b)はいずれもヘーゲルの誤解であり、従って(c)は最初から失敗を約束された企てであった。何故なら、それは誤った前提に基づく推論の帰結に過ぎないからである。そのことを以下で示そう。

ヘーゲルは『信と知』においてもカント哲学を（悟性と感性、自由と必然性、叡知界と感性界、等の）「二元論[39]」と呼んでいるが、この見解それ自体は無論正しい。しかし彼がこの「二元論」を〈認識＝道具〉、〈認識＝媒体〉説と結びつけて理解し、カントの経験理論を感性・悟性の「二元論」から出発して経験を説明しようとする、経験成立の「二元論」的説明と看做そうとするとき、この見解は正しくない。何故なら、カントの経験理論の出発点は感性・悟性の「二元論」ではなく、むしろ逆に、既に成立している経験であり[40]、彼の経験理論は経験成立の、言わば経験「一元論」的説明だからである。「問題は経験の生成ではなく、経験の内に何が在るかである[41]」とカントが言うように、既に現に成立している経験から出発して、それの内的構成諸契機を解明することによってそこに経験一般の可能性の原理・根拠を探究しようとするのが、カントの経験理論なのである。感性・悟性の「二元論」はこの探究の過程で発見・確立されたのであって、予め前提として立てられた、探究の出発点であるのではない。感性・悟性の「二元論」ではなく、経験「一元論」がカントの出発点である。これに対して、認識と絶対者を相互に分離する全ての「認識」観および「絶対者」観は〈認識＝道具〉、〈認識＝媒体〉説に帰する、とヘーゲルが言う（S. 65）とき、ここには「二元論」と〈認識＝道具〉、〈認識＝媒体〉説を同一視する彼の態度が看取されるが、そのヘーゲルが経験を「純粋な自我性〔自己意識の統一〕への経験的なものの付加（プラス）[42]」と規定するとき、経験の感性（直観）・悟性（概念）の「二元論」的説明をここに見ることができよう。即ち、ヘーゲルはカントの経験理論を、経験「一元論」的説明としてではなく、感性・悟性の「二元論」的説明として解していたと考えられる。

他方ヘーゲルにはしかし、「カント哲学の真に思弁的な側面[43]」を見ようとする関心も同様にあり、この方向からの、カントの経験理論の思弁的・「一元論」的解釈を試みてもいる。それによると、「不等なものの絶対的同一性の理念」としての「理性」は「統覚の根源的綜合的統一」として、あるいは「産出的構想力」として現れる。「この根源的綜合的統一」は「産出的構想力の原理」であるとともに「悟性」であり、このことから、「カントの直観形式と思惟形式は、普通に表象されているように、孤立した別個の能力として別々に在るわけではないことが明らかである」。「一つの同じ綜合的統一」が「直観および悟性の原理である」。「産出的構想力」は「自発性」そして「絶対的綜合的活動」であり、「曾ては単に受容性として特徴づけられていた感性の原理として理解される[44]」。ここには感性・悟性の「二元論」を超えた、理性（統覚・産出的構想力）「一元論」的なヘーゲルのカント解釈が顕著に示されている。但し、ヘーゲルによれば、カント哲学は「概念だけでも、直観だけでも、何ものかであることはなく、直観だけでは盲目であり、概念だけでは空虚であること、そして経験と呼ばれる、意識における両者の有限な同一性は理性的認識ではないことを証示している限りで、観念論であるに値する」とは言え、「かの有限な認識を唯一可能な認識と宣する」ことによって「絶対的な有限性および主観性に逆戻りしている[45]」のではあるが。

さてしかし、真の問題は「一元論」か「二元論」かにあるわけではない。「問題は経験の生成ではなく、経験の内に何が在るかである」。問われるべきは、経験の〈生成〉(いかにして生成するか)ではなく、経験の内に何が在るか、即ち経験は(内的構成諸契機としての)何によって〈存立〉しているのか、である。経験の説明が感性・悟性の「二元論」的説明ではなく、経験「一元論」的説明でなければならないのも、既に現に成立している経験から出発しない限り、経験の〈存立〉の内的可能性は解明され得ないからである。感性・悟性の「二元論」から出発する限り、経験はそれらによっていかにして形成されるかという、経験の外的・偶然的な〈生成〉過程しか解明され得ない。それにも拘らず、カントの真意に反して、ヘーゲルが専ら経験の〈生成〉のみを問い、〈存立〉を問わないのは何故か、それは彼がヤコービとともに〈生成の錯誤〉に陥っているためであろう。彼は経験の感性・悟性の「二元論」的説明においてだけではなく、思弁的な理性(統覚・産出的構想力)「一元論」的説明においても、経験の〈生成〉のみを問題としているのである。というのも、後者においても、経験は理性または統覚または構想力の自己分化に始まる因果的生成論的な説明方式によって把握されているからである[46]。その結果、経験の〈生成〉の感性・悟性の「二元論」的説明という誤解を脱して、それの〈存立〉の経験「一元論」的説明へと向かうのではなく、ヘーゲルは実際は後者(「一元論」的説明)の場合も、それの〈生成〉の理性(統覚・産出的構想力)「一元論」的説明という別の誤解へと向かって行ったと考えられる。では、〈生成の錯誤〉とは何か。

「(物自体の)前提なしには(理性批判の)体系中に入り得ず、しかるにかかる前提を以てしては体系中に止まり得ない[47]」というヤコービの周知のカント批判は、不可知の物自体による感性の触発というカント哲学の前提は物自体を不可知とする批判哲学の神髄に矛盾する、という非難である。それ故、この非難の根柢には、物自体の触発によって我々に先ず対象(現象)が与えられ、次いで……という仕方でカントは経験または認識の外的・因果的・生成論的な形成について語っている、と看做す見方、即ち専らそれの〈生成〉の文脈において経験を把握しようとするカント理解が横たわっていることは疑いを容れない。そしてこの見方をヘーゲルもヤコービと共有していることは、彼が物自体を感覚の原因と看做している[48]ことから明らかである。あるいは、彼はカントの先験的観念論を「心理学的観念論[49]」とも呼ぶが、このことも彼がカントの経験を〈生成〉の文脈で理解していることを示すであろう。というのは、カントは先の「問題は経験の生成ではなく、経験の内に何が在るかである」に続けて、「前者は経験心理学に属しており、そこにおいてさえ、認識の批判、とりわけ悟性のそれに属するところの後者がなければ、決して適切には展開され得ぬであろう」と語っているからである。即ち、カントの観念論を「心理学的」と看做すとき、ヘーゲルはカントがその見方(経験を〈生成〉の観点から捉える見方)に立つのは「経験心理学」に過ぎないとした同じ見方に自らが立っていることを逆に明示しているのである。彼はまた、「自己意識の統一」への「経験的なもの」の「付加(プラス)」とする先の「経験」の規定に関して、それを「因果関係(連関・結合)[50]」と呼んでもいる。

しかしかかるヤコービやヘーゲルの、〈生成〉の観点からの経験の理解の仕方を〈錯誤〉と断ぜざるを得ない理由は、先ず第一に、いみじくもヤコービ自身がそれを「矛盾」と指摘したように、物自体による感性の触発の結果としての現象あるいは直観の成立、という思考はカントによって厳禁されている筈の、物自体に対するカテゴリー(ここでは、因果性のカテゴリー)の適用という禁止条項に正面から衝突するからである。この禁止条項は、後述する〈内在論〉というカント哲学の根本体制からの直接的帰結であるが、カントが体系のこの冒頭部分でかかる重要な原則に違反・抵触するという重大な過ちを自ら犯すとは信じ難い。そして第二の、しかしより積極的かつ本質的な理由は、経験の〈生成〉を語るわけではないカントにとっては、「物自体」による感性の「触発」によって、経験の素材としての「現象」の〈生成〉について語る必要がそもそもなく、むしろ「物自体」による感性の「触発」ということは、経験の〈存立〉という文脈に合わせての何か別の目的を有っていたからである。それは何か。

それは外でもなく、カントの理論哲学(経験理論)にとって最重要な概念である「現象」の精確な規定という目的である。即ち、「現象」の〈生成〉ではなく、精確な本質規定(〈定義〉)こそが、カントが『純粋理性批判』の先験的感性論冒頭の(諸概念が定義されるべき)この箇所で意図したことであった。何故なら、経験はその〈存立〉に即して、内的構成諸契機の本質規定に基づいて、専ら内的に語られねばならないからである。「現象」について精確な規定を与えるとは、それを単なる「表象」および「物自体」の双方から概念的に厳密に区別することを意味する。夢や想像にも含まれる、単に主観的な「表象」とも、およそ経験において我々に与えられることの不可能な、即ち本来いかにしても客観的たり得ない「物自体」とも異なる「現象」をそれとして精確に規定することによって初めて、かかる「現象」によって構成される「経験」を、夢や想像や形而上学的妄想から区別して、まさに対象についての客観的認識として精確に規定することが可能となるのである。「経験的直観の未規定の対象」(A20/B34)というのが「現象」の本質規定(定義)であるが、この規定は「現象」が単なる主観的な「直観」(表象)ではなくそれの客観的な「対象」であり、しかも我々には対象として与えられ得ぬ(即ち、我々によっては「直観」され得ぬ)「物自体」とも異なることを明示している。「物自体」による感性の「触発」によってかかる(「現象」としての)対象が我々に初めて与えられる、という「現象」の規定は、構想力の〈所産〉でもあり得る単なる主観的「表象」とも、我々に対しては与えられ得ぬ、〈非所与〉としての「物自体」とも異なる、〈所与〉対象としての「現象」の独自な在り方の本質規定(定義)なのであり、「現象」に対してかかる精確な規定を与えることが、「物自体」や「触発」等の諸概念の使用の第一の目的であった。

ここに至って、前提(b)の誤りは明らかであろう。物自体が不可知であるのは、カントにとって、〈認識＝道具〉、〈認識＝手段〉という認識観からの必然的帰結としてではなく、むしろ逆に、〈存立〉の文脈において経験を理解するための必然的前提としてなのである。我々の知の「限界」、即ち知と不知の〈境界〉は、「制限」と違って、「観察によって経験的に」ではなく、「我々の認識の第一源泉の基礎づけによって批判的に」(A758/B786)決定されねばならない。そして我々にとって可知的な対象(ひいてはそれについての我々の知)の範囲と限界を確定するためには、不可知な対象との区別・対比において可知的な対象のそれを確定するのに如くはあるまい。不可知な対象としての「物自体」とそれの「非所与」という在り方は、それとの区別・対比において可知的対象としての「現象」とそれの「所与」という在り方、およびそれの可能性の諸制約を明確に規定するために、予め用意されたものである。〔このことの方法的意義は、「物自体」や「触発」や「非所与」対象という概念を拒否するフッサールの現象学において、「現象」や「所与」というカントと同様の概念が不確定性を免れていないように思われる点にも明らかであろう〕。それ故、物自体が不可知であることはヘーゲルの解するように、或る認識観を採ることから生じる帰結ではない以上、問題はこの認識観にあるのではなく、むしろ絶対者は不可知であってはならず、経験を介して認識されねばならないとする認識観の方にこそあることになる。何故なら、絶対者即ち超経験的対象が経験を介して認識されねばならない、というのは背理に外ならないからである。しかし〈存立〉の観点を欠き、経験を専ら〈生成〉の観点からのみ捉えるヘーゲルにおいて、カントの経験は結局(説明の仕方は「一元論」的あるいは「二元論」的のいずれにせよ)因果的・生成論的に理解されるしかない。即ち、「理性」(「統覚」・「産出的構想力」)または「物自体」という超経験的存在を原因、経験を結果とする因果関係としてそれは把握される外はないことになる。

そしてこれらの諸点〈経験を専ら〈生成〉の文脈で理解すること、経験の究極原因を哲学の原理としての絶対者と看做すこと、従って経験を超経験的存在を究極原因とする因果関係として把握すること〉に関しては、フィヒテにおいても事情は全く同様である。即ち、フィヒテによれば、「経験」とは「必然性の感情を伴う諸表象の体系」[51]であり、「表象の説明、即ち全思弁哲学」[52]であるが、「絶対的自我は、一切の表象の最終根拠である限りの非我の原因であるべきであり、非我はその限りで絶対的自我の結果である」[53]と言われているからである。しかしこのような経験(認識)観こそ、〈超越論〉としてカントが批判・拒斥した見解に外ならない。カントによれば、哲学における(経験に由来せぬ)純粋な概念の客観的実在性(対象に対する客観的使用、即ち対象との必然的一致の可能性)が保証され得るための唯一の仕方は、その概念に基づいて全ての経験が初めて可能となり、更にひいては、その概念と一致して経験の全ての対象が初めて可能となる、と考えることである。即ち、純粋な概念は経験の内在的形式的制約であることによって全ての経験を可能ならしめると同時に、(それと一致することによって初めて可能となる)経験の対象の内在的形式的制約であることによって、経験において我々に与えられる、即ち経験に内在する全ての対象を初めて可能ならしめる、故に、経験の全ての対象はこの概念と必然的に一致せねばならない、という思考法である。この思考法をカントは「内在的思惟」(「即ちそれの諸概念に対して客観的実在性が保証され得る思惟」)と呼んだ。この思考法の根柢には、経験の形式と経験の対象の形式の同一性というカントの根源的洞察が横たわっている。そしてこの思考法からの直接的帰結として、一切の超経験的(経験超越的)存在は、経験の原理(経験の可能性の形式的制約)からも対象からも排除される。これに対して、超経験的存在を経験の原理ないし対象として容認する思考法は、「超越的思惟」(「それの諸概念に客観的実在性が全く供給され得ぬ思惟」)に過ぎない。

カントの理論哲学(先験哲学)はかかる「内在的思惟」に基づく理論体系、即ち〈内在論〉であり、従って〈内在論〉こそカント哲学の根本体制である。『純粋理性批判』においてカントは自らのかかる〈内在論〉に立脚しつつ、伝統的哲学・形而上学の全体(エレア派からバークリまで)を〈超越論〉(「超越的思惟」に基づく理論体系)と看做してこれを徹底的に批判した。思惟法の「コペルニクス的転回」や、空間・時間・カテゴリー・原則・理念の「先験的演繹」や、「観念論論駁」や、「二律背反」の批判的解決や、「先天的綜合的判断の可能性」や、「経験の可能性」等の、同書の主要な議論の悉くは、かかる〈内在論〉対〈超越論〉という対立図式の上で展開されている[54]、先述の、カントにおける経験「一元論」的説明も、〈存立〉の観点からの経験の把握も、いずれもかかる〈内在論〉の諸位相に外ならず、これに対する、感性・悟性の「二元論」的説明や〈生成〉の観点からの経験の把握はいずれも、カントにとって拒斥さるべき〈超越論〉の諸位相である。それにも拘らず、先に見られたように、カントの経験理論がヘーゲルによって感性・悟性の「二元論」的説明および〈生成〉の観点からの経験の把握として理解されていることは、ヘーゲルが〈生成の錯誤〉によって幻惑されて、カント哲学を本来の〈内在論〉としてではなく、それとは正反対の〈超越論〉として理解(誤解!)していることを意味する。そしてこの誤解は、ドイツ観念論・新カント派・現象学を通じて一度も是正されることなく、連綿として今日まで継承されているのである。

かくて(a)も(b)もヘーゲルの誤解であり、(c)はかかる誤解に基づく、根拠のない構想として、それが挫折に終ったのは当然の帰結と思われる。我々は先に、ヘーゲルがカントの経験理論の思弁的・統覚「一元論」的説明を企てていることを見たが、他方マルクスは、カントの先験的統覚が「ドイツ観念論の主・客の同一性の見解の基礎」であり、ヘーゲルもそれに「思惟と存在の同一性の理念の表現を見ている」[55]と言う。「ヘーゲルにとって自己とはカントの先験的統覚に外ならない」[56]。フィヒテもまた、カントの統覚と自らの「純粋我」との同一性を認めていた[57]。してみると、フィヒテとヘーゲルとの間には、カントの経験を経験「一元論」的にかつ〈存立〉の観点から(〈内在論〉として）把握するのではなく、むしろ反対に、統覚「一元論」的にかつ〈生成〉の観点から〈〈超越論〉として〉把握した上で、この出発点としての統覚に己れの絶対者（絶対的自我ないし絶対精神）を重ね合わせて、絶対者「一元論」の思弁的体系を構築しようとする、共通の思考様式が看取される。そして前期フィヒテ知識学の「限界」[58]も、ヘーゲルの経験理論の「挫折」も、かかる〈超越論〉という共通の根本体制に起因すると、我々には思われる。

ところで、経験の「一元論」的説明は、緒論では意識「一元論」的説明の形をとっている。「意識が自己自身において営む弁証法的運動」が「経験」とされているからである。意識自身の自己運動の結果、あるいはこの運動それ自身が経験なのである。しかしかかる「一元論」における「意識」は、緒論において説かれる「意識」ではあり得ない。何故なら、そこでは「意識」は知あるいは経験の最終段階において初めて「精神」に到達しこれと合一するのであり、それ以前の段階ではむしろ両者（「意識」と「精神」）は言わば二元論的に対立しているからである。それ故、「一元論」における「意識」は序言における、「精神の直接的定在即ち意識」（S. 32）として最初から「精神」と同一であることが明言されている「意識」でなければならないことになる。しかしその途端に、問題場面は通常の経験（認識）理論の次元を超えて、「精神」や「絶対者」を原理・出発点とする思弁哲学の次元に移ってしまう。「意識経験学」に敢えて踏み止まろうとするならば、「精神」の認識を断念せざるを得ず、しかし「精神」の認識を得ようとするならば、「意識経験学」を断念して「精神現象学」へと移行せざるを得ないのである。

ハイデガーによれば、『精神現象学』における、意識の道行・移行過程の全ての本質的な箇所に「経験」という語は現れているが、「精神としての意識の現象（作用）を叙述する最終章」だけには現れていない[59]。これは、「意識」が「経験」を通して実際には「精神」に到達していないこと、換言すれば、「（魂は）自己自身の十全的経験を介して……精神へと純化される」という目標が実際には達成されていないこと、を示す象徴的事実であろう。『意識経験学』という書名とともに、『意識』という語も同書のタイトルから消えている[60]」という点も無視できない。「意識経験学」と「精神現象学」は夫々別でありながら、一方の働きが他方の働きを助けるという、言わば車の両輪のような相互依存・相互協力の関係にあるとするならば、「意識経験学」の挫折が「精神現象学」の挫折を伴ってはいないとは、誰も確言することはできないであろう。『精神現象学』の公刊の十年後（一八一七）、「現象学」はヘーゲルにおいて、「精神哲学の一部門へと降下」し、「十八世紀の、（人間学と心理学の中間の）一学科を指す名称に再び戻った[61]」とハイデガーは言っている。〔但し、ハイデガーに我々と同様の、「挫折」の問題意識があるわけでは全くない〕。

註

（1）G.W.F. Hegel: *Phänomenologie des Geistes*, 1807, Philosophische Bibliothek 114, Meiner, 6. Aufl. 1952.
（2）G.W.F. Hegel: *Glauben und Wissen*, 1802, Bd. 2, S. 303.
（3）Vgl. J. Hoffmeister: *Einleitung des Herausgebers*, 1937, Phil. Bibl. 114, 6. Aufl. 1952, S. XXVIII, XXXIII, 577.
（4）M. Heidegger: *Hegels Begriff der Erfahrung*, 1942/43, in: *Holzwege*, 4. Aufl. 1963, S. 171, 175f., 181, 188.
（5）Ebd., S. 147–150, 181.
（6）Ebd., S. 175, 177.
（7）H. S. Harris: *Hegel. Phenomenology and System*, 1995, p. 14.
（8）W. Marx: *Hegels Phänomenologie des Geistes. Die Bestimmung ihrer Idee in "Vorrede" und "Einleitung"*, 1971, S. 70, 79.

(9) J. Heinrichs: *Die Logik der "Phänomenologie des Geistes"*, 1974, S. 463.
(10) M. Heidegger, S. 177, 186.
(11) Ebd., S. 181f.
(12) W. Marx, S. 11, 34.
(13) M. Heidegger, S. 172.
(14) Ebd., S. 182.
(15) Ebd., S. 166, vgl. S. 170, 175.
(16) Ebd., S. 141.
(17) Ebd., S. 171.
(18) Ebd., S. 169.
(19) Ebd., S. 170.
(20) Ebd., S. 171.
(21) Ebd., S. 181.
(22) Ebd., S. 184.
(23) Ebd., S. 172.
(24) Ebd., S. 173.
(25) Ebd., S. 174.
(26) Ebd., S. 184.
(27) W. Marx, S. 92ff., 97, 99f., 102, 106f., 115.
(28) Ebd., S. 9f., 70, 79.
(29) Ebd., S. 92f.
(30) M. Heidegger, S. 168.
(31) J. Heinrichs, S. 13ff.
(32) M. Heidegger, S. 158.
(33) Ebd., S. 157.

(34) Ebd., S. 174.
(35) Ebd.
(36) Ebd., S. 175.
(37) Ebd., S. 160.
(38) Ebd., S. 175.
(39) G.W.F. Hegel: *Glauben und Wissen*, S. 314f., 320.
(40) 拙稿「カント解釈の問題」、日本哲学会編『哲學』第43号、一九九三、85頁参照。
(41) I. Kant: *Prolegomena*, 1783, Bd. 4, S. 304.
(42) G.W.F. Hegel: *Glauben und Wissen*, S. 329.
(43) Ebd., S. 328.
(44) Ebd., S. 304f.
(45) Ebd., S. 303.
(46) Vgl. ebd., S. 308.
(47) F. H. Jacobi: *David Hume über den Glauben*, 1787, Gesammelte Werke. Bd. 2, 1815, S. 304.
(48) G.W.F. Hegel: *Glauben und Wissen*, S. 310.
(49) Ebd., S. 311.
(50) Ebd., S. 329.
(51) J. G. Fichte: *Versuch einer neuen Darstellung der Wissenschaftslehre*, (*Erste Einleitung in die Wissenschaftslehre*), 1797, Werkeband 4, S. 186.
(52) J. G. Fichte: *Grundlage der gesamten Wissenschaftslehre*, 1794/95, Werkeband 2, S. 310.
(53) Ebd., S. 388.
(54) 拙著『カント解釈の問題』(二〇〇〇、溪水社) 第六、第七章を参照。
(55) W. Marx, S. 16.
(56) Ebd., S. 65.
(57) J. G. Fichte: *Zweite Einleitung in die Wissenschaftslehre*, 1797, Werkeband 4, S. 229.

(58) 本書第五章参照。
(59) M. Heidegger, S. 184.
(60) Ebd., S. 185.
(61) Ebd., S. 186.

第九章　道徳性と人倫性
——ヘーゲルとの対決——

一

カントの道徳論は、行為の道徳性と適法性の区別の上に成り立っている。カントはこの区別から出発して、「定言的命法」や「自律」の概念を導出したし、「道徳性を唯一無二の対象として有する実践哲学」という「倫理学」の本質規定も、この区別に基づく。これに対してヘーゲルは、「道徳性」と「適法性」の区別を否定して、より高次な「人倫性の哲学」を主張し、「人倫性」へと移行しないカントの「道徳性」の道徳論を「形式主義」として批判した。この批判は、「道徳性」と「適法性」の区別に立脚するカント倫理学の言わば〈終焉〉宣告に外ならない。ところで、「カント倫理学」と言えば打てば響くように、「形式主義」という言葉が返ってくる、ヘーゲル以来今日までの内外のカント研究の現状は、ヘーゲルのカント批判を素直に受容・継承し、カント倫理学の〈終焉〉を自認しているに等しい。ヘーゲルのこのカント批判はしかし、カント倫理学に対する彼の重大な事実誤認に起因する誤解の所産であり、誤解から生じた不当な〈終焉〉状態に終止符を打ち、カント倫理学を本来の、「道徳性」を対象とする「実践哲学」として、しかも〈形式的規範倫理学〉ではなく、〈実質的価値倫理学〉としてのその真の姿において復活させなければならない――これが本章の主張である。

『道徳の形而上学の基礎づけ』(一七八五) の序言においてカントは、「道徳的に善であるべきものにおいては、それが道徳法則に適っているというだけでは不充分であり、それはまた道徳法則のために為されなければならない」(Bd. 4, S. 389) と述べた上で、「道徳の最上原理の探究と確立」(S. 391) という同書の分析的考察に着手している。この、行為が「道徳法則に適っている」、即ち「客観的に法則と一致している」ことが行為の「適法性」、そして「単に法則のために為される」ことが行為の「道徳性」(Bd. 5, S. 81) と呼ばれる。さて同書の考察は、無条件に善である唯一のものとしての「善意志」の概念から出発して、「義務」、「法則」、「命法」へと分析を進め、道徳の最高原則としての「定言的命法」を発見し、更にこの「定言的命法」の形式的分析を通じて、道徳の最上原理としての、意志の「自律」へと到達する。この過程において二分法的に析出される、「義務から」の行為と「義務に適った」行為、「定言的命法」と「仮言的命法」、意志の「自律」と「他律」という、各々の対立項の両者は夫々、先の「法則のために為される」行為〔道徳性〕と「法則に適っている」行為〔適法性〕に対応(「法則に反する行為」が度外視されているので、完全な対応ではない)しており、他方、「倫理学は道徳性を唯一無二の対象として有する実践哲学である」(Bd. 27, S. 162, vgl. S. 141, 163f.) というカントの「倫理学」の本質規定も、かかる「道徳性」と「適法性」の区別に基づいている。かくして、カントの道徳論の根柢には行為の「道徳性」と「適法性」の区別が在り、それを支えていることは明らかであろう。

一方ヘーゲルは『自然法の学問的取扱い方、それの実践哲学における位置、及びそれの実定的法学に対する関係について』(以下、『自然法論文』と略記)(一八〇二) において、カントの道徳論の「形式主義」を「人倫性の哲学」

の立場から批判する。ヘーゲルによれば、「実践理性からは法則の全素材が失われること、そして実践理性は選択意志の格率の、最上の法則への適合性の形式しか作れないこと」(Bd. 2, S. 460) をカントは非常によく認識している。「選択意志の格率は内容を有し、規定性を自らの内に含むが、それに対して純粋意志は規定性を含まない。実践理性の絶対的法則は、かの規定性を純粋な統一の形式へと高めることである。そしてこの、形式中へと採用された規定性の表現が法則である」。しかし、格率の実質は「規定性あるいは個別性」の儘に止まっており、それに対して形式への採用を賦与する「普遍性」はそれ故、「端的に分析的な統一」であり、それが命題化されるならば、「分析的命題あるいは同語反復命題」である。そこで、「純粋実践理性の立法の自律という崇高な能力」は「同語反復命題の産出」に存することになる。これに対して、「道徳法則の内容」を問うことは、「純粋意志そして純粋実践理性の本質は一切の内容を捨象するところに在る」のだから、「矛盾」である (S. 461)。カントのかかる「形式主義」が法則を言表し得るためにはそれ故、ヘーゲルによれば、「法則の内容を成す、何らかの実質、規定性が措定されること」が必要である。そして、「この規定性に付け加わる形式が、汝の意志の格率が同時に普遍的立法の原理として妥当せねばならないという統一性あるいは普遍性」である。「純粋実践理性のこの原則〔根本法則〕は、特殊な意志の格率の内容を成す何らかの規定性は概念として、普遍者として措定される、ということを表現している」。しかし、「いかなる規定性も、概念の形式中に採用され、性質として措定されることができる。このような仕方で道徳法則になされ得ないものは何もない」(S. 462)。「命題中にそれの形式に関して存する絶対性はしかし、実践理性においては一つの全く別の意義を獲得する。即ちそれは、その本性上被制約者である内容にも転移されて、この非絶対者、被制約者がかの混合によって己れの本質に反して絶対者へと高められるのである。……絶対的形式と被制約的実質との混合によって、内容の非実在者、被制約者に形式の絶対性が転嫁される。そしてこの倒錯と手品のうちに、純粋理性のかかる実践的立法の核心が存する」(S. 464)。

ヘーゲルはカントの道徳論のかかる「形式主義」の原因を、「対自存在と個別性を原理とする、近代の人倫性の諸体系」(S. 504)に看取し、それを克服するためにカントの〈道徳性の哲学〉から、絶対者を原理とする「人倫性の哲学」への転換を要求している、と見られる。「純粋な統一が実践理性の本質を成している場合、人倫性の体系は問題になり得ないし、法則の数多性さえ可能ではない」(S. 459)。「絶対的人倫性の本性の理念から、個人の人倫性の、実在的絶対的人倫性に対する関係、および、人倫性の諸学問、即ち道徳と自然法との関係、が明らかとなる。つまり、実在的絶対的人倫性は、無限性あるいは絶対的概念、及び純粋な個別性をそれらの合一された姿において自らの内に含むから、それは直接的に個別者の人倫性であり、そして逆に個別者の人倫性の本質は、実在的でそれ故に普遍的な絶対的人倫性である」(S. 504)。「絶対的人倫性は本質的に万人の人倫性」であり、「個別者の本質」である。かかる、万人の「絶対的人倫性」(自然法)の、個人の「相対的人倫性」(道徳)に対する優位をヘーゲルは、アリストテレスの『政治学』における〈国家は本性上個人に優先する。何故なら、個人は国家から切り離されると何らの自立的なものでもないから〉という箇所の援用によって裏付けようとする(S. 505)。

「人倫性の哲学」と「形式主義」との「対立」について、ヘーゲルは次のように言う。「人倫性の哲学がこの必然性を理解し、それ[人倫性]の内容の連関とその規定性とを、絶対的に精神と結合されたものとして、そして精神の生ける身体として認識することを教え、そして自らは形式主義、これは己れが特殊性の概念の下に包摂することのできるものを偶然的として、そして死せるものとして看做すが、かかる形式主義に対立するとき、人倫性の哲学は同時に、個人性一般のこの生動性は、その形態はどうであれ、形式的生動性であることを認識する」(S. 529)。かかるヘーゲルの「人倫性の哲学」においては、カントにおいては最も基本的であった、道徳性と適法性の区別は

「否定」され、自然法と道徳の関係も「逆転」させられる。「我々がこのように絶対的人倫性をその総体性の諸契機において提示し、それの理念を構成し、人倫性を支配している適法性と道徳性の区別をも、それと関連する、形式的実践理性の普遍的自由等の抽象物とともに、本質を欠いた思惟物として否定し、言わば両原理の混合によってではなく、両原理の廃棄と絶対的人倫的同一性の構成とによって、自然法と道徳という学問の区別を絶対的理念によって規定した後では、我々は以下のことを確定したのである。即ち、両者〔自然法と道徳〕の本質は抽象ではなく、人倫的なものの生動性であり、両者の区別は単に外面的なもの、消極的なものにのみ関わり、そしてこの区別は同時に、他の〔従来の〕区別とは全く逆の関係であるということを。というのは、従来の区別では、自然法には形式的なもの、消極的なものが、しかし道徳には絶対的なもの、積極的なものが本質として与えられるべきである、とされているからである」(S. 509)。ヘーゲルの「人倫性」とカントの「道徳性」はいまや、対立概念であろう。「道徳性と人倫性は普通は同義的と看做されているが、ここでは本質的に異なる意味に解されている」(Bd. 7, S. 88)。

カントの道徳論を「形式主義」と看做すヘーゲルの見解には、道徳性と適法性の区別の否定が前提として含意されており、その限りで彼のカント批判は、この区別に立脚するカント倫理学の〈終焉〉宣告に外ならない。そして、ヘーゲルに同調して、カント倫理学を「形式主義」と解して来た従来の殆どのカント研究も、それとは知らず、それの〈終焉〉状態を自認して来たことになる。

二

しかし我々の見るところでは、カントの道徳論(倫理学)を「形式主義」と看做すヘーゲルの見解は大きな誤解であり、そしてこの誤解はカント倫理学に対する彼の重大な事実誤認によって惹起されたものである。それは即ち、ヘーゲルがカントの批判期(一七八一―九〇)における、「道徳の形而上学の基礎づけ」(道徳の根本原理等についての純粋哲学的予備考察)と、批判期後の「道徳の形而上学」(倫理学と法論)とを混同し、批判期の著作を「倫理学」の著作と誤認したことである。

前節で見たように、カントは『道徳の形而上学の基礎づけ』において、「善意志」の概念から出発する分析的考察によって「道徳の最上原理」としての「意志の自律」を発見・確立するが、これは同書の書名が明示するように、将来の「道徳の形而上学」(倫理学と法論から成る)のための「基礎づけ」の企てとしてである。同書に引き続く『実践理性批判』(一七八八)において、「自律」に含まれる「道徳法則」(当為)と「自由」の両概念の演繹が遂行され、それによって「道徳の形而上学」の「基礎づけ」の仕事は初めて完了する。それはしかし、形式的分析的な「基礎づけ」作業に過ぎず、未だいかなる「道徳の形而上学」それ自身(即ち、倫理学および法論)でもない。この後者は、経験的具体的内容を含むからである。そしてかかる「道徳の形而上学」(倫理学と法論)という言わば本体(体系)の建設は『道徳の形而上学』(一七九七)において初めて、当初の計画通りの形で完遂される。従って、カントの「倫理学」の著作はこの著作を措いて他にはなく、事実カント自身も全批判期を通じて、自らの「倫理学」を指す表現としては、この語を唯の一度も使用していない。批判期の両著作と、批判期後の『道徳の形而上学』との間の大きな違いは、道徳の最上原理の探究や、自由と道徳法則の演繹を事とする前者においては感性界(現象界)と可想界(物自体界)との区別が前提としてあり、その上で分析や演繹の議論が行われるのに対して、倫理学や法論における主体である個人の、具体的経験的な行為が専ら問題となる後者においては、演繹等の問題は(既に批判期において解決済みのこととして)もはや存在せず、従って両世界の区別も(否定されるわけではないにせよ)背景に退いており、専ら具体的経験的な行為の現実的場面において議論が展開されていることである。

自由と自然必然性との矛盾的対立を、現象界と可想界との区別を導入して、前者は可想界に、後者は現象界に配当するという仕方で両者の調停を図ろうとする、批判期の(批判哲学的)問題構制においては、行為および自由の主体は純粋意志(実践理性)でなければならないが、経験的個人の具体的現実的行為が専ら問題である、批判期後の『道徳の形而上学』の倫理学や法論の場面では、情況は一変するのであり、カントは同書の冒頭で、諸概念に新たな定義を与えている(Bd. 6, S. 213f.)。それによると、「意志」(純粋意志、理性)に代わって「選択意志」(経験的意志)が行為の能力として登場し、「意志」は「選択意志」の規定根拠として、言わば後景に退く。自由と呼ばれ得るのは「選択意志」だけで、「意志」は自由とも不自由とも呼ばれ得ないとされる。同書においてカントはこのように、「理性」を行為と自由の主体と看做した曾ての批判期の立場から、各人の選択意志即ち「人間」を行為と自由の主体と看做す新たな立場へと転換しているのであり、この立場においては、内的意志と外的行為は曾てのように、物自体と現象として二世界的に分断されることはなく、経験的個人における、経験的意味の「内と外」として、区別されつつ相互に地続きの現象(心理的現象と物理的現象)として関連し合っている。これこそが、「倫理学」と「法論」がともに拠って立つ立場である。

ところでヘーゲルは、以下のような諸理由を挙げて、カントの道徳論(倫理学)の「形式主義」を批判する(既述のものも含む)。(1) 純粋な統一を本質とする純粋実践理性は多を否定するものであり、義務や法則の純粋性、抽象性を超え得ないから、そこでは「人倫性の体系」は問題となり得ない(Bd. 2, S. 459)。(2) 格率の実質は法則においてもその儘規定性、個別性に止まるので、それに対して形式性を賦与する、法則の普遍性は分析的統一であり、法則はそれ故分析的命題、同語反復命題である。純粋実践理性の立法(自律)の能力は、同語反復命題の産出に存する

(Bd. 2, S. 460)。(3) 純粋実践理性の本質は何らの内容も有たないことに存するのだから、道徳的立法をかかる実践理性に求めるのは自己矛盾である(Bd. 2, S. 461)。(4) 法則の内容を成す規定性(実質)を普遍的ならしめる、法則の普遍的形式としての、純粋実践理性の原則〔汝の意志の格率が同時に普遍的立法の原理として妥当せねばならない〕——という思考において、いかなる規定性もそれ〔普遍化〕の資格を有するのなら、道徳法則となされ得ないものは何もないことになる(Bd. 2, S. 462)。(5) 行為の特殊な内容が考察される場合でも、それが果して義務であるか否かの規準がかの〔意志の自律の〕原理の中には存しない。反対に、凡ゆる種類の不正かつ不道徳な行為がこの方式によって正当化され得る(Bd. 7, S. 252)。(6) 行為の普遍化可能性というカントの形式も、一切の内容を排除した、無矛盾性または形式的同一性の原理以上のものではない(Bd. 7, S. 253)。(7) 義務の理性との適合性を提唱するカント哲学の立場は崇高であるが、汝の格率が普遍的原則として提示され得るか否かを考察せよ、という命題に関して、ここでは原則自身が不在であり、矛盾はあるべからず、という規準も何も産出しない(Bd. 7, S. 253f.)。

ここには、ヘーゲルのカント倫理学の「形式主義」に対する批判が、純粋実践理性による立法の形式性・抽象性・空虚性という一点に照準を合わせていることが明らかである。しかしこの理解が、カント倫理学に対する全くの誤解であることは、贅言を要しまい。ヘーゲルの指摘する、純粋実践理性の形式性は、批判期における問題性であり、批判期後に初めて成立する「倫理学」とは全く関係がない。そして批判期における「形式性」という問題性も、義務や法則の形式的・分析的探究という問題場面において、命法や命題の形式的・分析的考察をカント自身自覚的、意図的に遂行していることの現れであって、それ以上でも以下でもなく、いかなる不備や欠陥も意味しない。形式的・抽象的探究が形式的・抽象的であることは当然のことだからである。むしろ問題は専らヘーゲルが、本来カントの倫理学ではなく、それの「基礎づけ」的予備考察に過ぎないもの(著作あるいは時期)を、カント倫理学そのものと誤認したことに存する。とりわけ、致命的とも言うべき誤解は、批判期の「理性」から「人間」へと、批判期後に主役(立場)が交代(転換)することによって初めて可能となった「倫理学」というものの本質と成立条件に全く無自覚であった点に存する。

カントの「倫理学」はヘーゲルの解するような「形式主義」ではなく、それとは反対の「実質主義」であり、「形式主義」はむしろ「法論」の方の特質である。『道徳の形而上学』によれば、「法論」は「自由の法則に従って外的関係において制限されるべき選択意志の形式面」にのみ関係し、そして「一切の目的(その選択意志の実質としての)を度外視する。それ故、それ〔法論〕はここでは単なる知識論」(Bd. 6, S. 375)である。「法論は単に外的自由の形式的制約、即ち法にのみ関係した。これに対して倫理学は更に実質(自由な選択意志の対象)、換言すれば、同時に客観的必然的目的として、即ち人間にとっては義務として表象されるところの、純粋理性の目的をも与える」(S. 380)。「倫理学に本来的に帰属するところの、同時に義務である目的の概念は、(万人の有する)主観的目的が(万人の追求すべき)客観的目的の下に下属せしめられることによって、行為の格率に対する法則を唯一基礎づける概念である。『汝はこのことやあのこと(例えば、他人の幸福)を自らの目的と為すべし』という命法は、選択意志の実質(客観)に関係する」(S. 389)。「倫理学は純粋実践理性の目的の体系としても定義され得る」(S. 381)。「それを有つことが万人にとって普遍的目的であり得るところの目的の格率に従って行為せよ」は「徳論〔倫理学〕の最上原理」(S. 395)であり、「人間一般を己れの目的と為すべきことがそれ自身において人間の義務である」が「徳論の原則」(ebd.)である。従って、「形式主義」を理由とするヘーゲルのカント道徳論(倫理学)批判は、的外れである。ヘーゲルがカント的な「形式主義」に己れの「人倫性の哲学」を対置したとき(Bd. 2, S. 529)、彼は自ら作り出した幻影を相手に闘っていたことになろう。ヘーゲルの誤解に起因する(と我々は解する)〈終焉〉状態からカント倫理学は解放・復活されなくてはならない。

三

しかし、問題は未だ片づいてはいない、と思われる。というのは、『道徳の形而上学』における「倫理学」が単なる「形式主義」ではないことは、同書を一瞥すれば明らかな筈であり、しかもヘーゲルは一瞥どころか一時期、それの注釈を作る程に同書の研究に没頭していたことがそれの開始日(一七九八年八月一〇日)とともに報告されている(加藤尚武、他編『ヘーゲル事典』、平成四年、弘文堂、582頁)のだから、先述のようなヘーゲルの「事実誤認」などはあり得ないのではないか、との疑問が尚も残されているからである。単なる不注意による看過や見落しの類の「誤認」はここでは考え難いとすれば、『自然法論文』以後のヘーゲルの終生一貫した「形式主義」とのカント批判の態度の根拠を何処に求めるべきであろうか。

唯一考えられ得る可能性は、批判期か批判期後か、「基礎づけ」か「道徳の形而上学」それ自身かはいずれであれ、カントの道徳論は「道徳性」の立場であり、そしてこの「道徳性」は個人主義的な「形式主義」を本質としている、と解することであろう。確かに、「形式的」という概念のヘーゲルの用語法には独特のものがあり、単なる〈無内容の〉に加えて、「主観的」、「抽象的」と同義的な「形式的」の用法が見られる。例えば、「直接的に対自的なものとして、そして自体的に存在する意志から区別されたものとしての主観的意志はそれ故、抽象的、被制限的、そして形式的である」(Bd. 7, S. 206)の如く。「人倫性の哲学」の対立項が〈道徳性の哲学〉ではなく、「形式主義」であることも独特であろう。そこでは「形式主義」は〈道徳性の哲学〉の代名詞の役割を演じており、カントの〈道徳性の哲学〉は彼自身の「人倫性の哲学」の立場から見れば所詮、「主観的」、「抽象的」、「形式的」に過ぎない、とのヘーゲルの見方が現れている。この点を明確に示すのは、ヘーゲルが「カント哲学」について、それが「人倫性の概念へと移行しない、単なる道徳的立場」に固執することによって「空虚な形式主義」に陥っている(Bd. 7, S. 252)、と言明していることである。即ち、カントは「道徳性」の立場に固執することによって、「形式主義」に陥っている(逆ではなく)と言われており、「形式主義」はカントの「道徳性」の哲学の本質と看做されているのである。そうだとすれば、カントの道徳論(倫理学)を「形式主義」として批判するのは、ヘーゲルの「事実誤認」というよりもむしろ、「人倫性の哲学」の立場からのヘーゲルの体系的な、カントの〈道徳性の哲学〉批判の態度と見るべきではないのか、と反論されるかも知れない。

しかし、この反論は成り立たないと思われる。仮に百歩を譲って、この反論の論拠を全て認めたとしても、ヘーゲルの「事実誤認」が帳消しになることは決してあるまい。特別な理由のない単純な誤認も、何らかの特別の理由のある誤認も、「誤認」であることに変りはないからである。カントの道徳論(倫理学)が「実質主義」であって「形式主義」ではないという客観的事実は、いかなる体系的見地を持ち出しても、覆ることはあるまい。かくして、この不動の客観的事実を前にして、ヘーゲルが彼のカント批判の正当性を示し得るための唯一の方途は、「形式主義」と彼の看做すカントの「道徳性」から、より高次な彼自身の「人倫性」への、意識の立場の「移行」の叙述を彼自らが遂行・成就することでなければならない。「人倫性」へと「移行」することなく、「道徳性」の立場に固執することによって「形式主義」に陥っているカント哲学は、「道徳性」から「人倫性」への「移行」をヘーゲル自身が達成することによってのみ克服され得るであろうからである。そしてそれはヘーゲルの当初からの目論見であったと考えられる。『自然法論文』における、「道徳性」と「適法性」の区別の否定や、「道徳」と「自然法」の上下関係の逆転はそのことを示すものであろう。「人倫性」の一元的原理の下での、(カントの)「道徳」の「自然法」への下属化がそこでは意図されているのである。また、「道徳性」から「人倫性」への「移行」はヘーゲル自身にとっても喫緊の重要事であったに違いない。何故なら、原理である絶対者（絶対精神）の定在としての意識が、知の各段階（精神の各現象形態）を低次から高次へと遍歴し、遂には最終段階である絶対知（精神の自己認識）へと到達する、意識の弁証法的運動（精神の自己還帰）の叙述、という『精神現象学』（一八〇七）の構想において、主要な現象形態である「道徳性」から「人倫性」への「移行」の叙述は、それの不可欠の一部分を成す筈だからである。

とはいえしかし、「人倫性」へと「移行」しない（カントの）「道徳性」からの、「人倫性」への「移行」の叙述ということが、いかに解決困難な（さしものヘーゲルを以てしても解決不能な程の）課題であったかを、『精神現象学』においてこの叙述が遂行されなかったという事実が物語っている。即ち、『自然法論文』には、「道徳性」(Bd. 2, S. 452, u.a.) や、「人倫性」(S. 452, u.a.) や、「純粋自己意識」の「実在的意識」への「進行」(S. 471) のような言葉はあるが、「道徳性」から「人倫性」への「移行」という言葉も、それに対応する叙述もない。『精神現象学』には、「道徳性」(Bd. 3, S. 327, u.a.) や「人倫性」(S. 330, u.a.) や、「自己疎外的精神」の「教養の国」から「道徳的意識の国」への「移行」(S. 362) のような言葉はあるが、「道徳性」から「人倫性」への「移行」という言葉も、それに対応する叙述もない。『法哲学綱要』（一八二一）において初めて、「道徳性」から「人倫性」への「移行」という言葉 (Bd. 7, S. 286) とそれに対応する叙述が現れる。そして『エンチクロペディー』（一八三〇）には、「当為の立場」から「人倫性」への「移行」という言葉 (Bd. 10, S. 317) はあるが、それに対応する叙述はない。しかし、これは甚だ不可解な事態と言うべきであろう。それがいかに困難であろうと、彼の哲学体系の〈不可欠の一部分〉である筈の、「道徳性」から「人倫性」への「移行」の叙述が、本来それが展開されるべき本舞台と目される『精神現象学』において欠如しているというこの事態は、ヘーゲル哲学の致命的欠陥を意味するのではないだろうか。それが何故

『精神現象学』においては遂行され得ず、唯一『法哲学綱要』においては遂行され得たのか、両著作に注目することによって、事の次第を見定めなければならない。

四

『精神現象学』において、「道徳性」および「人倫性」が主題的に論じられるのは「精神」の章においてであるが、「精神」章の構成は以下のようになっている。即ち、同章は「A、真実なる精神。人倫性」、「B、自己疎外的精神。教養」、そして「C、自己確信的精神。道徳性」の三節に区分され、各節は更に、Aは「a、人倫的世界。人間の掟と神の掟、男性と女性」と「b、人倫的行為。人知と神知、罪責と運命」と「c、法的状態」の三段階に、Bは「I、自己疎外的精神の世界」と「II、啓蒙」と「III、絶対的自由と恐怖」の三段階に、そしてCは「a、道徳的世界観」と「b、ずらかし」と「c、良心。美しき魂、悪と赦し」の三段階に夫々区分されている。右の各節は歴史的状況との対応においては夫々、Aのaとbは古代ギリシア、cは古代ローマを取扱い、Bは近代のフランスを、Cは現代(ヘーゲルにとっての)のドイツ、とくにaはカント、bとcはロマンティシズムを取扱っていると見られる。このような「精神」章の構成を見るとき、「道徳性」から「人倫性」への「移行」をそこから読み取ることは、殆ど不可能と思われる。とくに「A、人倫性」──「C、道徳性」という両者の順序は、「道徳性」から「人倫性」への「移行」から予想される先後関係とは順序が逆転しており、これが既に大きな疑問点である。同章の叙述が、道徳性──人倫性──絶対知ではなく、何故に人倫性──道徳性──絶対知という順序でなければならないのか。この点についてヘーゲルは何も語らず、研究者もお手上げの状態と見受けられる。

我々の見解では、ヘーゲルが「精神」章の叙述を「道徳性」を以て開始することができないのは、「個人」を原理とするカントの「道徳性」の哲学が、「絶対精神」を原理とするヘーゲルの「人倫性の哲学」にとっては言わば外来思想であったことに因る。「精神の直接的定在、即ち意識」(Bd. 3, S. 38) と言われるように、ヘーゲルにとっては「意識」の本質は「精神」であるが、「精神」章に登場する「道徳的意識」、即ちカント等の奉じる「近代的自己意識」にとってはかかる〈意識=精神〉という「意識」観は無縁である。そのために、「精神」章の冒頭では未だ「道徳的精神」の概念を提示することはできず、止むなく古代の「人倫性」の社会状況から出発して、その後の歴史的展開の叙述を通じて、この概念を歴史的かつ体系的に形成・獲得せざるを得ず、その結果、人倫性――道徳性――絶対知という叙述の順序は不可避となったと考えられる。ヘーゲルは上述の困難に直面して、「道徳性」から「人倫性」への「移行」を断念し、それは既に為されたこととして暗に前提するという仕方で省略し、何よりも大切な、絶対知への到達という最終目標を達成しようとしたのであろう。

ともあれ、『法哲学綱要』において唯一与えられている、「道徳性」から「人倫性」への「移行」の叙述について、それの与えられるべき必然性は今や明らかであろう。何故なら、それは体系の〈不可欠の一部分〉であるにも拘らず、肝心の『精神現象学』においては与えられなかったからである。しかし、『精神現象学』においては不可能であったことが、『法哲学綱要』ではいかにして可能となったのか。かかる関心を抱きつつ、『法哲学綱要』の当該箇所(「道徳性から人倫性への移行」という表題の付された第百四十一節)を注視するとき、我々の期待は全く裏切られる。というのは、そこでは「善」や「良心」や「純粋な自己確信」や「人倫性」や「具体的」および「絶対的同一性」等の諸概念を用いての「概念のかかる移行」(Bd. 7, S. 286) が語られているに過ぎず、「道徳性」から「人倫性」への「意識」の「移行」については何も語られてはいないからである。しかし、問題は「道徳的意識」から「人倫的意識」への「意識」の「移行」の叙述の筈であり、しかも両立場の「良心」の概念が同書には存するにも拘らず、「道徳性」から「人倫性」への「意識」の「移行」ではなく、「概念」の「移行」の叙述しか与えられてはいないのである。換言すれば、同書において件の「移行」についての叙述が唯一与えられ得たのは、それが「意識」の「移行」ではなく、「概念」の「移行」についての叙述であったから、ということになろう。かくして、「道徳性」から「人倫性」への「移行」の叙述はヘーゲルの全著作を通じて結局、一度も遂行されなかったことになる。以上の帰結として生じるのは、『精神現象学』とは違って、精々「法」と「道徳」と「人倫」についてのみ取扱えばよく、「精神」の全現象形態を隈なく取扱う必要のない『法哲学綱要』においては、先述の〈意識＝精神〉という足枷は存在しないにも拘らず、同書においてもかの「移行」の叙述が与えられなかったことは、先述の〈意識＝精神〉に纏わる困難とは別の原理的困難がこの「移行」そのものに存在するのではないかとの疑念である。

同書には、「道徳的立場は、単に即自的にではなく対自的に無限である限りの意志の立場である」(Bd. 7, S. 203)、「人倫的立場とは区別される道徳的立場には、形式的良心のみが属する」(S. 256)、「真実なる良心は、即かつ対自的に善であるものを意志する心術である。それはそれ故、確定的な諸原則を有する。……しかし、これらの諸原則および義務の客観的体系と、主観的知のそれ〔体系〕との合一とは、人倫性の立場において初めて存在する。道徳性の形式的立場であるここでは、良心はかかる客観的内容を欠き、従ってそれ自身としては、無限な形式的自己確信である」(S. 254f.) 等の言明はあるが、両立場間の「意識」の「移行」については何も語られていない。これに対して、『精神現象学』の「精神」章の「C、自己確信的精神。道徳性」の「a、道徳的世界観」の叙述は、「道徳的自己意識は存在する」と「道徳的自己意識は存在しない」(Bd. 3, S. 451) という、「道徳的世界観の二律背反」(S. 464) から出発して、諸種の「矛盾」を乗り越えて進行する。その間には、「道徳性の、行状を欠いた先行的意識が移行したのは、道徳的行為そのものである」(S. 467) とか、「ずらかしのこの世界は、道徳的自己意識のその諸契機における展開に外ならない」(S. 464) 等の言明が見出される。しかし、この節における「道徳性」からの「意識」の「移行」の向かう行先は「宗教」(S. 482) であって、「人倫性」ではない。そこにも、「道徳性」から「人倫性」への「意識」の「移行」の叙述は存在しない。「道徳的意識」から「人倫的意識」への弁証法的「移行」の道筋をヘーゲルは発見できなかったのだろうか。それとも、もしかして、かかる「移行」には原理的に何らかの方法的困難が存在するのだろうか。

否、そもそも一体、このような「移行」は存在するのだろうか。コプルストンも言うように、ヘーゲルが「道徳性を純粋に形式的な局面で論じている」(F・コプルストン『ドイツ観念論の哲学』、小坂国継、他訳、以文社、一九八四、280頁)とするならば、ヘーゲルはカントの「道徳性」を、彼の「形式主義」批判に見られるように、批判期のカントの「理性」中心の「形式主義」的な道徳論の局面において捉えていることになるが、しかし批判期後に初めて成立する「人間」中心の「実質主義」的な「倫理学」にしか、カントの「道徳性」の本来の場はなく(「倫理学は道徳性を唯一無二の対象として有する実践哲学である」)、従ってヘーゲルの所謂、カントの「道徳性」と実際のカントの「道徳性」は合致しない筈であり、かくして、「道徳性」も、それの「移行」も、「移行」の行先である「人倫性」もヘーゲルの言に反して、実際には存在しないことになろう。実際、「道徳的立場」に属する「形式的良心」、即ち「悪へと転倒しかけている良心」、「形式的主観性」、「道徳性と悪の共通の根」(Bd. 7, S. 261) よりもむしろ、「人倫的立場」に属する「真実なる良心」、即ち「即かつ対自的に善であるものを意志する心術」(S. 254) の方にこそ、「道徳的立場」に立つカントの「良心」、即ち「人間における内的法廷の意識」、「全ての自由な行為に関する内的審判者」(Bd. 6, S. 438f.) は一層近いのではないか。

これらの疑惑が湧出するのも、「道徳性」から「人倫性」への「移行」の叙述が何処にも与えられていないからである。その叙述は、「(人倫的・法的・道徳的)諸精神の運動と、精神の単純かつ対自存在的自己への還帰とが展開され、それの目標および帰結として絶対精神の現実的自己意識が現れるであろう」(Bd. 3, S. 327)という『精神現象学』の「精神」、「宗教」、及び「絶対知」章における核心部分であるだけでなく、それの遂行は、『自然法論文』以来の課題でもあった筈である。カントの「道徳性」の哲学に対する己れの「人倫性の哲学」の優位性、高次性を示すための最良の方法は、「道徳性」から「人倫性」への「移行」の叙述をヘーゲル自身が遂行・達成することを措いて、他にはあり得まい。それにも拘らず、かかる叙述を欠いた儘でヘーゲルが、『精神現象学』の体系の真理性を自ら揚言するとすれば(そして、どうして揚言しないことがあろう!)、我々が体系を理解するためには必要不可欠の叙述を欠いてもなお、体系全体の真理性を承認せよとヘーゲルは主張するに等しく、それは秘教的な哲学と呼ばれるに相応しいであろう。

ベルン時代のヘーゲルは、シェリングから『哲学一般の形式の可能性について』(一七九四)の献呈を受けてその返書の中で、「もちろん常に秘教的な哲学が残るであろう——絶対的自我としての神の理念はそこに属するであろう」と記す。藤田正勝氏(『若きヘーゲル』、一九八六、創文社、66頁)によれば、当時のヘーゲルは未だカントの実践哲学によって根本的に規定されており、ここでもシェリングに対して、神の概念を「秘教的」に「より深い深み」に向かって更に掘り下げることよりも、むしろ、既に存在している(カント哲学の)原理から出発し、カントの実践哲学を基礎に据えた「公教的な」原理を伝統的な知に適用することの重要性を強調している。若きヘーゲルは、未だ萌芽の状態にあるドイツ観念論の将来の秘教的・神秘主義的な運命を予感していたのだろうか。あるいはそれとも、他の二人(後期のフィヒテとシェリング)は別として、自分自身の後年の運命だけは予感できなかったと言うべきであろうか。

五

ところで、先に見たように〔第一節〕、ヘーゲルは個人（個別性）を原理とするカント等の「道徳性」の哲学を反駁し、それとは反対に絶対精神（普遍性）を原理とする「人倫性の哲学」を正当化するために、アリストテレスの『政治学』の〈国家は本性上個人に優先する〉という箇所を引用している。同じアリストテレスの『ニコマコス倫理学』でも、〈国家の善〉は〈個人の善〉に優先する、と言われている（Eth. Nic., 1094b5–10）が、ヘーゲルが「適法性」と「道徳性」の区別の「否定」を主張する〔第一節参照〕のも、かかる〈国家の個人に対する優先〉の線に沿ってのことである。即ち、全体としての国家は自らの一部分に過ぎない個人に対して優先するのであり、従って、国家の秩序である「人倫性」（「適法性」）が個人の内面の秩序に過ぎない「道徳性」に対して優先するのは当然であり、それ故両者の区別は撤廃され、「道徳性」は「人倫性」（「適法性」）に下属せしめられ、両秩序は「人倫性」に一元化されなければならない、というのがヘーゲルの主張であろう。

しかし、国家は言わば外延的には確かに個人に優先し、それを包括しているが、同時に他方言わば内包的には、個人の内面に属する道徳性が、外的世界即ち国家の秩序である人倫性（適法性）の根柢に存し、それを包括している、という逆方向の関係が両者（国家と個人）の間に存することを、ヘーゲルは全く看過しているように見える。右のことはアリストテレスにおいても既に、不判明な形ではあれ窺われ得る。「法はすべて一般的なものだが、ことがらによっては一般的なかたちではただしく規定できないものが存在する。『個々の行為』がかかる性質を帯びている。だから、不足せることがらを補訂する必要が生じる」（ibid., 1138a5–14、高田三郎訳）。「適法的という意味における『正』と、厳密な〔第一義的な〕意味での『正』とは別なものである。（識らずして正しからぬ判決を与えた場合、これは適法的という意味における『正』に即していえば不正をはたらいているのではなく、その判決は不正な判決ではない。ただ、或る意味からすればそれはやはり不正な判決だともいえる。）ひとびとは、もろもろの『正しいことがら』や『不正なことがら』を知っているのは、ちっともえらいことでないと思っている。法の示しているところを理解するのは困難ではないのだからという理由で―。（だが法の示すところは、偶然的な仕方における『正しいことがら』でしかないのである）」（1136b32-34）。それと同じことが、カントの『道徳の形而上学』においてはより判明となる。「全ての義務は、それが義務であるという唯々それだけの理由で悉く倫理に属する。しかしそれらの立法はだからと言って常に倫理の内に含まれているのではなく、それらの多くは倫理の外に（つまり法の内に）存する」（S. 219）。

そしてそれが構造論的な裏付けを伴って、より決定的な形で表明されているのは、同書の緒論においてである。「自由の法則は自然法則と区別して、道徳法則と呼ばれる。それらが単なる外的行為およびそれの合法則性にのみ関係する限りで、法律的法則と呼ばれ、それらがしかし、それら法則自身が行為の規定根拠であるべきことをも要求するならば、倫理的法則である。そしてその際、前者との一致が行為の適法性、後者との一致が行為の道徳性と言われる。前者の法則が関係する自由は単に選択意志の外的使用における自由に過ぎないが、しかし後者の法則が関係する自由は、それが理性法則によって規定される限りでの、選択意志の外的および内的使用における自由であり得る。理論哲学において次のように言われる――空間中には外的感官の対象のみが存在するが、しかし時間中には外的および内的感官の全対象が存在する、何故なら、両者の表象は結局表象であり、その限りで悉く内的感官に属するからである、と。全く同様に、自由は選択意志の外的または内的使用における自由のいずれであれ、それの法則は自由な選択意志一般に対する純粋実践的理性法則として、同時にそれ〔自由な選択意志一般〕の内的規定根拠であらねばならない、たといそれら〔諸法則〕は必ずしも常にこの関係において考察される必要はないとしても」(S. 214)。ここでは、外的感官の対象（現象）の形式的制約としての空間と、外的行為（外的現実）の形式的制約としての適法性が、そして内的感官の対象（表象）の形式的制約としての時間と、内的意志（格率）の形式的制約としての道徳性がそれぞれ対応しており、時間が間接的にであれ全ての外的現象の形式的制約としてそれらの根柢に存し、それらを包括するように、道徳性が間接的にであれ全ての外的行為（外的現実）の形式的制約としてそれらの根柢に存し、それらを包括していることが明言されている。道徳性と適法性、倫理学と法論、という両者を単に個人の内面性と外的現実性のように二元論的に分断してしまうことはできず、表層的・外面的なかかる二元的区別の根柢では、道徳性が適法性の更に根柢に在って、全ての外的行為（外的現実）を包括し、間接的に規定している、と解されなければなるまい。

これに対して、「……この一面性のために、カントは内的な道徳性と、これに対立している外的な現実との二元論を乗り越えることができなかった。……カントは内面性と外面性の区別を固定化して分離の二元論を生み出したが、このことによって哲学的倫理学は法理論と国家理論の連関から切り離されてしまった。というのも、この二元論によって合法性〔適法性〕と道徳性が区別され、その結果法理論と国家理論がともに哲学から脱落してしまうことになったからである」（「道徳性と人倫性――ヘーゲルのカント倫理学との対決――」、栗原隆、座小田豊訳、加藤尚武、座小田豊編訳『続・ヘーゲル読本』所収、一九九七、233頁）とJ・リッターのように言うのは、道徳性が外的現実の根柢に存し、それを包括しているというこの一面を看過するからであろう。実際『道徳の形而上学』において、「内的立法の純粋実践哲学としての倫理学においては、ただ人間の人間に対する道徳的関係だけが我々にとっては理解できる」(S. 491)と言われ、「義務概念に対する感受性の主観的制約として道徳性の根柢」に存する「道徳的諸性質」(S.

399）として「道徳的感情」、「良心」、「自己尊重」、「隣人愛」等の、伝統的倫理学に由来する経験的諸概念が体系の構成契機として取り入れられているが、かかるカントの実際の「倫理学」には、ヘーゲル以来言い古されて来た、〈形式性〉、〈抽象性〉、〈内面性〉、〈主観性〉等の、カント倫理学の〈欠点〉や、「法論」との二元論的な〈分離〉等はその痕跡すら認められない。それもその筈で、カント「倫理学」とは全く別の何かを従来はカント「倫理学」と誤認して、それを批判して来たに過ぎないからである。

ヘーゲル自身もまた同じ誤認を犯していると思われる。というよりもむしろ、彼の「人倫性の哲学」はこの誤認の上に構築されたものである、と言うべきであろう。何故なら、彼はカントの倫理学がその形式主義の故に内面性の領域に止まり、その結果として内面性（道徳性）と外的現実（適法性）の間に二元論的分断が生じたと看做して、「人倫性」の概念によって分裂状態の両者の綜合的統一を図ったと見られるからである。この点については、「ヘーゲルはこの立場〔人倫性の立場〕を受容することによって、道徳性を哲学的『政治学』のうちに導入するが、その際彼は、カントの倫理学によって完成された〈人倫の解体〉を元の状態に復することによって、自らの内なる意志の内的規定に限定されたカント倫理学を止揚するという形をとっているのである」（240頁）とリッターの言う通りであろう。そのように、ヘーゲルが「絶対的人倫性」の概念を掲げてその下で、道徳の自然法との関係を「個人の人倫性」の「実在的絶対的人倫性」との関係として把握し、更に前者の本質が後者であると言い（Bd. 2, S. 504）、また他方では、通常同義的と看做されている「道徳性」と「人倫性」を、両者は「本質的に異なる」として「人倫性」の独自の意味を強調する（Bd. 7, S. 88）のも、同じ誤認、即ちカント「倫理学」の狭すぎる理解に基づくものである。もしもヘーゲルが、カントの「道徳性」に「人倫性」の範囲に属する外的行為（外的現実）をも更に包括する一面のあることに気づいていたならば、「人倫性の哲学」の構想は（仮に存在したとしても）別の形を取ったに違いあるまい。カントの『宗教論』(一七九三)では、「倫理的共同体」の概念の「全人類の一全体という理想」との必然的な「関係」(Bd. 6, S. 96) についてさえ論じられているのである。

さてでは、カント倫理学の〈終焉〉状態に終止符を打ち、それを本来の、「道徳性」を対象とする「実践哲学」、即ち〈実質的価値倫理学〉として復活・再生させるためには、何が為されるべきか。一体それはいかなる〈倫理学〉を再生させることなのか。この点について最後に、せめてそれの輪郭だけでも述べておきたい。我々の見るところでは、カントの道徳理論は三層構造を成しており、第一層(基底層)は純粋道徳哲学(純粋実践理性・定言的命法・自律)の層〔著作では、『道徳の形而上学の基礎づけ』及び『実践理性批判』がこの層に対応する〕であり、その上の第二層(中間層)は一般的倫理学(選択意志・道徳的感情・良心)の層〔『道徳の形而上学』がこの層に対応する〕であり、更にその上の第三層(表層)は具体的倫理学の層である。第三層は第二層に、そして更に第二層は第一層に基づくが、カントはこの第三層の理論(具体的倫理学)を提示しておらず、「良心」を原理・根拠とするかかる具体的倫理学の構築・形成は、我々に課せられた課題である。そしてそれこそは、カント「倫理学」の再生の課題と同一であろう。

引用文献(カントとヘーゲルのみ。他は本文中に表示する)

I. Kant:

(1) Grundlegung zur Metaphysik der Sitten, 1785, Bd. 4.

(2) Kritik der praktischen Vernunft, 1788, Bd. 5.

(3) Metaphysik der Sitten, 1797, Bd. 6.

（4）Die Religion innerhalb der bloßen Vernunft, 1793, Bd. 6.
（5）Vorlesungen über Moralphilosophie, Bd. 27.

G.W.F. Hegel:
（6）Über die wiss. Behandlungsarten des Naturrechts, 1802, Bd. 2.
（7）Phänomenologie des Geistes, 1807, Bd. 3.
（8）Grundlinien der Philosophie des Rechts, 1821, Bd. 7.
（9）Enzyklopädie der philosophischen Wissenschaften, 1830, Bd. 10.

V

西田

第十章　実在としての「純粋経験」
――西田哲学の矛盾的構造――

一

西田は『善の研究』において、「純粋経験」について以下のような説明を与えている。「経験する」というのは「事実其儘に知る」、「全く自己の細工を棄てて、事実に従うて知る」の意であり、「純粋」というのは、「毫も思慮分別を加へない、真に経験其儘の状態をいふ」のである。「例へば、色を見、音を聞く刹那、未だ之が外物の作用であるとか、我が之を感じて居るとかいふやうな考のないのみならず、此色、此音は何であるといふ判断すら加はらない前をいふ」のである。「それで純粋経験は直接経験と同一である。自己の意識状態を直下に経験した時、未だ主もなく客もない、知識と其対象とが全く合一して居る。これが経験の最醇なる者である」(1巻、9頁)。

『哲學概論』では、以下のように言われる。「純粋経験の状態では主観と客観とは全く一致してゐるのである。否、いまだ両者の分裂がないのである。例へば自分が物を知覚して居る時の精神状態のやうに、唯ある性質をもった経験があるのみである。見てゐる自分もなければ見られる物もない」(概、188頁)。「我々の意識の始、即ち生れたばかりの子供の意識の状態は全く純粋経験の状態である」(概、191頁)。そこで「例へば、断崖を下る時の如き、又音楽家が熟練せる譜を奏する場合の如き、……一つの純粋経験といふことができるであらう」(概、192頁)。一方、『岩波哲学辞典』に執筆された「純粋経験」の用語解説においては、「然るに純粋経験といふのは物と心とか我と人とかいふ対立以前の経験、即ち知る人もなく知らるる物もなき直接の所与をいふのである。物とか心とか我とか人とかいふ区別はかかる経験の関係より生ずるものと考へられるのである」(13巻、251頁)と述べられている。

かかる「純粋経験」は西田にとって「余の思想の根柢」(1巻、3頁)であるとともに、「余の出立点」(1巻、188頁)であり、「『善の研究』に於て純粋経験を基として物心の対立、関係等種々の問題を解かうとした」(4巻、3頁)と彼は述べている。「純粋経験」は「凡ての知識の出立点」(1巻、50頁)であり、西田はそこから出発して、主観と客観、物と心、唯物論と唯心論、実在論と観念論の二元的対立という「認識論の大問題」を解決しようとするのである。

「我々の常識では意識を離れて外界に物が存在し、意識の背後には心なる物があって色々の働きをなす様に考へて居る。……併し物心の独立的存在などといふことは我々の思惟の要求に由りて仮定したまでで、いくらでも疑へば疑ひうる余地」がある、では「疑ふにも疑ひ様のない直接の知識」とは何か。「それは唯我々の直覚的経験の事実即ち意識現象に就いての知識」あるのみである。「現前の意識現象と之を意識するといふこととは直に同一であって、其間に主観と客観とを分つこともできない。事実と認識の間に一毫の間隙がない。真に疑ふに疑ひ様がないのである」(1巻、47―49頁)。「主観、客観の分離独立といふのは我々の頭に深く刻まれたる独断である。併し余は何処までも主観、客観の対立といふのは、積極と消極とか左と右とかいふ如く相対的のものであって、一つの経験の見方の相違にすぎないとするナトルプなどの考に同意したいと思ふのである」(2巻、53頁)。

「実在論は我々の主観的世界以外に我々の意識現象より独立せる客観的世界のあることを仮定して居る。観念論は意識以外の客観的世界を否定するが、精神現象の本体である soul〈心〉の如きものを仮定して居る。哲学はできうるだけ批判的なる学問であって、疑ふに疑ひ様のない直接の真理より出発せねばならぬのであるから、かかるドグマを許しておくことは不当である」(概、179頁)。「普通には『知る』といふことは主観と客観とが全然対立して相互に作用し、知識といふのは客観から主観に働く印象であって、物の鏡に映ずる映像の如く考へられて居る。かういふ出立点からしてはどうしても在来の矛盾を脱することはできない」(195頁)。「元来主観と客観の区別といふのは決して根本的のものではない。此の純粋経験の上に生じ来った区別である。本来は物我の区別があったのではなく、一つの経験の Field〈野〉があったのである。主観と客観を根本的に区別したところから出発した哲学は、始終此の結合に苦しみ、到底矛盾に陥らねばならぬ。主観と客観の一致はその未分以前に求めねばならぬ」(190頁)。「認識論の大問題である実在論と観念論との争を考へてみると、此争は元来主観と客観とを二つの独立した実在の如くに考へるより起るのであると思ふ。若し此の二つを独立のものと考へるならば、どうして此の二つの者の間に相互作用ができるか、これが第一の問題である。若し主観を主として考へればすべてが主観となり、客観を否定せねばならぬ様になる。逆に、客観といふものを立てようとすれば、どうしても一つのドグマを作らねばならぬ。何か経験を超越する一つの神秘的な力を仮定せねばならぬこととなる」(196頁)。

その際、「純粋経験の事実の外に実在なし」(1巻、23頁)、即ち「実在」あるいは「真実在」としての「純粋経験」——というテーゼが決定的に重要な役割を演じる。このテーゼは以下のように、『善の研究』において頻出する。「純粋経験を唯一の実在としてすべてを説明して見たいといふのは、余が大分前から有っていた考であった」(1巻、4頁)。「少しの仮定も置かない直接の知識に基づいて見れば、実在とは唯、我々の意識現象即ち直接経験の事実あるのみである。この外に実在といふのは思惟の要求よりいでたる仮定にすぎない」(52頁)。「我々がまだ思惟の細工を加へない直接の実在とは如何なる者であるか。即ち真に純粋経験といふのは如何なる者であるか。此時にはまだ主客の対立なく、知情意の分離なく、単に独立自全の純活動あるのみである」(58頁)。「純粋経験に於ては未だ知情意の分離なく、唯一の活動である様に、又未だ主観客観の対立もない。主観客親の対立は我々の思惟の要求より出でくるので、直接経験の事実ではない。直接経験の上に於ては、唯独立自全の一事実あるのみである。見る主観もなければ見らるる客観もない。恰も我々が美妙なる音楽に心を奪はれ、物我相忘れ、天地唯……一楽声のみなるが如く、此刹那所謂真実在が現前して居る。之を空気の振動であるとか、自分が之を聴いて居るとかいふ考は、我々が此の実在の真景を離れて反省し思惟するに由って起ってくるので、此時我々は已に真実在を離れて居るのである」(59—60頁)。

「普通には主観客観を別々に独立しうる実在であるかの様に思ひ、此の二者の作用に由りて意識現象を生ずる様に考へて居る。従って精神と物体との両実在があると考へて居るが、これは凡て誤である。主観客観とは一の事実を考察する見方の相違である。精神物体の区別も此の見方より生ずるのであって、事実其者の区別でない」(60頁)。「意識を離れたる純粋物体界といふ如き者は抽象的概念である。真実在は意識現象の外にない、直接経験の真実在はいつも同一の形式によって成立するといふことができる」(66頁)。「実在は唯一つあるのみであって、其見方の異なるに由りて種々の形を呈するのである。自然といへば全然我々の主観より独立した客観的実在であると考へられて居る。併し厳密に言へば、斯の如き自然は抽象的概念であって決して真の実在ではない。自然の本性はやはり未だ主客の分れざる直接経験の事実であるのである。例へば我々が真に草木として考ふる物は、生々たる色と形とを具へた草木であって、我々の直覚的事実である」(82頁)。「物体といふも、我々の意識現象を離れて別に独立の実在を知り得るのではない。我々に与へられたる純粋経験の事実は唯この意識現象あるのみである。空間といひ、時間といひ、物力といひ皆この事実を統一説明する為に設けられたる概念にすぎない」（179頁）。

『哲學概論』においても、次のように言われる。「我々の動かすことのできぬ客観的実在は純粋経験の事実である」（概、189頁）。「単に純粋経験の場所では主観と客観との区別がまだ意識的になって居らぬといふのみではない。〔主客の別は此の経験の発展上に現じ来る区別である。同一経験の異なる二面である。かくの如き対立もこの経験の上で考へるのである〕。……これ〔純粋経験の事実〕が我々の唯一の与へられた事実である。我々が此の客観的事実に接するとか、触れるとかいふが、その我々といふものが此の純粋経験の中の一事実である。此の外に存するのではない」（190頁）。「知覚には客観的実在が対応せなければならぬといふが、客観的実在とは……この純粋経験の事実の外にあるのではない」（202頁）。一方、『哲学の根本問題』において西田は、「実在といふのは、色々に考へられる。……又或者は我々の自己に直接なる経験内容、即ち広義に於て内的知覚の対象となるものを実在と考へる。直接経験説とか純粋経験説とかいふものは、かかるものと考へることができるであらう」（7巻、5頁）と言い、『小篇』においては、「私の考へでは凡ての実在は盡く純粋経験である、この純粋経験の相互ひの関係と云ふものから、物と心との関係、人と人との関係、神と世界との関係等、其他本体と現象、原因と結果、時間空間等一切の関係を説明して見たいと思ふのであります。即ち所謂純粋経験説の立脚地に立って居るのであります」（13巻、96頁）と述べている。

さてでは、かかる「実在」としての「純粋経験」から出発して、主客、物心の区別・対立、あるいは人と人、神と世界、本体と現象、その他一切の関係は、「純粋経験説の立脚地」に立ってどのように「説明」されるのか。『善の研究』によれば、「純粋経験」は、「我々に直接であって、凡ての精神現象の原因」（1巻、10頁）であるが、それが「直接にして純粋なる所以」は「具体的意識の厳密なる統一」にある。「意識は元来一の体系を成したもの」であり、「初生児の意識の如きは、明暗の別すら、さだかならざる混沌たる統一」であろうが、「此の中より多様なる種々の意識状態が分化発展し来るのである。併しいかに精細に分化しても、何処までもその根本的な体系の形を失ふことはない」(12頁)。「意識の体系といふのは、統一的或者が秩序的に分化発展し、其全体を実現するのである」(14頁)。「純粋経験とその意味又は判断とは意識の両面を現はす者である。意識は一面に於て統一性を有すると共に、又一方には分化発展の方面がなければならぬ。所謂分化発展なる者は更に大なる統一の作用である」(17頁)。ところで、「ヘーゲルも一般とは具体的なる者の魂であるといって居る」ように、「概念の一般性」とは「具体的事実の統一力」であり、「而して我々の純粋経験は体系的発展であるから、その根柢に働きつつある統一力は直に概念の一般性其者」でなければならず、「純粋経験の事実」とは「所謂一般なる者の己自身の実現」(25—26頁)に外ならない。

我々が「外界に於ける客観的世界」というものも、「吾人の意識現象の外になく、やはり或一種の統一作用に由って統一せられた者」であり、「凡ての実在の背後」に「統一的或者の働き居ること」(67頁)を認めねばならないが、「この統一的或者が物体現象では之を外界に存する物力となし、精神現象では之を意識の統一力に帰する」のであり、「物体現象といひ精神現象といふも純粋経験の上に於ては同一」であるから、「この二種の統一作用は元来、同一種に属すべきもの」である。「我々の思惟意志の根柢に於ける統一力と宇宙現象の根柢に於ける統一力とは直に同一である」(68頁)。「意識現象が唯一の実在であるといふ考より見れば、宇宙万象の根柢には唯一の統一力あり、万物は同一の実在の発現したものといはねばならぬ」(77頁)。そこで、主客の区別の成立について、次のように言われる。「主観と客観とは相離れて存在するものではなく、一実在の相対せる両側面である、即ち我々の主観といふものは統一的方面であって、客観といふのは統一せらるる方面である、我とはいつでも実在の統一者であって、物とは統一せられる者である。例へば我々が何物かを知覚するとか、若しくは思惟するとかいふ場合に於て、自己とは彼此相比較し統一する作用であって、物とは之に対して立つ対象である、即ち比較統一の材料である」(78頁)。

他方、物と心、人と人、本体と現象の区別・関係については、次のように説明される。「精神現象、物体現象の区別といふのも決して二種の実在があるのではない。精神現象といふのは統一的方面即ち主観の方から見たので、物体現象とは統一せらるる者即ち客観の方から見たのである。唯同一実在を相反せる両方面より見たのにすぎない。それで統一の方より見れば凡てが主観に属して精神現象となり、統一を除いて考へれば凡てが客観的物体現象となる(唯心論、唯物論の対立はかくの如き両方面の一を固執せるより起るのである)」(80頁)。「個人の意識が……昨日の意識と今日の意識と直に統一せられて一実在をなす如く、我々の一生の意識も同様に一と見做すことができる。此考を推し進めて行く時は、啻に一個人の範囲内ばかりではなく、他人との意識も亦同一の理由に由って連結して一と見做すことができる。……各個人の精神は皆此社会精神の一細胞にすぎないのである」(75頁)。「現象と本体との関係に就いて見ても、やはり実在の両方面の関係と見て説明することができる。我々が物の本体といって居るのは実在の統一力をいふのであって、現象とは其分化発展せる対立の状態をいふのである。……真に活動せる物の本体といふのは、実在成立の根本的作用である統一力であって、即ち真正の主観でなければならぬ」(81頁)。

では、神と世界の関係についてはどうか。「我々の神とは天地之に由りて位し、万物之に由りて育する宇宙の内面的統一力でなければならぬ」、「我々が神を敬し神を愛するのは神と同一の根柢を有するが故でなければならぬ、我々の精神が神の部分的意識なるが故でなければならぬ」、「我々の精神は神と同一体でなければならぬ」(176—177

頁)。「神とはこの宇宙の根本をいふ」のであり、「余は神を宇宙の外に超越せる造物者とは見ずして、直にこの実在の根拠と考へる」のである。「神と宇宙との関係」は「芸術家とその作品との如き関係ではなく、本体と現象との関係」である。「宇宙は神の所作物ではなく、神の表現である。外は日月星辰の運行より内は人心の機微に至るまで悉く神の表現でないものはない」(178頁)。「神と世界との関係は意識統一と其内容との関係である。意識内容は統一に由って成立するが、又意識内容を離れて統一なる者はない。意識内容と其統一とは統一せられる者とする者との二あるのではなく、同一実在の両方面にすぎないのである」(190—191頁)。「具体的真実在即ち直接経験の事実に於ては分化と統一とは唯一の活動である。例へば一幅の画、一曲の譜に於て、その一筆一声何れも直に全体の精神を現はさざるものはなく、又画家や音楽家に於て一つの感興である者が直に溢れて千変万化の山水となり、紆余曲折の音楽ともなるのである。斯の如き状態に於ては神は即ち世界、世界は即ち神である」(191—192頁)。

これに対して、『哲學概論』においては次のように言われる。「純粋経験の活動の方式は……かくの如きことであらうと思ふ。即ち先づ〈全体〉がその一部分から現はれ、徐々にその全体を実現する。併しその一部が現れた時、既にその全体がふくまれて居る。……音楽家が夢中になって楽を奏しつつある時の心持の如きものが純粋経験の状態である」(概、185頁)。「我々の意識の始、即ち生れたばかりの子供の意識は全く純粋経験の状態である。単に光の感覚だけである。此の時には固よりまだ主観と客観との別はないが、経験の発展するに従ひ、経験と経験との中に種々の矛盾衝突を生じて来る。これが主観と客観との分裂の本である。我々の経験は一つの活動である。体系的に発展するものである」(191頁)。「元来経験には純粋とか不純粋とか、統一と不統一とかの区別があるのではなく、厳密に論ずれば経験は悉く同一であって、かかる区別は畢竟程度の区別といふことに帰するのである」(191頁)。「主観と客観は時間と空間のやうに経験の〈形式〉である。実在ではない。二次的のものである。此等の対立のないのが根本である」(196頁)。「思惟と経験といふものは絶対的区別のあるものではなく、両者共に同一の組織より成っているもので、いはば二つ共に純粋経験といふべきものであると思ふ」(202頁)。「「思惟と経験との関係を以上の如くに考へることができるであらうならば、認識論の問題であった合理論と経験論との争論も此点から解決することができるであらうと思ふ。思惟も経験も純粋経験としては同一の構造のものである。唯その統一の方面の著しきものと差別の方面の著しきものとの区別といふことになるのである」(204頁)。

一方、『小篇』では次のように言われる。「種々の経験と云ふものは各一の活動であってそれぞれ一の体系を成して居るものである。即ち統一的或者が己自身を発展して行くと云ふ Self-development の形が凡ての経験の『タイプ』であると思ふのであります。……例へば物を見て居るといふことにしても、一の固定した現象でなく見るといふ働きの進行であります。苟も働きといへば直に統一的発展といふことを意味して居ると思ふのであります。つまり経験の背後にはいつでも『ユニバーサル』なるものがある、この『ユニバーサル』が経験の要素であると考へますので、此者が蝶番のやうに種々の経験を外から結合するのではなく、凡ての経験は此者が自己を発展分化して出て来るのである、詳く云へば自己を限定して行く一の『プロセス』であると云ふ風に考へて見るのであります。……経験に種々の『タイプ』があるのではなく、皆同一種であると考へるのであります」(98頁)。「特に我々には理性と云ふものがあって凡ての人の精神を結合して居る。この理性の働きと云ふものも私の考では大なる統一的精神の発現と見るのであります」(99頁)。「それで私は経験統一の範囲を個人以上にも及ぼし、凡ての経験が同意味に於て連絡する者と考へまして、それからその経験の統一とその内容との関係、換言すれば『ユニバーサル』と『パーチキュラル』との関係は物の両面の如く決して離すことのできない者と考へるのであります」(101頁)。「経験の発展する道行は断片的のものが段々に結合せられてゆくといふよりも寧ろ一つのものが段々に分化発展してゆくといふ風のものではありますまいか。始めて生れた赤子の経験状態といふやうな者は極めて単純で、一つのものである、即ち赤子には唯一つの世界があるのであります。それが段々色々の方面に分化発展してゆくのではありませぬか」（103頁）。

二

ところで、西田はかかる「純粋経験説」が「心理的色彩」を帯びていることを早くから自覚し、それを払拭するための対策を既に最初の著作『善の研究』において講じようとしていた、と見られる。というのも、彼は同書の改版の序において、「今日から見れば、此書の立場は意識の立場であり、心理主義的とも考へられるであらう。然非難せられても致方はない。併し此書を書いた時代に於ても、私の考の奥底に潜むものは単にそれだけのものでなかったと思ふ」（1巻、6頁）と述べているからである。後年の『哲學論文集第三』序においても、「純粋経験と云ふのは心理的色彩を有ったものであったが、それでも主客を越えた立場として、そこから客観界と云ふものをも考へようと云ふのであった」（9巻、3頁）と述べられている。では、「純粋経験説」から「心理的色彩」を払拭するための〈対策〉とは何か。この点について、西田は『善の研究』序において、次のように語っている。「純粋経験を唯一の実在としてすべてを説明して見たいといふのは、余が大分前から有って居た考であった。初はマッハなどを読んで見たが、どうも満足はできなかった。其中、個人あって経験あるにあらず、経験あって個人あるのである。個人的区別より経験が根本的であるといふ考から独我論を脱することができ、又経験を能働的と考ふることに由ってフィヒテ以後の超越哲学とも調和し得るかの様に考へ、遂に此書の第二編〔実在〕を書いたのである」（1巻、4頁）。

即ち、〈対策〉とは「経験」の「超個人性」・「一般性」、および「能働性」・「自発性」・「統一性」という二点に着目し、それらを「経験」の本質として確定・強調することである。それによって、西田は同じ「純粋経験説」の中でも、マッハ、リッケルト、ジェームズ等からの自らの差別化を図ろうとしたと考えられる。というのも、彼らは「経験」を専ら〈個人的・個別的〉かつ〈受働的・断片的〉と解することによって、彼らの「経験」概念は心理的色彩を有つことを余儀なくされていると見えるからである。例えば、『小篇』において西田は、「純粋経験」を説明するに際して先ず、ロックのような「昔の英国あたりの経験学派といはれて居る人々の云ふ所では経験と云ふものは皆受働的のものであると考へて居る」と指摘する。それに続けて、「近頃の純粋経験と云ふことを唱へる人々の中でもさう云ふ風の考の人もあるやうであります」と言い、例えばマッハやチーヘンなどでは、「すべて経験を、さう云ふ風に考へてそれからすべてを説明してゆかうと云ふやうな考と思ひます」と言い、更に続けて、「それから近頃、純粋経験説の方で有力なる『チェームス』氏の説」(13巻、97頁)に言及して、その〈個別的かつ断片的〉な「経験」概念を以下のように批判しているのである。

「チェームス氏などの考は……経験の統一的方面、即ちその構成的要素といふやうな者をちと軽視して居る傾があるではなからうか。……経験といふものは finite なるものであって皆断片的なるものである、それが段々に色々の関係から結合せられて種々の世界が出来てくるのであるといふやうに考へられ、世界の統一とか絶対とかいふやうなことは名ばかりの空想であるといって痛く一元論的の考に反対し、……絶対的真理の説に反対し、例の実用主義を主張して居られるやうであります。併し私の考へますには経験の発展する道行は断片的のものが段々に結合せられてゆくといふよりも寧ろ一つのものが段々に分化発展してゆくといふ風のものではありますまいか」(103頁)、「世界の統一といふことにつきましても、……すべての経験の根柢に一つの『ユニバーサル』が働いて居るものであるとすれば、之を一つの世界として考へることもできぬことはありますまい。固よりチェームス氏はかくの如き者は何等の内容なき空名であるといはれるでせうが、此の如き考は経験を構成する『ユニバーサル』を無力とするより起るので、私の考ではすべての経験の根柢にいつでも此の一般的統一力が働いて居るのであり、我々の経験は之に由て成立するのであると思ひます」（104—105頁）、「経験は必ず『パーソナル』の形で現はれて来るのではない。純粋経験の瞬間に於ては我と云ふものもなく人と云ふものもない、唯其処に一つの経験があるだけの者である。その者が他との関係から之を一個人の所有と見るのであります。それで単に内容の方から考へれば、我々の心の中に個人以上の一般的精神が働いて居る。……経験の背後にはいつでも『ユニバーサル』がある、経験は体系的発展であって此の『ユニバーサル』のないものはない、而して若し此の『ユニバーサル』の性質が超個人的のものであったならば、この超個人的の『ユニバーサル』を経験するという差支ないかと考へます」（99—100頁）。

実際、西田は『善の研究』において、「経験」の「一般性」を以下のように明確に強調している。「ヘーゲルも一般とは具体的なるものの魂であるといって居る。而して我々の純粋経験は体系的発展であるから、その根柢に働きつつある統一力は直に概念の一般性其者でなければならぬ、経験の発展は直に思惟の進行となる、即ち純粋経験の事実とは所謂一般なる者が己自身を実現するのである」（1巻、25—26頁）、「併しヘーゲルなどのいったやうに、真の個人性といふのは一般性を離れて存するものではない、一般性の発展したものが個人性となるのである」（187頁）。そして『思索と体験』においても、『善の研究』に於ての純粋経験の自発自展といふ考にも、私には最初からヘーゲルの所謂具体的概念の発展の考が、その根柢に含まれてゐたのである。真に自発自展的な純粋経験とは、存在と当為との単なる抽象的対立を越え、之を自己自身の内的分裂として自発自展的に進み行く動的一般者といふ如きものでなければならないと考へてゐた」（1巻、207—208頁）と言っている。一方、「経験」の「統一性」については、『小篇』において次のように言われる。「種々の経験と云ふものは各一の活動であってそれぞれ一の体系を成して居るものである。即ち統一的或者が己自身を発展して行くといふ Self-development の形が凡ての経験の『タイプ』であると思ふのであります」(13巻、98頁)。

否、寧ろ「経験」の「一般性」と「超個人性」と「統一性」という三者は元来相互に密接不可分の関係にあるということこそ、『善の研究』の繰返し説くところであった。「若し個人的意識に於て、昨日の意識と今日の意識とが独立の意識でありながら、その同一系統に属するの故を以て一つの意識と考へることができるならば、自他の意識の間にも同一の関係を見出すことができるであらう。我々の思想感情の内容は凡て一般的である。……例へば数理の如き者は誰が何時何処に考へても同一である。故に偉大なる人は幾多の人を感化して一団となし、同一の精神を以て支配する。此時此等の人の精神を一と見做すことができる」(1巻、55頁)、「直接経験より見れば同一内容の意識は直に同一の意識である、真理は何人が何時代に考へても同一である様に、我々の昨日の意識と今日の意識とは同一の体系に属し同一の内容を有するが故に、直に結合せられて一意識と成るのである。個人の一生といふ者は此の如き一体系を成せる意識の発展である。此点より見れば精神の根柢には常に不動的或者がある。此者が日々その発展を大きくするのである。……人は皆宇宙に一定不動の理なる者あって、万物は之に由りて成立すると信じて居る。此理とは万物の統一力であって兼ねて又意識内容の統一力である、理は物や心に由って所持せられるのではなく、理が物心を成立せしむるのである。理は独立自存であって、時間、空間、人に由って異なることなく、顕滅用不用に由りて変ぜざる者である」(74頁)。

「個人の意識が右にいった様に昨日の意識と今日の意識と直に統一せられて一実在をなす如く、我々の一生の意識も同様に一と見做すことができる。此考を推し進めて行く時は、啻に一個人の範囲内ばかりではなく、他人との意識も亦同一の理由に由って連結して一と見做すことができる。理は何人が考へても同一である様に、我々の意識の根柢には普遍的なる者がある。我々は之に由りて互に相理会し相交通することができる。啻に所謂普遍的理性が一般人心の根柢に通ずるばかりでなく、或一社会に生れたる人はいかに独創に富むにせよ、皆其特殊なる社会精神の支配を受けざる者はない、各個人の精神は皆此社会精神の一細胞にすぎないのである」(74頁)。そこで、『小篇』でも先の引用に続けて、次のように言われるのである。「つまり経験の背後にはいつでも『ユニバーサル』なものがある、この『ユニバーサル』が経験の要素であると考へますので、此者が蝶番のやうに種々の経験を外から結合するのではなく、凡ての経験は此者が自己を発展分化して出て来るのである、詳しく云へば自己を限定して行く一の『プロセス』であると云ふ風に考へて見るのであります」(13巻、98頁)。

してみると、『善の研究』において「心理的色彩」が残存していることの自覚とは、同書における、「純粋経験」から出発しての「純粋経験説」の展開において、「経験」の「一般性」・「超個人性」・「統一性」の演繹が不十分・不徹底であったことの自覚に外ならず、従って同書に続く『思索と体験』や『自覚に於ける直観と反省』以降の西田哲学の展開はこの不徹底性の克服に向かって方位づけられていたと考えられよう(勿論そのことの方法的自覚や長期的展望が当時の西田に果してそしてどの程度まであったかは、それとは別の問題である)。実際、初期(全集1—3巻)から中期(4—6巻)を経ての後期(7—11巻)への展開がそのような筋道を辿ったことを、後期から初期を顧みての、『善の研究』改版の序における彼自身の回顧は、裏付けるものである。「純粋経験の立場は『自覚に於ける直観と反省』〔全集2巻〕に至って、フィヒテの事行の立場を介して絶対意志の立場に進み、更に『働くものから見るものへ』〔全集4巻〕の後半に至り、ギリシャ哲学を介し、一転して『場所』の考に至った。そこに私は私の考を論理化する端緒を得たと思ふ。『場所』の考は『弁証法的一般者』として具体化せられ、『弁証法的一般者』の立場は『行為的直観』の立場として直接化せられた。此書〔『善の研究』〕に於て直接経験の世界とか純粋経験の世界とか云ったものは、今は歴史的実在の世界と考へる様になった。行為的直観の世界、ポイエシスの世界こそ真に純粋経験の世界であるのである」(1巻、6―7頁)。

西田のこの証言において語られているのは、初期と中期とにおいて若干の曲折はあったものの、後期の「行為的直観の世界」、「歴史的実在の世界」とは初期の「純粋経験の世界」に外ならないのであり、初期から後期まで己れの哲学の体系性は全体として一貫している、という強固な確信である。そして初期および中期における曲折はいずれも、先述の「経験」の「一般性」・「超個人性」・「統一性」の演繹の問題と密接に関連していたと見られる。というのも、『自覚に於ける直観と反省』における、フィヒテの事行の立場の採用に関して西田は同書の改版の序において、次のように述べているからである。「価値と存在、意味と事実との〔新カント学派における〕峻別に対して、直観と反省との内的結合たる自覚の立場から両者の綜合統一を企てた。その時、私の取った立場はフィヒテの事行に近きものであった。併しそれは必ずしもフィヒテのそれではなかった。寧ろ具体的経験の自発自展と云ふ如きものであった」(2巻、12頁)。ここには、フィヒテの事行(自覚)の立場の採用が、「経験」の「統一性」・「超個人性」の問題に関連していたことが明らかであろう。「個々の意識を超越する統一的意識があって、個々の意識の統一が可能であると思ふ。……心理学的見方は我々の意識を間接に見た第二次的見方である、かかる見方の背後にも既に超個人的自覚の事実のあることを忘れてはならぬ」(17頁)とも言われる。そして他方、中期における曲折に関しても、事情は同様なのである。『働くものから見るものへ』の序において西田は、「私は『働くもの』に於て述語的なるものが主語となるといふことによって働くものを考へ、『場所』に於ては超越的述語といふ如きものを意識面と考へることによって、多少ともかかる論理的基礎附の端緒を開き得たかと思ふ。而して久しく私の考の根柢に横たはって居たものを摑み得たかに思ひ、……」(4巻、5頁)と言う。ここに言う「論理的基礎附の端緒」とは、先の

『善の研究』改版の序における、「場所」の考において「私は私の考を論理化する端緒を得たと思ふ」という言明における「私の考を論理化する端緒」に外ならない。では、それは一体何か。

西田によれば、「一つの哲学体系が組織せられるには、論理がなければならない。私は此問題に苦んだ。そして之に手懸を得たのが、『場所』の論文であった。それにはアリストテレスのヒポケーメノンの考が手引となったのである。アリストテレスの論理は何処までも主語的であった。併しそれでは自己と云ふものは考へられない。自己は対象化せられるものではない」(9巻、3―4頁)。中期において西田の苦闘した「論理化」ないし「論理的基礎附」の問題とは結局、脱「心理」化、即ち我々の所謂「経験」の「一般性」・「超個人性」・「統一性」の演繹の問題に外ならないであろう。『一般者の自覚的体系』において、西田は次のように言う。「唯一なるものは……一般的なるものによって限定せられるのである。個物的なるものが考へられるには、すべての個物を包み之を限定する一般者といふものがなければならない。私が超越的述語面とか場所とかいふのは、かかるものを意味して居るのである。而して我々の自己と考へるものは、主語的方向に於て、更に主語となって述語とならない個物をも越えたものと考へ得るならば、個物を限定する一般者といふのは、我々の自覚的意識面といふ意味を有つと考へることができ、場所とか超越的述語面とかいふのは、意識一般的自己の意識面と考へることができる。斯くしてアリストテレス的論理学の考とカント哲学の考とが結合せられ、判断的知識の真の根柢となるものが明にせられると思ふ」(5巻、421頁)。ここに示されているように、「論理化」とは、「経験」の「一般性」の側面(〈論理〉)と「超個人性」・「統一性」の側面(〈自覚〉)の結び付きを証明することに外ならないのである。

それ故に西田は、『一般者の自覚的体系』に続く『無の自覚的限定』の序において、次のように語るのである。「個物的なるものが考へられると云ふにも、それが考へられると云ふかぎり、何等かの意味に於て一般者の自己限定として考へられねばならぬ。個物を包む一般者といふものがなければならぬ。私は何処までも自己自身を対象的に見ることのできない、而も自己に於て自己を対象化する我々の自覚的限定と考へるものを一般者と考へることによって、かかる矛盾を解き得ると思ふ。論理から自覚を見るのでなく、自覚から論理を見るのである。一般者の自己限定といふものを、その根柢に於て自覚的と考へることによって、論理的限定の意義を一変しようと云ふのである。かかる立場から、私は『一般者の自覚的体系』に於て、我々の自覚的体験と考へるものを指導原理として、主語的なるものの超越によって、種々なる一般者の自己限定を考へた。判断的一般者から自覚的一般者に、自覚的一般者から広義に於ける行為的一般者或は表現的一般者に至った。判断的一般者と考へられるものを表とすれば、云はば表からその裏を見て行ったのである。此処〔『無の自覚的限定』〕に収めた論文に於ては、私は我々の自覚と考へるものの根柢を究明することによって、裏から表を見ようと努めたのである」（6巻、3―4頁）。

著者自らが「悪戦苦闘」（2巻、11頁）、「紆余曲折」（6巻、10頁）と告白するように、初期から中期を経て後期に至る西田哲学の展開の道程は決して平坦ではなかった。「純粋経験の事実は我々の思想のアルファであり又オメガである」（1巻・25頁）と言うが、この「純粋経験」に対する態度さえ、終生不動とは必ずしも言い難い。この語の使用例は中期以降は消滅と呼びたい程に激減するし、後期にはこの立場即ち「純粋経験説」に対する批判的態度さえ看取される。「此の如き考〔直接経験説とか純粋経験説〕の人々は主客未分以前の立場に立つと云ふも、要するに内から外を見るに過ぎないと云ふことができる。併し私は我々の真の自己といふべきものは働く自己といふものであり、真の実在といふものは行動的自己の対象と考へねばならぬと思ふ」（7巻、5頁）。後期に執筆された、『善の研究』の改版の序において、「今日から見れば、此書の立場は意識の立場であり、心理主義的とも考へられるであらう。然非難せられても致方はない」（1巻、6頁）と西田が言うのも、同じ趣旨と解されよう。しかしそれにも拘らず、それに続けて「併し此書を書いた時代に於ても、私の考の奥底に潜むものは単にそれだけのものでなかったと思ふ」と言い継ぎ、初期から中期を経て後期に至る彼の哲学的立場の遍歴を顧みた後で、「此書に於て直接経験の世界とか純粋経験の世界とか云ったものは、今は歴史的実在の世界と考へる様になった。行為的直観の世界、ポイエシスの世界こそ真に純粋経験の世界であるのである」(7頁)と述べられていることに注目すべきである。

「私の考は漸次に発展したものであるから、すべて前の論文は後の論文によって補正すべきものである」(5巻、4頁)と言われるように、西田の思想は一見変転常なき道筋を辿っているが、しかしその根柢に在る基本的立場は『善の研究』以来、一貫して維持されており、同書以後の全ての展開の萌芽は既に同書において表明されていると見られ得よう。「『善の研究』以来、私の目的は、何処までも直接な、最も根本的な立場から物を見、物を考へようと云ふのであった。すべてがそこからそこへといふ立場を把握するにあった。純粋経験と云ふのは心理的色彩を有ったものであったが、それでも主客を越えた立場として、そこから客観界と云ふものをも考へようと云ふのであった」、「私は種々の問題に触れて論じたが、中心問題は一つであったと云ふことができる。……私には、もはやこれが生涯の問題であったと云ふの外なからう」(9巻、3、7頁)。してみると、後期における「純粋経験説」に対する批判的態度にも、単なる自己批判というよりも、寧ろ中期において達成された「論理化」即ち脱「心理」化の課題の解決に基づく、自己の哲学の体系的一貫性に対する西田の満々たる自信をこそ読み取るべきであろう。

三

我々にはしかし、この自信は西田の大いなる過信であり、西田の哲学的探究は『善の研究』におけるその第一歩から失敗していたにも拘らず、それが彼自身には終生自覚されることがなかった、と思われる。「失敗」とは何か。

それは西田の「純粋経験説」がその宣言に反して、最初から「純粋経験」の立場に立っていなかった、という失敗であり矛盾である。先に見たように(第一節参照)、「純粋経験説」は「純粋経験」という「凡ての知識の出立点」から出発して、主観・客観、物・心、観念論(唯心論)・実在論(唯物論)の二元的対立という「認識論の大問題」を解決しようとする企てであるから、それが「主客未分以前の経験」としての「純粋経験の立脚地」を堅持しつつ、観念論(精神)・唯物論(自然)の両陣営の双方に対して中立を守り、両陣営のいずれにも傾斜・偏向してはならないことは自明の筈である。何故なら、そうでなければ、それは最早「主客未分以前の経験」とは呼ばれ得なくなるからである。しかし実際には、「純粋経験説」は最初から終始、観念論(精神)の陣営に傾斜しているのであり、従って自らの本質を逸脱してしまっていると言わざるを得ない。

この事態を西田自身、率直に自認している。しかし重視すべきは、そのことを問題であるとは彼が全く認識していないことである。「物体を以て原理とするものが〈唯物論〉で、精神を以てするものが〈唯心論〉(又は〈観念論〉)である。……〔自分がこれまで述べた純粋経験の説も、物体と精神以外の原理であるが、之を精神の方に属するものと見てよい〕」(概、212頁)。「今日から見れば、此書〔『善の研究』〕の立場は意識の立場であり、心理主義的とも考へられるであらう」(1巻、6頁)。「我々は意識現象と物体現象と二種の経験的事実があるやうに考へて居るが、其実は唯一種あるのみである。即ち意識現象あるのみである。物体現象といふのは其中で各人に共通で不変的関係を有する者を抽象したのにすぎない」(1巻、52頁)。「それで純粋経験の上から厳密に考へて見ると、我々の意識現象の外に独立自全の事実なく、バークレーのいった様に、真に有即知 esse = percipi である。我々の世界は意識現象の事実より組み立てられてある。種々の哲学も科学も皆此事実の説明にすぎない」(1巻、54頁)。「余の考では、我々が個々の場合に於て、真に思慮分別を絶した、主客合一の純粋経験の状態に入った時、ここに我々は絶対的活動たる宇宙意識に合するのであると思ふ」（1巻、306頁）。

確かに西田は後期において、「哲学は未だ嘗て一度も真に行為的自己の立場に立って考へられたことがない」（7巻、173頁）、「従来の哲学がその根柢に於て何処までも主知主義的立場を脱して居ないと考へられると共に、我々の自己といふものの考へ方が何処までも個人主義的であったと思ふ」（7巻、174頁）、「カントの経験科学的実在界といふのは知的自己の対象界であって、行為的自己の対象界ではない、我々がそれに於て行為する現実の世界ではない」（7巻、177頁）、「従来の認識論には種々なる立場の相違はあるが、要するに意識の立場を脱していないと思はれる、最初から主観主義を前提して居ると思ふ」（8巻、98頁）、「近世主観主義の哲学は自己とか意識とかいふものから出立する、自己から世界を見ようとする、内在的なるものから超越的なるものを考へようとする、自己そのものを深く問題とせない」（8巻、118頁）等と従来の哲学・認識論の個人主義・主知主義的な〈意識〉・〈主観〉の立場を批判する。そしてそれに代って、「行為的自己の立場といふのは所謂主観客観の対立を越えた立場でなければならない、所謂主観客観の対立は之に於て成立するのである」（7巻、177頁）、「現実の世界とは単に我々に対して立つのみならず、我々が之に生れ之に於て働き之に於て死にゆく世界でなければならない。……真の現実の世界は我々を包む世界でなければならない」（7巻、217頁）という仕方で、意識や自己がそれの「社会的・歴史的限定」として考えられる「行為するものの世界」（7巻、177頁）、「行動の世界」（217頁）、「歴史的実在の世界」（8巻、3頁）、「歴史的世界」（10巻、512頁）の意義が強調されるとき、初期以来の〈意識の立場〉や〈主観主義〉はそれによって既に克服されたと、西田は確信していたと思われる。

しかしそれは単なる外見に過ぎない。「併し私は我々の真の自己といふべきものは働く自己といふものであり、真の実在といふものは行動的自己の対象と考へねばならぬと思ふ。我々は此の世界に生れ、行動によって自己自身を実現して行く。かかる我々の行動に抵抗するもの、我々と戦ふもの、それが我々に対し、真に客観的と考へられるものでなければならぬ。……真実在といふものは、我々の行動的自己の立場から考へられねばならない」(7巻、5頁)と西田が〈実在論〉的に語るとき、中期における「論理化」の達成を経て、いまや初期の〈意識の立場〉や〈観念論〉は克服されていると、彼は自負したかも知れない。しかし西田は初期(以来)の〈意識の立場〉や〈観念論〉について、それの放棄や否定に関して唯の一度も明言したことがない以上、後期においてもそれは維持され続けていると、考えられるしかない。非本来的な〈観念論〉的出発点を棄てて、本来の「純粋経験」からの再出発を図るという意図は、彼には毛頭窺われないのである。彼は中期における「論理化」による「経験」の「個人主義」の克服を、自らの曾ての〈意識の立場〉・〈観念論〉そのものの克服と取り違えたのではないか。しかし実際のところは、初期の「純粋経験の世界」が単に後期において「行動の世界」、「歴史的実在の世界」等と言い換えられたに過ぎないのである。後期においても、〈意識の立場〉・〈観念論〉的立脚地には些かの変化もなく、「純粋経験説の立脚地より見れば、我々は純粋経験の範囲外に出ることはできぬ」(1巻、15頁)、「我々の意識の根柢にはいかなる場合にも純粋経験の統一があって、我々はこの外に跳出することはできぬ」(186頁)という事態には何ら変りがないのである。

西田は「外に物あり、之に対して内に心あり、両者の交渉より経験を生ずといふ如き事」は「仮説」であり、その結果としての、「経験は受動的であるといふ考」は経験学派の「独断」であると言う(概、186頁)。かかる立場から、彼はジェームズを「経験といふものは finite なるものであって皆断片的なるものである、それが段々に色々の関係から結合せられて種々の世界が出来てくるのであるといふやうに」考えているとして批判し、それとは反対の、「経験の発展する道行は断片的のものが段々に結合せられてゆくといふよりも寧ろ一つのものが段々に分化発展してゆくといふ風のものではないか」(13巻、103頁)とする自説を主張している。あるいは、「ヂェームス氏の考」では「いろいろの経験が互に独立であって之が関係の経験に由りて外から結合せられるのではなからうか、関係と云ふものは外から結び付ける蝶番のやうなものと考へて居るのではなからうか。私の考から見ますと『ヂェームス』氏のいふ経験と経験との関係は何だか外面的のやうに考へるのであります」(97頁)とも言っている。しかし、西田よりもジェームズの「経験」の方が、西洋の近世哲学(デカルトからドイツ観念論まで)の「経験」概念の一般的理解と遙かによく合致していると思われる。そこでは個々の経験はそれぞれに「独立」で「断片的」と解されているのである。

確かに、「経験論が感性的経験を唯一の客観的なものと考へたのはこれが〈質〉〈〈強度〉〉に於て最も統一した経験であるからである。之に反し、合理論が理性をば客観的なものと考へたのは、之が最も普遍的且つ最も一般的なる経験であった故である。併し真の客観的経験は両方の性質を兼備したものでなければならぬ」(概、194頁)と西田が言うように、全ての「経験」が「統一性」と「一般性」を本質的に含んでいなければならないのは明らかである(その際の「統一性」と「一般性」の意味こそが決定的に重要であるが)。しかし、求められているのは、個々の「経験」が自らの内部に「統一性」と「一般性」を含む(それが個別的判断としてであれ、判断形式において言表される限り、判断の「統一性」と言語の「普遍性」に基づいて)ことであって、自らの外部に(即ち、自己の外なる他の諸「経験」との間に)共通ないしより高次の「統一性」や「一般性」を有つことではない。抑も、個々の「経験」はそれぞれ「独立」かつ「断片的」であり、従ってそれらを外的に結び付ける「統一性」や「一般性」は何処にも与えられてはいないのである。それにも拘らず、西田が「統一性」や「一般性」を本来とは反対方向の外部へと反転・拡大して、以下のような仕方で、「経験」の外的意味における「超個人性」・「統一性」・「一般性」を主張するのは、「経験」概念の一般的常識的理解からの異様とも言うべき逸脱であり、独断と呼ぶしかあるまい。

「併し独我論といふのは始から個人といふものを仮定して居るのである。これは元来身体といふ考に束縛せられて居るのではなからうか。意識が個人の外に出ることができぬといふなら、今日の意識と昨日の意識とどうして結びつくか。その仕方は全く同一である。……意識を個人にかぎり、それがため独我論に陥るなどいふのは、直接経験に由り内から見ずして、反省に由り外から見るによるのではあるまいか」(概、182―183頁)。「兎に角超個人的なる者が直覚として現はれ得るものであって、我々の精神は決して個人的人格の範囲内に限られたものではないと考へるのであります。それで私は以上の如く経験統一の範囲を個人以上にも及ぼし、凡ての経験が同意味に於て連絡する者と考へまして、それからその経験の統一とその内容との関係、換言すれば「ユニバーサル」と「パーチャル」との関係は物の両面の如く決して離すことのできない者と考へるのであります」(13巻、101頁)。「我々の純粋経験は体系的発展であるから、その根柢に働きつつある統一力は直に概念の一般性其者でなければならぬ、経験の発展は直に思惟の進行となる、即ち純粋経験の事実とは所謂一般なる者が己自身を実現するのである。……我々は普通に思惟に由りて一般的なる者を知り、経験に由りて個体的なる者を知ると思うて居る。併し個体を離れて一般的なる者があるのではない、真に一般的なる者は個体的実現の背後に於ける潜勢力である、個体の中にありて之を発展せしむる力である」(1巻、25―26頁)。

「神は我々の意識の最大最終の統一者である、否、我々の意識は神の意識の一部であって、その統一は神の統一より来るのである」(1巻、182頁)。「神はかかる意味に於て宇宙の根柢に於ける一大知的直観と見ることができ、又宇宙を包括する純粋経験の統一者と見ることができる」(186頁)。「余が嘗て述べた様に、実在は精神的であって我々の精神はその一小部分にすぎないとすれば、我々が自己の小意識を破って一大精神を感得するのは毫も怪むべき理由がない、我々の小意識の範囲を固執するのが反って迷であるかも知れぬ」(189頁)。「……統一的或者が己自身を発展して行くといふSelf-developmentの形が凡ての経験の『タイプ』であると思ふのであります。……つまり経験の背後にはいつでも『ユニバーサル』なるものがある、この『ユニバーサル』が経験の要素であると考へますので、此者が蝶番のやうに種々の経験を外から結合するのではなく、凡ての経験は此者が自己を発展分化して出て来るのである、詳く云へば自己を限定して行く一の『プロセス』であると云ふ風に考へて見るのであります。……経験に種々の『タイプ』があるのではなく、皆同一種であると考へるのであります」(13巻、98頁)。「私の考ではすべての経験の根柢にいつでも此の一般的統一力が働いて居るのであり、我々の経験は之に由て成立するのであると思ひます」(105頁)。

かくして、個人的・個別的・断片的な「経験」という一般的常識的「経験」概念に立脚するジェームズ等の「純粋経験説」とは違って、「超個人性」・「一般性」・「統一性」を本質とする独断的「経験」概念に立脚する西田の「純粋経験説」は、単なる「純粋経験説」という一つの認識・経験理論というよりも寧ろ、「純粋経験説」という名の一つの独特の形而上学と看做されるに相応しいものである。事実、西田はかかる形而上学の構想について次のように語っている。「……認識論的問題の前に形而上学的問題があるとも考へることができる。主客の対立といふものが考へられるには、既に之を越えた立場といふものがなければならぬ」(7巻、79頁)。「……現在の経験その者が実在であって、認識といふことが已に此の経験の上に起る出来事であるといふ様なことになれば、此の現在の経験その者を理解するのが即ち形而上学であるといふことになる。カント以前の形而上学の様に、経験の形式を超越的な物自体に適用する様な形而上学はできないかも知らぬが、経験その者を実在とする形而上学ができることになる」(概、209頁)。してみると、「純粋経験」を唯一の実在と看做す西田の「純粋経験説」は、「純粋経験説」という名の「形而上学」に外ならないことになる。しかし、もしも「純粋経験説」がそのような〈純粋経験を実在とする〉「形而上学」ということになれば、或る大きな内的破綻が露呈することが不可避である。何故なら、「純粋経験」は西田の哲学体系の「出立点」の筈であったが、かかる「純粋経験」という根本原理から「純粋経験」の本質を成す「超個人性」・「一般性」・「統一性」という諸特性を導出することは如何にしても不可能だからである。というのも、「純粋経験」もまた一つの「経験」として、「経験」のかかる諸特性を付与された上で初めて成立しているのであり、それ自身がかかる諸特性の源泉ではあり得ない筈だからである。

ここから、西田の「純粋経験説」の内部に或る原理的困難・矛盾が潜むことが予感されるが、それが何に起因し、果してそしていかにして解決可能かは、カントとの対比において最もよく理解され得よう。何故なら、カントもまた西田と同様に、デカルト以来の「物心二元論」を克服することを目的とし、そのための唯一の方途としての、主客の二元的対立を超えた〈経験一元論〉の理論を構想・成就したのだからである。「先験哲学」と称するカントの〈経験一元論〉(経験内在論)と西田の「純粋経験説」とはどこが違うのか。最大の違いは、西田が「出立点」としての「純粋経験」を標榜しながらも、実際には主客中立的ではなく、主観(精神)の側に偏った〈意識の立場〉に終始した(従って、厳密には「純粋経験説」とは称し得ない)のに対して、カントは文字通り厳格に、主客の二元的対立を超えた〈経験一元論〉の立場を堅持した点にある。カントの出発点も「経験」であるが、それは伝統的常識的意味における、個人的・個別的・偶然的な「経験」に外ならない。但し、「出発点」とは言っても、「経験」から外部の何処かへと超越的に移行するのでも、発展・展開するのでもなく、飽くまでも「経験」の内部に留まり、「経験」の内的分析に徹するのである。カントは「経験」概念が「経験されたもの」(対象・内容)の両方の意味を内包しており、従って、「経験」とは「経験されたもの」を「経験すること」であるとともに、同時に「経験すること」によって「経験されたもの」でもあり、従ってそこには「経験するもの」（認識主観）と「経験されたもの」（認識客観）と両者間の関係、即ち「主観による客観の認識（経験）」の三者が既に予め内包されていることに着目して、かかる「経験」の内的分析を通じて「経験」一般の根本構造、その可能性の条件・原理を解明しようとする（本書第二章参照）。その結果として、〈経験一元論〉（経験内在論）としてのカントの「先験哲学」は成就される。カントはそれ故、「経験」の外的因果的「生成」ではなく、専らそれの「存立」の内的論理的構造・可能性を問うのであり、既に生成を終えて「存立」している「経験」が探究の出発点である。その際、主観も客観も対等の資格において構成要素として「経験」に内包されているのであり、カントはそれ故掛値なしの〈経験一元論〉の立場であって、主観にも客観にも偏せず、一方的に「観念論」でも「実在論」でもなく、「先験的観念論」であり且つ同時に「経験的実在論」であると自認している。西田が自らは「純粋経験」の「一元論的見方」（1巻、301頁。13巻、103頁も参照）を呼号しながらも、実際にはそれとは相容れない〈意識の立場〉、「観念論」的立場に終始したのとは、著しい対照である。

しかし、西田が「純粋経験説」の「一元論」という建前に自ら反しながらも〈意識の立場〉に終始せざるを得なかったのは、「経験」とは「発展」であるとするその「経験」観に基づくと見られる。「普通には『知る』といふことは主観と客観とが全然対立して相互に作用し、知識といふのは客観から主観に働く印象であって、物の鏡に映ずる映像の如く考へられて居る。……かういふ出立点からしてはどうしても在来の矛盾を脱することはできない。之に反し主観と客観との対立は経験の発展上に於て起る衝突より成立するといふことになれば、『知る』といふことは分裂の状態から統一の状態に帰ることである」（概、195頁）。「真理といふのは、経験が自分を超越して外界の実在に対応するのではなく、経験の発展したものが真理である」（207頁）。では、それはいかなる「発展」か。「我々の純粋経験は体系的発展であるから、その根柢に働きつゝある統一力は直に概念の一般性其者でなければならぬ。……純粋経験の事実とは所謂一般なる者が己自身を実現するのである。……真に一般的なる者は個体的実現の背後に於ける潜勢力である、個体の中にありて之を発展せしむる力である、例へば植物の種子の如き者である」(1巻、26頁)。「……統一的或者が己自身を発展して行くと云ふ Self-development の形が凡ての経験の『タイプ』であると思ふのであります」(13巻、98頁)。「神は我々の意識の最大最終の統一者である、否、我々の意識は神の意識の一部であって、その統一は神の統一より来るのである」(1巻、182頁)。「我々の意識の根柢にはいかなる場合にも純粋経験の統一があって、我々はこの外に跳出することはできぬ。神はかかる意味に於て宇宙の根柢に於ける一大知的直観と見ることができ、又宇宙を包括する純粋経験の統一者と見ることができる」(186頁)。西田がかかる「経験」観に立つ限り、彼が〈意識の立場〉を終生離れ得なかったとしても、怪しむに足りない。

かくして、西田の経験理論には、「純粋経験」を出立点とする「経験」一般の形成の説明(ジェームズ的な経験心理学的説明)と「神」の如き「統一的或者」、「ユニバーサルなる者」の発展・展開・自己限定としての「経験」一般の形成の説明(ヘーゲル的な形而上学的説明)という二種の、相互に異質・異次元の「経験」の生成の説明が混在していることになる。かかる両者が同一の文脈の中で相互に結び付けられ得るとは考え難いが、しかし西田自身においては、この点についての懸念や問題意識が全く見受けられないのは不可解と言うしかない。そして、「実在としての純粋経験」という奇妙なテーゼは、西田の経験理論のかかる矛盾的構造の象徴的表現と思われる。それを「奇妙」と呼ぶ理由は、そこにおける「純粋」という概念が本来は不必要であるにも拘らず、このテーゼにとっては必要となるという特異な事情のためである。そしてまさにこの特異な事情にこそ、「純粋経験説」と称する西田の経験理論の抱える構造的矛盾が反映されていると思われる。そのことを以下で明らかにしたい。

四

「実在としての純粋経験」というテーゼは、第一編「純粋経験」と第二編「実在」とを直接に結び付ける、『善の研究』の根本テーゼであるが、抑も「経験」が「実在」であるとはいかなることか。「経験」とは通常、「経験すること」(作用)、または「経験されたもの」(対象・内容)を「経験すること」、のいずれかを意味する言葉であって、「実在」即ち「経験されたもの」(対象・内容)だけを単独に、他から切り離して指す意味には用いられないのではないか。西洋哲学の「経験」概念に慣れ親しんだ者は誰しも、そのように疑うことであろう。「作用」を連想させる「事実」あるいは「出来事」ならばまだしも、「経験」が「実在」であるとは、「経験」という語の不当なあるいは誤った用法ではないのか、と問うことであろう。我々は先ず、西田が「経験」を「実在」と呼ぶことの根拠を正確に見定めなければならない。

西田は「実在」について、「又或者は我々の自己に直接なる経験内容、即ち広義に於て内的知覚の対象となるものを実在と考へる。直接経験説とか純粋経験説とかいふものは、かかるものと考へることができるであらう」(7巻、5頁)と言う。これは「経験」および「実在」という両概念の通常の用法と言えよう。『善の研究』において、「凡ての独断を排除し、最も疑なき直接の知識より出立せんとする極めて批判的の考と、直接経験の事実以外に実在を仮定する考とは、どうしても両立することはできぬ。……余は今全ての仮定的思想を棄てて厳密に前の主義を取らうと思ふのである。哲学史の上に於て見ればバークレー、フィヒテの如きは此の主義をとった人と思ふ」(1巻、52頁)と言われる場合も、同様と考えられる。それに引続いて、「我々は意識現象と物体現象と二種の経験的事実があるやうに考へて居るが、其実は唯一種あるのみである。即ち意識現象あるのみである。物体現象といふのは其中で各人に共通で不変的関係を有する者を抽象したのにすぎない。又普通には、意識の外に或定まった性質を具えた物の本体が独立に存在し、意識現象は之に基づいて起る現象にすぎないと考へられて居る。併し意識外に独立固定せる物とは如何なる者であるか」(53頁)とか、更に「それで純粋経験の上から厳密に考へて見ると、我々の意識現象の外に独立自全の事実なく、バークレーのいった様に真に有即知 esse = percipi である。我々の世界は意識現象の事実より組み立てられてある」(54頁)と〈観念論〉的論述が展開されるが、ここでも「経験」概念の使用に関しては、常識の範囲内に留まっていると認められよう。そしてこの〈観念論〉的思考が我々の所謂、(「純粋経験」を出立点とする「経験」一般の形成の)「経験心理学的説明」と同一の路線上にあることは明らかであろう。何故なら、後者もまた「純粋経験」即ち〈意識〉一元論の立場だからである。

しかし、西田がそれに続けて更に次のように叙述を進めることによって、状況は一変する。「余が此処に意識現象といふのは或は誤解を生ずる恐がある。意識現象といへば、物体と分れて精神のみ存するといふことに考へられるかも知れない。余の真意では真実在とは意識現象とも物体現象とも名づけられない者である。又バークレーの有即知といふも余の真意に適しない。直接の実在は受働的の者でない、独立自全の活動である。有即活動とでも云った方がよい」(54頁)。西田はここで、「純粋経験」=「意識」=「意識現象」という路線の上で、「意識現象」の外に「実在」はなく、従って「純粋経験」=「実在」とする既定方針の議論を中止して(恐らくは、それが誤謬推理であることに気づいて)、「経験」=「活動」=「実在」という別方向へと議論即ち思考路線を転換しているのである。「経験」が「実在」と呼ばれるに至る第一の根拠はここに求められよう。そしてこの新たな路線が先述の、(「神」の自己展開としての「経験」一般の形成の)「形而上学的説明」と直結していることは、言うまでもあるまい。

かかる路線に従って、いまや「経験」とは(非人為的・客観的な)「活動」であり、それ故に「実在」であるとして語られることになる。「実在」としての「経験」について、西田は次のように語っている。「意識内容と其統一とは統一せられる者とする者との二あるのではなく、同一実在の両方面にすぎないのである。すべて意識現象はその直接経験の状態に於ては唯一つの活動であるが、之を知識の対象として反省することに由ってその内容が種々に分析せられ差別せられるのである。……元来、実在の分化と其統一とは一あって二あるべきものではない。一方に於て統一といふことは、一方に於て分化といふことを意味して居る。……具体的真実在即ち直接経験の事実に於ては分化と統一とは唯一の活動である」(1巻、189頁)。西田が「形而上学」に関して、「現在の経験その者が実在であって、認識といふことが已に此の経験の上に起る出来事であるといふ様なことになれば、此の現在の経験その者を理解するのが即ち形而上学であるといふことになる。……経験その者を実在とする形而上学ができることになる」(概、209頁)、「我々の経験には、自然とか精神とか種々あるが、経験として共通の性質がなければならぬ。即ちそれを論ずるのが実在の根本原理の学としての形而上学である」(210頁)等と言うのも、同じ路線に沿ってであろう。(但し我々としては、かかる「実在」としての「経験」という把握は、先述の伝統的「経験」理解からの「異様」な逸脱の結果として、「異様」な把握と言わざるを得ないのであるが)。

かかる両路線、従ってまた「経験」一般の生成の「経験心理学的説明」と「形而上学的説明」という両者はしかし、同一の文脈において直ちに一つに結び付くとは考えられ得ない。「純粋」・「不純粋」経験は、「意識」・「無意識」と同様に経験心理学的概念であるが、「神」・「世界」は形而上学的概念だからである。しかしそれにも拘らず、西田は両者の異質性には全く無頓着であり、両者は「経験」説明の同一の文脈、同一の思考系列において一つに結び付くべきものとして解していたとしか思われない。「実在としての純粋経験」というテーゼがそのことを明示している。何故なら、「純粋経験を唯一の実在としてすべてを説明して見たい……」(1巻、4頁)という西田の言明は、(a)「純粋経験」――「経験」一般(「経験」生成の「経験心理学的説明」の系列)と(b)「神」――「純粋経験」――「経験」一般(「経験」生成の「形而上学的説明」の系列)という両系列は「純粋経験」という共通項即ち交点を介して一つの思考系列を形成する――という仕方でしか理解され得ないと思われるからである。しかし、(b)系列において、「神」の自己展開は直ちに「経験」一般に達する筈であり、「純粋経験」の介在がそのために必要であるとは考えられ得ない。「純粋経験」がこの系列に内在するとしても、それはそれが専ら「経験」である限りにおいてであって、そこにおいて「純粋」ということにはいかなる特別の意味もなく、「神」と「純粋」(「純粋経験」における)という両概念の間には、いかなる哲学的・論理的に有意味な関係も見出され得ないのである。要するに、(b)系列にとっては「純粋経験」という一項は不必要であるが、それにも拘らずそれが必要とされるとすれば、その理由はこの項が両系列の共通項として働くことによる、(a)系列との連結のためとしか考えられ得ない。「実在としての純粋経験」というテーゼにおける「純粋」という概念が、本来は不必要であるにも拘らず、このテーゼにとっては必要となると先に述べたのは、このことである。「実在としての純粋経験」という奇妙なテーゼは、西田の経験理論の構造的矛盾の象徴的表現であると解する所以である。

西田が主客未分以前の「純粋経験」から出発して、デカルトの「物心二元論」を一元論的に克服しようという根本動機をカントと共有していたにも拘らず、実際には第一歩から〈内在論〉(経験内在論)のカントとは正反対に、〈超越論〉(経験超越論)的な独断的形而上学へと突き進むことになったことについては、二つの原因が考えられる。即ちその一は、西田がカントのように「経験」の「存立」ではなく「生成」を問うたことであり、他の一は、「私には最初からヘーゲルの所謂具体的概念の発展の考が、その根柢に含まれてゐたのである」(1巻、207頁)と自認しているように、ヘーゲルの「超越哲学」を素直に受容したことである。「……経験その者を実在とする形而上学ができることになる」（概、209頁）。かかる両原因が相互に密接不可分の関係にあることは言うまでもない。というのも、「経験」の「生成」が問題となるとき、「純粋経験」も最早究極の〈出発点〉ではあり得ず、それ自身「経験」として、「ユニバーサル」の自己展開の〈結果〉に過ぎないからである。かくして、ヘーゲル的に「経験」の「存立」ではなく「生成」を問う西田にとっては、カント的な「純粋経験」一元論（経験内在論）の可能性は最初から封じられていたのであり、〈意識の立場〉からの、〈超越論〉的な、「純粋経験説」と称する独断的形而上学の道しか残されていなかったと見られる。それが一般的常識的な理解を甚しく逸脱した異様な「経験」概念に立脚していることは先述したが、その他にも西田の論述には以下のような、多くの独断や、根拠のない仮説が見出される。

「かういふ風に経験の中に衝突が起ってくると、主観と客観との区別はこれから起ってくる。即ちその中に比較的大きな強い経験が客観的となるのである。『大きい』といふことは一つの経験の体系の中に他の体系が包容せられることである、即ち質的の意で、量的の意ではない。『強い』といふのは経験のよく統一せられた状態である」（概、193頁）。「我々はいつでも意識体系の中で最も有力なる者、即ち最大最深なる体系を客観的実在と信じ、之に合った場合を真理、之と衝突した場合を偽と考へるのである」（1巻、23頁）。「我々が物を知るといふことは、自己が物と一致するといふにすぎない。花を見た時は即ち自己が花となって居るのである。花を研究して其本性を明にするといふは、自己の主観的臆断をすてて、花其者の本性に一致するの意である」（93―94頁）。「併し余の考では、我々が個々の場合に於て、真に思慮分別を絶した、主客合一の純粋経験の状態に入った時、ここに我々は絶対的活動たる宇宙意識に合するのであると思ふ」（306頁）。「併し既に知識は或立場からの構成であるとすれば、与へられた或物がなければならぬ。是に於て物自体とは知識の原因といふ如きものではなくして、概念的知識以前に与へられた直接経験といふ如きものとならねばならぬ」（339頁。341頁も参照）。［しかし、「物自体」が我々の意識において「与へられた」ものと看做されるとき、それは最早「物自体」ではあるまい〕。「然るに純粋経験といふのは物と心とか、我と人とかいふ対立以前の経験、即ち知る人もなく知らるる物もなき直接の所与をいふのである」(13巻、251頁)。〔それは「所与」、即ち我々の意識に対する「所与」であり、従ってこれは〈意識の立場〉における言明である〕。

「私はモナドが逆に世界の一観点として一つの世界の配景図であるといふ点から、モナドロジー的に我々の自覚を基礎附け得ると思ふ。我々の自己のそれぞれが、逆に一つの世界の配景図であると云ふことは、絶対矛盾的自己同一の立場からは、私が嘗て云った如く、我々の自己の一々が(即ち個物的多の一々が)、絶対者の自己射影点となると云ふことでなければならない。そこに我々の自己は神の像であるのである」(10巻、407頁)。〔しかし、ライプニッツと違って、西田は何処においても「神」に明確な規定を与えてはいない〕。「カント哲学以来、人は先づ主観客観の対立を考へ、主観の立場から出立する、意識的自己の立場から出立する。而してそれを内在的立場からと考へて居る。私の出立点の如きは、超越的とか神秘的とかと考へられる。併し私から云へば、それは逆であって、主客対立といふのが、此の世界の自己矛盾から成立するのである。意識的自己と云ふのは、既に考へられた立場、媒介せられた立場であらう。主客対立と云ふには、かかる対立の成立つ立場がなければならない。我々の自己と云ふのは、作り作られる世界の創造的要素として生れるのである。見る眼の如きものではない」(10巻、513頁)。〔しかし、「世界」や「世界の自己矛盾」から「自己」や「主客対立」を考えるのはやはり「逆」であろう。「自我」が他から演繹され得ないという理由によって、それを哲学の第一原理と看做したフィヒテを我々は正しいと思う〕。

その一方で、AとBは「相対的区別」、「同一物の両面」、「程度の差」あるいは「同一」である、等の常套句の濫用もまた、西田の論述に見られる顕著な特徴である。「〔主客の別は……同一経験の異なる二面である」(概、190頁)、

「(経験が純粋・不純粋とか、統一・不統一とかの)かかる区別は畢竟程度の区別といふことに帰するのである」(193頁)、「[主観と客観の差は程度の差といふことになる]」(194頁)、「余の考では所謂〈知覚的経験〉と思惟即ち〈内的経験〉とは同一の経験であって、唯程度の差であり、性質の差別ではないと思ふ」(200頁)、「(知覚と思惟の)差異といふのは純粋経験の統一の程度の差であると思ふ」(201頁)、「思惟と経験といふものは絶対的区別のあるものではなく、両者共に同一の組織より成っているもので、いはば二つ共に純粋経験といふべきものであると思ふ」(202頁)、「思惟も経験も純粋経験としては同一の構造のものである。唯その統一の方面の著しきものと差別の方面の著しきものとの区別といふことになるのである」(204頁)、「純粋経験とその意味又は判断とは意識の両面を現はす者である、即ち同一物の見方の相違にすぎない」(1巻、17頁)、「(知覚と心像は)純心理的に考へて、何処までも厳密に区別できるかといふに、そは頗る困難である、つまり強度の差とかその外種々の関係の異なりより来るので、絶対的区別はないのである」(20頁)、「知覚では我々は外から動かされ、思惟では内より動くなどいふが、内外の区別といふも要するに相対的にすぎぬ」(21頁)。

「(個人的な連想や記憶と超個人的な思惟といふ)かかる区別も我々の経験の範囲を強ひて個人的と限るより起るので、純粋経験の前には反って個人なる者のないことに考へ到らぬのである」(24頁)、「純粋経験と思惟とは元来同一事実の見方を異にした者である」(25頁)、「思惟と経験とは同一であって、その間に相対的の差異を見ることはできるが、絶対的区別はないと思ふ」(28頁)、「意志と知識との区別も単に相対的であるといはねばならぬやうになる。……純粋経験の事実としては意志と知識との区別はない」(31、36頁)、「理性と欲求とは一見相衝突するやうであるが、其実は両者同一の性質を有し、唯大小深浅の差あるのみであると思ふ」(39頁)、「知的直観と普通の知覚とは同一種であって、其間にはっきりした分界線を引くことはできないと信ずる。……空想も真の知覚も同一の性質をもって居る、唯其統一の範囲に於て大小の別あるのみである」(41頁)、「思想に於て天才の直覚といふも、普通の思惟といふも唯量に於て異なるので、質に於て異なるのではない、前者は新にして深遠なる統一の直覚にすぎないのである」(44頁)、「主観客観とは一の事実を考察する見方の相違である。精神物体の区別も此の見方より生ずるのであって、事実其者の区別でない」(60頁)、「衝動及知覚などと意志及思惟などとの別は程度の差であって、種類の差ではない。……我々の意識は受働と能働とに峻別することはできぬ。これも畢竟程度の差である」(65頁)、「元来この矛盾と統一とは同一の事柄を両方面より見たものにすぎない、統一があるから矛盾があり、矛盾があるから統一がある」(69頁)。

「例へば昨日の意識と今日の意識とは全く独立であって、もはや一の意識とは看做されないと考へて居る人がある。併し直接経験の立脚地より考へて見ると、此の如き区別は単に相対的の区別であって絶対的区別ではない」(72頁)、「主観と客観とは相離れて存在するものではなく、一実在の相対せる両側面である」(78頁)、「(精神現象と物体現象は)唯同一実在を相反せる両方面より見たのにすぎない」(79頁)、「能働所働といふことも実在に二種の区別があるのではなく、やはり同一実在の両方面である。……現象と本体との関係に就いて見ても、やはり実在の両方面の関係と見て説明することができる」(80—81頁)、「我々の主観的統一と自然の客観的統一力とはもと同一である。之を客観的に見れば自然の統一力となり、之を主観的に見れば自己の知情意の統一となるのである」(87頁)、「普通には精神現象と物体現象とを内外に由りて区別し、前者は内に後者は外にあると考へて居る。併しかくの如き考は、精神が肉体の中にあるといふ独断より起るので、直接経験より見れば凡て同一の意識現象であって、内外の区別があるのではない」(94頁)、「我々が自然と名づけて居る所の者も、精神といって居る所の者も、全く種類を異にした二種の実在ではない。つまり同一実在を見る見方の相違に由って起る区別である」(96頁)、「前に行為を分析して意志と動作の二としたのであるが、この二者の関係は原因と結果との関係ではなく、寧ろ同一物の両面である」(111頁)。

「存在と価値とを分けて考へるのは、知識の対象と情意の対象とを分つ抽象的作用よりくるので、具体的真実在に於ては此両者は元来一であるのである」(146頁)、「主観的意識といふも客観的実在界といふも、同一の現象を異なった方面より見たので、具体的には唯一つの事実があるだけである。……仏教の根本的思想である様に、自己と宇宙とは同一の根柢をもって居る、否直に同一物である」(164頁)、「直接経験の事実に於ては主客の対立なく、精神物体の区別なく、物即心、心即物、唯一箇の現実あるのみである」(181頁)、「具体的真実在即ち直接経験の事実に於ては分化と統一とは唯一の活動である。……斯の如き状態に於ては神は即ち世界、世界は即ち神である」(191—192頁)、「余は元来純粋経験と不純粋経験とか、事実と意味とかいふ様に、互に独立対峙する両種の意識状態を認めて居るのではない、此の如き区別は一つの意識の両面にすぎぬ、即ち一つの物の見方の相違といふ様に考へて居るのである」(300頁)、「主観、客観の分離独立といふのは我々の頭に深く刻まれた独断である、併し余は何処までも主観、客観の対立といふのは、積極と消極とか左と右とかいふ如く相対的のものであって、一つの経験の見方の相違にすぎないとするナトルプなどの考に同意したいと思ふのである」(2巻、53頁)、「私の経験と云ふものは一つの『アクチビチー』であって、皆内面的関係に由って結合せられて居るものである、而してその連絡は一個人の『パルソン』の範囲内に限られて居らぬ、その統一は個人以上にも達することができる、而してその統一と内容即ち『ユニバーサル』と『パーチキュラル』の関係は……一にして分つべきものではない、同一物の両方面であると考へるのであります」(13巻、102頁)。

しかし、主観と客観、知覚と思惟、理性と欲求、精神と物体、意志と動作、等の夫々が何らかの意味において

「相対的区別」、「同一物の両面」、「程度の差」あるいは「同一」であるということは、哲学というよりも寧ろ一般的常識に属することである。問題はこの〈意味〉に精確な哲学的規定を与えることであり、それが哲学の課題であり使命であろう。そしてこの点に関して、西田の常軌を逸した(常識的理解を逸脱した)「経験」概念とそれに立脚する「純粋経験説」の独断的形而上学を以てしては、普通の常識人でさえ容易に納得させることはできないであろう。「フッサールの現象学も意識せられた意識の構造を明にするのであって、意識を意識する意識の本質を問題として居るのではない」(13巻、10頁)と断じ、また「近来の実存哲学と云ふものも、実存と言っても、要するに意識的自己の立場から実存を論ずるに過ぎないのであらう。主観主義的立場を脱したものではない」(10巻、406頁)と喝破した西田が、彼自身もまた結局〈意識の立場〉を脱却し得ていないことに無自覚であったことは驚きに値するが、それも西田が、「主客対立」の二元論(11巻、163頁・12巻、15頁)と解するヘーゲル的カント解釈(誤解!)によって誤導され、その結果として、自らの真に追随・擁護すべき相手(カント)と批判的に対決すべき相手(ヘーゲル)とを取り違えてしまったことに起因する、とは考えられ得ないであろうか。

引用文献

西田幾多郎：
(1)『西田幾多郎全集』、昭和22―28年(第一刷)、第三刷(巻数、頁数のみを表示)、岩波書店。
(2)『哲學概論』、昭和28年(第一刷)、昭和37年(第十三刷)(「概」によって表示)、岩波書店。

人名索引

（カント，フィヒテ，シェリング，ヘーゲル，西田は省く）

著者紹介

黒積　俊夫（くろづみ　としお）

1937年，東京都生まれ。九州大学文学部哲学科卒業(60)，九州大学大学院文学研究科博士課程修了(66)，DAAD奨学生として西独ボン大学に留学(67-69)，九州大学教養部講師・助教授(69-78)，名古屋大学文学部助教授・教授(78-00)。

現在，名古屋大学名誉教授。博士（文学）〔九州大学〕。

著書『カント批判哲学の研究——統覚中心的解釈からの転換——』（名古屋大学出版会，1992），『カント解釈の問題』（渓水社，2000）。

現住所　〒468-0011　名古屋市天白区平針3-801-5-2 H

ドイツ観念論との対決

——カント擁護のために——

2003年11月1日　初版第1刷発行

著　者　黒　積　俊　夫

発行者　福　留　久　大

発行所　(財) 九州大学出版会

〒812-0053　福岡市東区箱崎 7-1-146
九州大学構内

電話　092-641-0515　(直通)

振替　01710-6-3677

印刷・製本／研究社印刷株式会社

 ISBN 4-87378-799-8